龍の起源

荒川 紘

角川文庫
22521

巻頭図1　ラファエロ・サンツィオ 「聖ゲオルギウスと竜」 制作：1504-05年
ルーブル美術館所蔵　Photo © RMN-Grand Palais (musée du Louvre)/Jean-Gilles Berizzi/distributed by AMF-DNPartcom

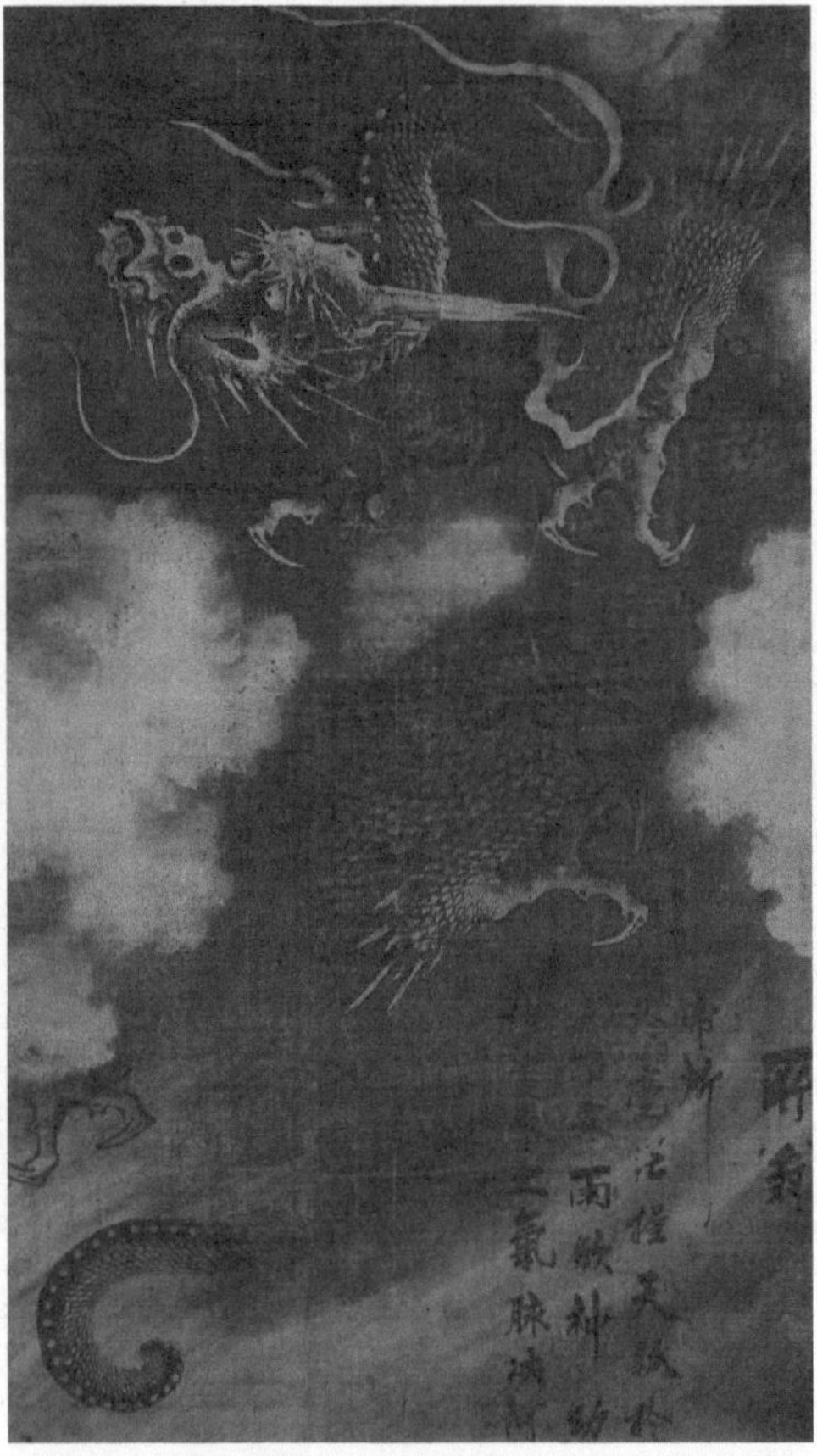

巻頭図2　陳容　「龍図」　制作：中国・南宋時代（13世紀）
徳川美術館所蔵 © 徳川美術館イメージアーカイブ
/DNPartcom

目次

第3章

第4章

序　龍とはなにか

古代のメソポタミアには、「エヌマ・エリシュ」とよばれる宇宙創造の神話が伝えられていた。バビロニアの英雄神マルドゥクが天の神々の命をうけて、水の神のティアマトを討ちとり、天と地を創造した由来を物語る壮大な神話である。水の神のティアマトというのは、女神でありながら、凶暴な怪獣、洪水を象徴する龍《りゅう》とみられていた。その龍が二つに切り裂かれ、半分は空に張りめぐらされて天となり、残りの半分は大地となったというのである。

この宇宙創造の神話の構想はイスラエルのユダヤ人によっても受け容《い》れられ、旧約聖書の素材として採用された、と考えられている。

旧約聖書の「創世記」によれば、神が天と地を創造したとき、「地は形なく、むなしく、闇が淵《ふち》のおもてにあり、神の霊が水のおもてをおおっていた」。原初には闇におおわれた深い水の淵が存在、そこで、神は、マルドゥクが水の神である龍を二分して天地を形成したように、「水と水とを分けて」天と地を創造する。しかも、「淵」をあらわすヘブライ語のテホームはアッカド語で書かれた「エヌマ・エリシュ」のティアマトとルーツはおなじであることが明らかにされている。そうであれば、「淵」から天地をつくったという「創世記」は、「エヌマ・エリシュ」と同様に、龍からの創造をかたる神話であったともいえるのである。

旧約聖書の「創世記」にはじまる聖書の正典は、新約聖書の「ヨハネの黙示録」によって結ばれる。そして、この、終末のときの救済をかたる「黙示録」にも、一〇本の角、七つの頭の「赤い龍」が登場、キリストとキリスト教会に立ち向かう。「赤い龍」もまた大天使ミカエルとの戦いに敗れて、底無しの地下に閉じ込められ、千年たって解き放されたのちにも、ふたたび火と硫黄《いおう》の沼に投げ込まれる。

天地の創造と世界の終末とにさいして退治される龍。なぜ、奇怪な空想の怪獣が宇宙論にむすびつけられたのか。このような疑問から、私は龍につよく惹《ひ》かれるようになった――いったい龍とはなにか。

もちろん、われわれ日本人にとっても龍というのは身近な存在である。神社や寺院にゆけば、龍の彫りものに出あうし、神輿《みこし》の飾りといえば金色の龍である。日本刀をはじめとする武具の装飾として愛用されてきたし、刺青《いれずみ》の図柄にももっとも人気がある。横山大観《よこやまたいかん》や川端龍子《かわばたりゅうし》らの日本画家によってもしばしば取りあげられた画題でもあった――これらの龍は「エヌマ・エリシュ」や聖書の宇宙論的な龍とどのような関連があるのか。

そのようなことを考えながら、三年ほど前に、日本の歴史的な龍をたずねて京都の花園《はなぞの》にある臨済宗妙心寺《みょうしんじ》派大本山の妙心寺にでかけた。江戸《えど》時代の初期に狩野探幽《かのうたんゆう》によって描かれた龍画を見るためである（図1）。

妙心寺の中心的な建物である法堂《はっとう》に足を踏みいれ、天井を見あげると、巨大な龍の彩色画が眼にはいる。角をたてた猛々《たけだけ》しい形相の龍が、直径が一二メートルをこえる、雲にかこまれた円相のなかでとぐろをまき、四肢は爪を尖《とが》らす。眼光はするどく、その視線は堂内のどこに立つ観察者にもむけられる。仏法が説かれる法堂を天井から睥《へい》睨《げい》し、そこを侵すものを威嚇、退散させようとしているのであろうか。

狩野探幽は狩野派の統帥として幕府でもっとも力のあった奥絵師であった。室町《むろまち》時代から江戸時代まで絵画界を支配した狩野派の絵師たちはしばしば寺院の天井や襖《ふすま》に龍を描いてきたのであって、泉涌寺《せんにゅうじ》、相国寺《しょうこくじ》などにも、それぞれ一派の、山雪《さんせつ》、光信《みつのぶ》らによって描かれた龍の天井画が残されている。とくに禅宗の大寺院はきそって狩野派の絵師に龍画を描かせていた。見学は許されていないが、探幽は、大徳寺《だいとくじ》の法堂にも妙心寺の龍とよく似た天井画を描いている。

たしかに仏教寺院に龍はふさわしい。洪水に遭遇した釈迦《しゃか》を龍が救ってくれたという故事もあるように、仏教の守護神とみられていたのである。しかし、私の眼には、奥絵師探幽の描いた迫力ある巨龍は仏敵から法堂を護るだけでなく、全国妙心寺派三

図1　妙心寺・法堂の雲龍図。狩野探幽筆、明暦2(1656)年

四〇〇の寺院の頂点に立つ大本山の威厳を示す龍のようにも見えた。

妙心寺からの帰りがけ、二条城《にじょう》の近くにある神泉苑《しんせんえん》に立ち寄った。平《へい》安《あん》時代のはじめ、空海《くうかい》がインドから善女《ぜんにょ》龍王とよばれる龍王を勧請《かんじょう》して雨乞《あまご》いをしたといわれる池のあるところである。

龍王というのは、長《おさ》的存在であるインドの龍であり、その龍王を、当時は平安宮の東南にあった神泉苑の池に招き、その霊力で雨をよぼうとしたのである。

現在では池のごく一部しか残っていない。その池のほとりには善女龍王をまつるお堂が建てられているが、龍王らしい像はみあたらない。しかし、神泉苑の案内冊子を見ると、そこには、空海の雨乞いを描いた「神泉苑絵巻」が載り、それによると、善女龍王というのは蛇である。角も足も認められない、ごくふつうの蛇である。

じつは、おなじ場面を描く、東寺《とうじ》所蔵の『弘法大師行状絵詞《こうぼうだいしぎょうじょうえことば》』でも蛇である（図2）。神泉苑の雨乞いを伝える文献でも、『古事談《こじだん》』には「長さ八寸ばかりの紫金の龍」とあるが、空海自筆の遺言状として伝えられてきた『御遺告《ごゆいごう》』には「金色の長さ八寸ばかりの虵《くちなわ》（蛇とおなじ）」、『今昔物語集《こんじゃくものがたりしゅう》』には「五寸ばかりの蛇」と記されている。善女龍王は蛇であるというのが多くの人の認識であったようだ。

妙心寺の龍や神泉苑の龍には宇宙との関連は見いだせない。仏法の守護神であり、権力のシンボルであり、水の神である。日本の龍は「エヌマ・エリシュ」のティアマトや「ヨハネの黙示録」の「赤い龍」とは無縁の怪獣であるのだろうか。しかし、ティアマトは水の神であり、善女龍王もまた水の神であるのはなにを意味するのか。日本の伝説や民話に登場する龍の多くも、池や淵に棲《す》む水の神であり、雨をよんでくれる神なのである。

そしてあらためてティアマトや「赤い龍」の裔《すえ》といえるヨーロッパのドラゴンの絵を見ると、妙心寺の龍と同類の生き物のようにも思える。じっさい、多くの場合、ドラゴンの訳語は龍であったし、「ヨハネの黙示録」でもギリシア語のドラコーンを

図2　神泉苑における空海の雨乞い。『弘法大師行状絵詞』（『続日本絵巻大成・6』中央公論社）

ある。

「龍」と訳しているのである。そういう私も、ことわりなくティアマトを龍とよんでいるのである。

とはいえ、差異も目につく。日本の龍たちがって、ドラゴンの多くは翼をもつし、悪魔視されてきた。日本の龍にしても、いまみた例からもわかるようにその性格は一様でない。姿形もおなじでない。探幽の龍のような龍らしい龍もいれば、神泉苑の龍王のような、蛇と変わらない龍もいる。伝説や民話では龍と大蛇の区別は曖昧《あいまい》、性格も姿形もさまざまである。

京都の古い龍にあたってみても、龍とはなにか、について明快に答えるのはむずかしい。おそらくは日本の龍をいくら調べても龍の正体はつかめないであろう。探幽ら狩野派の絵師たちは中国の龍の絵を学んだのであるし、善女龍王はインドの龍である。日本の龍を知るためには、東方世界の龍の起源を調べねばならない。そして、ティアマトや「赤い龍」との関係を解明するには西方世界の龍の起源をさぐることが必要となる。

全世界的な龍の調査研究がもとめられるのである。そのような調査研究によって、龍の起源が解明され、龍とはなにか、に答えることができるであろう。その結果、日本の龍の複雑な性格と姿形の多様性も明らかにされるであろう。以前から私は、日本神話に登場する八俣大蛇《やまたのおろち》には強い関心を抱いていたのであるが、この龍とも思われる大蛇の正体も見えてくるであろう。そして同時に、龍がなぜ宇宙論と関係するのか、私の最初の疑問にも答えることができるのではなかろうか。

そのような目的と願いをもって、私は、龍の調査の「航海」にでた。本書は、その調査とそれをもとにした龍についての研究の結果の報告である。

第1章　東方の龍

東方世界には二種の龍《りゅう》が「棲息《せいそく》」していた。中国産の龍《ロン》とインド産のナーガである。中国の龍というのは、鱗《うろこ》におおわれた蛇状の胴体に、二本の角と髭《ひげ》、それに鋭い爪をつけた四足をもつ怪獣、われわれ日本人にはなじみぶかい。妙心寺でみた龍がそうである。

それにたいして、インドの龍であるナーガを図像の形でわれわれが眼にする機会はあまりない。「神泉苑絵巻」や『弘法大師行状絵詞』のナーガは数少ない例である。そこに描かれているのは、日本でもみかける蛇のようにみえるが、もともとはコブラの龍である。このコブラの龍には角や髭、足などはみとめられず、現実のコブラからの変形といえば七つの頭をもつとか、頭が人間の、擬人化された姿で表わされるだけである。

蛇の要素を共有する点で、龍とナーガはおなじ爬虫《はちゅう》類の仲間に入れることができよう。しかし、姿形の隔たりは大きく、同一の「種」に属するとはいいがたい。ところが、仏教がインドから伝えられたとき、中国人は、仏教に姿をみせるナーガを中国土着の龍と理解したのである。インドの仏典を中国語に翻訳したとき、ナーガを龍と訳しただけでなく、中国の仏教寺院も中国の伝統的な龍の造形によって飾られた。そのため、中国を経由して仏教をうけいれた日本のお寺の天井にも、コブラのナーガではなく、中国のいかめしい龍が描かれてきたのである。

なぜ、このような姿形の異なる龍が東方世界に出現したのか。中国人によってそれらが同一視されたのはなぜなのか。本章はこの疑問にも答えようとするが、ここでは説得力のある回答を示すことはできないであろう。それには、全地球的な龍の調査と龍の起源についての研究が必要なのである。それゆえ、東方の龍にあてられた本章も、全地球的な龍の調査のための、最初の「航海」として読んでもらわねばならない。日本の龍の複雑な性格について語れるのも、地球をめぐる「航海」が終わってからである。

1　中国の龍

紫禁城

北京にある故宮《こきゅう》博物院は、かつては明《みん》と清《しん》、ふたつの王朝の王宮であり、紫禁城《しきんじょう》とよばれていた。「紫」というのは、皇帝の象徴であった紫微星《しびせい》のこと、天の北極付近にあって、天の回転によっても動かない星である。民衆はそこに近づくことの許されない、紫微星の城という意味で紫禁城の名がつけられたのである。

それにふさわしく王宮の宮殿群は、紫微星にむかう南北中心線に沿って整然と建てられ、皇帝の座所である玉座はこの中心線上におかれた。王宮の構成は皇帝と天との密接な関係を示す。すべては、「天」の意を承けて天下を治める「天子」であることを強調しているのである。

その故宮博物院を訪ねてみよう。北京の中心地の天安門《てんあん》から、紫禁城の正門・午門《ごもん》をとおり太和門《たいわ》をすぎると、故宮博物院で最大の建造物である太和殿にいたる。王朝時代、皇帝の即位式、元旦《がんたん》や冬至の儀式、詔勅の発布など重要な行事はここでおこなわれた。紫禁城の中枢部である。

大理石の階段をのぼり、太和殿に足を踏み入れると、大宮殿の内部はいたるところ黄金の龍、殿内の柱、梁《はり》、天井は金色に彩色された龍と雲とによって埋め尽くされている。天井の中央部分には二匹の、巨大な黄金の龍が飛翔する。

宮殿の北側中央に据えられ南面する玉座にも黄金の龍が彫られ、背後にはやはり黄金の龍で飾られた七扇《せん》の屏風《びょうぶ》がたつ（図3上）。たとえば元旦の式典であれば、文武百官が太和殿の前にひざまずいて並び、殿内では音楽がかなでられ、香がたかれると、龍の絵柄の朝服を身につけた皇帝が登場、玉座に腰をおろしたという（図4）。

太和殿の後方には、皇帝が太和殿に臨む前の控えの建物である中和殿が、さらにその北側には大晦日《みそか》の宴《うたげ》のひらかれる保和殿がある。どちらも、太和殿とくらべれば規模は小さく、装飾も控えめになるが、装飾の中心は龍である。これら三つの宮殿が公的な空間、外朝である。

図3　太和殿の玉座に彫られた龍（上）と九龍壁の龍（下）（『陳舜臣編『北京紫禁城』ぎょうせい）

図4　皇帝の朝服の胸元を飾る龍（故宮博物院＋中国旅游出版社編『紫禁城帝后生活』中国旅游出版社）

保和殿をでて、裏にまわり、北の乾清《けんせい》門をはいると皇帝の私的空間である内廷、日本の内裏にあたる。その主殿が、皇帝が日常の政務をとった乾清宮で、龍の玉座の背後には黄金の龍が彫られた五扇の屏風がしつらえられている。飾りは地味になるが、内部の構造は太和殿に似ており、天井では太和殿と同様、黄金の巨龍がとぐろをまく。天井の巨龍、このような中国の龍が妙心寺の龍の原型なのであろうか。

宮殿の内部だけでない。その外でも龍の彫り物が目につく。保和殿の東には、金と青に彩色された龍が浮き彫られている九龍壁が立ち、太和殿にのぼる大理石の階段の中央部には雲文と一緒に大きな龍が彫刻されている（図3下）。ここを輿《こし》にのって渡ることができたのは皇帝だけである。太和殿をめぐる石の欄干も数多くの龍で飾られ、天安門の前にたつ大理石の門柱にも龍が彫られる。

紫禁城全体が龍の城である。紫禁城の構造は皇帝と天との関係を象徴していたのであるが、その装飾は皇帝と龍との関係を執拗《しつよう》に主張しているかのようである。そう、とくに述べるまでもないことだが、龍はながく中国の皇帝のシンボルだったのである。

甲骨文の龍

中国の龍の歴史は古い。前十四世紀、殷《いん》の王朝の時代にすでに龍が存在していた。「龍」に相当する文字が甲骨文《こうこつ》のなかに見いだせるのであるから、甲骨文の出現する前一三〇〇年ごろまでには龍の観念が生まれていたのは疑いない。その文字というのは、尾を巻いた蛇の胴体に角をつけた象形文字である（図5）。「龍」の古い形であり、こんにち日本では常用漢字として使われている「竜」はこの象形文字からつくられた漢字にほかならない。胴体が蛇であるというのは、胴体の部分が蛇の原字にあたる「它」の甲骨文とおなじ形であることから推察される。

甲骨文の発見は一八九九年。その発見のきっかけとなったのは、清朝の国子監祭酒《こくしかんさいしゅ》（現在の科学院院長にあたる）であった王懿栄《おういえい》がマラリアの治療のために買い求めた漢方薬の「龍骨」にあった。龍の実在を信じていた中国の人びとは「龍骨」を龍の残した骨と考え、マラリアをはじめ、熱病や中風、喘息《ぜんそく》などの特効薬として珍重していたのであるが、実際には牛の骨や亀の甲でしかない。しかし、その表面に彫られていた甲骨文は、中国における龍の観念の成立について貴重な情報を残してくれていたのである。

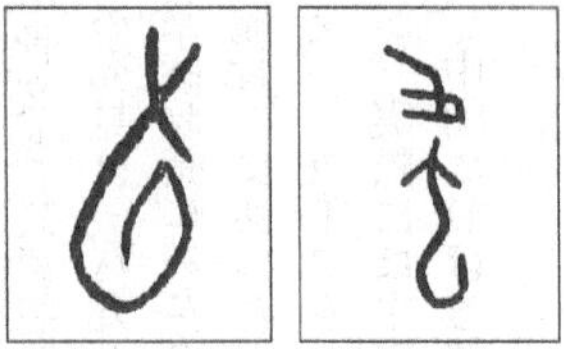

図5　龍（右）と蛇の甲骨文（白川静『中国の神話』中央公論社）

図6　青銅器に鋳られた龍文。上は殷代、下は周代（『世界考古学大系・6』平凡社）

おなじ殷代にあらわれる青銅器も甲骨文に劣らぬ貴重な情報源である。表面に鋳られた龍の文様＝龍文は、デフォルメされた表現ながら、よりくわしい龍の形態を示してくれるのである。丸めた尾をもつ胴体は甲骨文に共通するが、角だけでなく、目鼻が表現され、そして足が認められる。中国で龍が蛇から区別される決定的な特徴というのは角そして足なのであった（図6）。

文字、青銅器、暦法、馬車などの技術や文明とともに成立した殷の王朝のもとで龍が出現した。龍もまた都市文明のひとつといえようか。文字、青銅器、暦法、馬車などの都市文明とともに長い中国の歴史を生きつづけ、また「進化」もした。

龍の進化と王権との結合

戦国時代（前四〇三―前二二一年）後期には「リアル」な龍が青銅器に鋳られたり、象眼されたり、また、織物に描かれたりするようになる。**図7**は、前漢《ぜんかん》（前二〇二―八年）初期のものである長沙馬王堆《ちょうさまおうたい》一号墓の木棺をおおっていた帛画《はくが》にみられる龍の模写である。このように、秦《しん》・漢時代までには今日の龍のイメージがほぼ完成する（林巳奈夫『龍の話』）。

それとともに、王権と龍との関係が強まった。司馬遷《しばせん》も『史記』で秦の始皇帝《しこうてい》を「祖龍」と称し、漢の高祖《こうそ》（劉邦《りゅうほう》）は母が龍と交って身ごもった子であり、そのために高祖の額は龍のようであったと記している。皇帝の容貌《ようぼう》は「龍顔」、乗る馬車は「龍車」「龍駕《りょうが》」、そして皇帝のすわる玉座は「龍座」といったごとく、はては、天子の怒りに触れることを龍の逆《げき》鱗《りん》に触れることにたとえもする。

図7　長沙馬王堆1号墓出土の帛画に描かれた龍。前漢初期（曽布川寛『崑崙山への昇仙』中央公論社）

このような王権との結合によって龍の聖性はさらに強化され、龍の相貌も威厳を増す。五つの爪をもつ龍はとくに神聖なものとされ、皇帝にのみ使用が許されていた。王朝の交替はあっても、五爪《ごそう》の龍は清朝の滅亡まで皇帝のシンボルでありつづけ、それは図3・4にもみられるように宮殿の装飾や皇帝の衣装の文様に使われていたのである。その他多くのところに龍の造形は見られるが、民間の龍の爪は四本か三本であった。

中国の歴史を通して龍は王権の象徴、漢代までには、種々の強力な動物の長所を具《そな》えた怪獣であるとの観念が定着する。時代はくだるが、宋《そう》代につくられた辞《じ》書の『爾雅翼《がよく》』はその姿を「龍の角は鹿に似、頭は駝《だ》に似、眼は鬼に似、頸《くび》は蛇に似、腹は蜃《しん》に似、鱗は鯉に似、爪は鷹《たか》に似、掌《てのひら》は虎に似、耳は牛に似ている」という、龍を九種の動物に喩《たと》える九似《きゅうじ》説を記す。明代の『本草綱目《ほんぞうこうもく》』によると、「鬼」ではなく「兎」、「蜃」もじつは想像上の動物であるのだが、おなじく『本草綱目』によると、角と鬣《たてがみ》をもつ大蛇、雨の降りそうなとき吐く気から出現するのが蜃気楼である。

『爾雅翼』はつづけて、背には八一枚の鱗、口元には鬚髯《ひげ》、喉《のど》下にはそれに触れるとはげしく怒りだす逆鱗をもつと書く。ふつう中国の龍には翼はない。なお、龍の色は青や黄、なかには赤、白、黒の龍もおり、ときには青、赤、白、黒、黄の五彩からなるとも考えられていた。中国の画家や彫刻家はいうまでもなく、中国の画家の絵を倣った狩野派の絵師たちも、このような現実の動物から形成された龍の像を描いていたのである。

十九世紀になってから存在の確認された現実の龍＝恐龍は、およそ二億二〇〇〇万年前に出現、その後ながく動物界に君臨していた。その間、蛇や魚類や哺乳《ほにゅう》類の祖先たちは、つまりわれわれの遠い祖先たちは恐龍の襲撃を恐れ、つねにその眼を逃れて生きねばならなかった。が、恐龍が絶滅してから六五〇〇万年後、地上の支配者となった人類は、蛇や魚類や哺乳類をもとにして新種の龍を創造したのである。

もちろん、龍の基本となるのは蛇である。その蛇というのは、祖先は恐龍と共通であるトカゲの仲間から、少なくとも一億年前に進化した動物、爬虫類なのであるが、この点でも、龍は恐龍にちかい動物といえよう。

龍は水のシンボルであった

生態や性質についても多くのことが説かれてきた。ふつうは巨大な生き物とみられているが、変幻自在の動物とも考えられていた。戦国時代に成立したとされる『管《かん》子《し》』には、「小さくなろうとすれば、蚕や青虫ほどの大きさに変化し、大きくなろうとすれば、天地を包み込むほどの大きさに変化し、高く上がろうとすれば、天上の雲を突き抜け、低く下がろうとすれば、深い泉に身を沈めるのである」とある。梁《りょう》の任《じん》昉《ぼう》（四六〇－五〇七年）によって著わされた怪談異聞集の『述異記《じゅついき》』によれば、青色の龍も年輪を重ねると、といっても数百年単位であるが、しだいに黄色になるという。

しかし龍の性質のなかでも重要であるのは水との関係である。『管子』水池には

「龍は水から生ず」ともあるように、また前漢末までには現在の形にまとめられた『春秋左氏伝《しゅんじゅうさしでん》』昭公二九年には「龍は水物なり」と記されているように、龍は古くから水棲の動物とみられていた。とくに、龍の頭上には「博山《はくさん》」とよばれる肉の盛り上がりがあり、そこに力の源泉である水の「尺水《せきすい》」をたたえているとも考えられていた。龍の神通力も水があってのこと、屈原《くつげん》（前三四〇頃－前二七八年頃）の『楚辞《そじ》』におさめられた「惜誓《せきせい》」にも龍も水を失うと「螻蟻《ろうぎ》（ケラやアリ）にも裁せらる」と書かれている。

紫禁城の龍もそうであったように、中国の龍には雲がつきものである。妙心寺の龍も円相の雲にかこまれていた。龍は雲を吐くとか、雲に乗って天にのぼるとかみられていたのだが、龍が龍らしい活動をするには雲の水気が必要でもあったのではなかろうか。

龍による雨乞い

このような性質と関連して、龍は水を呼び、雨の因《もと》、洪水の因と考えられてきた。その代表的な龍が、黄河《こうが》の神である河伯《かはく》である。そのため、旱《ひでり》のときにも、黄河が氾《はん》濫《らん》したときにも、河伯に牛や馬の犠牲を捧《ささ》げて慈雨を求め、また黄河が治まるのを祈った。

中国各地で広くおこなわれていたのは、土でつくられた龍の模型による雨乞《あまご》いである。前漢代にまとめられた『淮南子《えなんじ》』墜形《ちけい》訓には「土龍は雨を呼ぶ」、同説林《ぜいりん》訓には「旱すれば則《すなわ》ち土龍を脩《おさ》む」とあり、それより古い時代の『山海経《せんがいきょう》』大荒東経には「旱したときには応龍の状《かたち》をまねると大雨が降り出す」と書かれている。このような習俗は現代の中国にもみられ、旧暦の正月や秋の収穫祭には、豊饒《ほうじょう》を祈る、あるいはそれに感謝するための龍灯の踊りがおこなわれる。布や紙で龍の形をつくり、それをかかげて踊る祭りであり、よく知られた長崎市・諏訪《すわ》神社の秋祭り「おくんち」の龍踊《じゃおど》りも、この中国の龍灯の踊りに由来する。正月や秋の祭りではなくても、旱魃《かんばつ》に見舞われると、農民は、龍の踊りをしたり、呪文《じゅもん》を唱えたりして龍に降雨を祈願するのである。

後漢《ごかん》（二五－二二〇年）代に仏教が伝来すると、仏教の龍王をまつる龍王廟《びょう》が設けられ、仏教による雨乞いが普及するが、中国ではそれ以前から龍による雨乞いもおこなわれていた。日本人もこの中国の伝統的な雨の呪術を学ぶ。朝廷が降雨を祈願して吉野《よしの》の丹生《にう》川上《かわかみ》神社や京都・鴨《かも》川上流の貴船《きぶね》神社に馬を献上したのも中国古来の習俗をならったものにほかならない。『日本書紀』皇極《こうぎょく》紀には、天皇みずから飛鳥《あすか》川の河上で「河伯《かわのかみ》」に雨を祈ったとの記事が載るが、これも中国の模倣であろう。神泉苑での請雨修法《しゅほう》では、池のほとりに、龍を描いたマンダラや幡《ばん》がたてられ、また祭壇が設けられて、そこには土製の龍や茅《かや》の龍が供えられたのだが、これも、インド起源の密教式の雨乞いに中国の伝説的な雨乞いが習合したものとみることができる。

雨の原因は龍であっても、古代中国では、雨乞いの主宰者は皇帝であった。殷代後期に都がおかれた殷墟《いんきょ》からは占いにかんする多数の甲骨文が出土する。それによると、皇帝はその年の天候や作物のみのり具合を占うとともに、旱魃にさいしては、皇帝自身が河伯や天に降雨を祈願していた。皇帝というのは、天候や農作物の豊凶に全責任を負うところの「雨帝」だったのである。皇極天皇が飛鳥川で雨乞いをおこなったという『日本書紀』の記事や、平安時代を通じて公的な雨乞いの権限が天皇にあったということなどから推して、日本の天皇も雨帝の機能を有していたといえる（並木和子「平安時代の祈雨奉幣」『平安時代の神社と祭祀』二十二社研究会編）。

雨の原因である龍と雨帝としての皇帝。龍と皇帝との結合についてはのちに龍の起源の議論のなかで明らかになろうが、雨が皇帝と龍を結びつける要因のひとつであったことは疑いない。

天にのぼる龍

龍と皇帝との結合は天空を飛翔する龍の観念を生んだと考えられる。天の意を承けて地上世界を治める一方、天の極点である紫微星の位置に坐《ざ》するともみられていた皇帝と同様に、龍もふだんは水に棲《す》みながら天にものぼるのである。後漢時代につくられた中国最古の漢字辞典『説文解字《せつもんかいじ》』は龍についての説明で、「春分に天に登り、秋分には淵に潜る」と記していた。

紫禁城の天井の龍は天空を飛ぶ龍であるし、柱に描かれた龍は天にのぼる龍であろう。もちろん妙心寺の龍も天空の龍である。堂内の東から見あげると天にのぼる龍にみえ、西から見あげると天からくだる龍にみえる技巧を凝らした龍であった。屈原も『楚辞』「離騒《りそう》」のなかで、龍のひく車にのって崑崙《こんろん》山に飛んだとのべていた。諸橋轍次《もろはしてつじ》の『大漢和辞典』によると、「龍」のつくりの「巨」は躍動飛行するさまを示すという。蛇をもとにつくられた「竜」にかわって「龍」を用いるようになるのは、天をも翔《かけ》る龍への変容を反映しているのであろうか。

四霊と四神

中国で霊獣とみられていたのは龍だけではない。麒麟《きりん》もそのひとつ。『説文解字』には、大鹿に似て一角を有し、また牛の尾をもち、額は狼、蹄《ひづめ》は馬とある。麒麟も混成の動物であった。『爾雅翼』は、翼をもち能《よ》く飛ぶ、とのべているように、天空を飛翔する霊獣であり、とくに聖王・聖人がでて正道がおこなわれるときに瑞祥《ずいしょう》としてあらわれる瑞獣と考えられていた。孔子《こうし》生誕のおりにも麟麟があらわれ、孔子の母はその角に布を結んだとの伝説もうまれた。

もちろん飛ぶ霊獣の代表は鳳凰《ほうおう》である。鳳凰も、政治が正しくおこなわれ、天下が太平のときに姿をあらわす瑞鳥である。『山海経』南山経には「その状《かたち》は鶏の如く五彩」とあって、孔雀《くじやく》に近い瑞鳥なのであるが、『説文解字』の「鳳」の条では、燕《つばめ》と鶏のほか鹿や蛇や魚などからなる合成の動物とある。ここで「鳳」というのは雄の鳳凰のこと。雌は「凰」である。

前漢時代に著わされた『礼記《らいき》』礼運篇に「麟鳳亀龍これを四霊と謂《い》う」とあるように戦国時代末ごろには、この二獣に龍と亀を加え、もっとも神聖な生き物という意味で四霊とよばれるようになった。おなじころ、五行説が盛んになるとともに、それぞれ東・南・西・北を守護する、青龍《せいりゆう》・朱雀《すざく》（朱鳥《しゆちよう》）・白虎《びやっこ》・玄武《げんぶ》（蛇と亀からなる混成動物）を四神《しじん》とする思想も生まれる。ここでは龍は東の守護神である。『礼記』曲礼篇上には「行けば朱鳥を前にして玄武を後ろにし、青龍を左にして白虎を右にし」とあるように、軍の行進の時、朱鳥旗を前に、玄武旗を後に、青龍旗を左に、白虎旗を右にしたのである。南面する天子からみると、東、西、南、北はそれぞれ左、右、前、後に相当する。

中国人は、さまざまな聖獣・聖鳥を創造したのだが、龍は別格、最高の存在であった。龍は鱗虫《りんちゆう》（鱗のある動物）の長と見られていただけでなく、『淮南子』墜形訓は、麒麟、鳳凰、亀を含めてあらゆる動物が龍から生じたとのべている。

別格の霊獣である龍は十二支にも加えられた。十二支の動物のなかでも空想の動物というのは、龍だけである。

子《ね》・丑《うし》・寅《とら》・卯《う》・辰《たつ》・巳《み》・午《うま》・未《ひつじ》・申《さる》・酉《とり》・戌《いぬ》・亥《い》という十二支は、甲・乙・丙《へい》・丁・戊《ぼ》・己・庚《こう》・辛・壬《じん》・癸《き》という十干とともに殷代にさかのぼることができる。これらは単独に、あるいは両者を組み合わせた六十干支の形で（甲子、乙丑……といったぐあいに）、年、日、時刻、方位を指定するために使われていた。十二支も十干も一種の順序記号なのであるが、文字のほんらいの意味は、どちらも、植物の発芽、成長、成熟の段階をしめす文字であった。動物とは関係がなかったのである。

漢代に、十干は五行を陰陽（日本では兄弟にあて、甲を木兄《きのえ》、乙を木弟《きのと》とあらわした）に分けて表わされるようになり、そして、十二支には、鼠・牛・虎・兎・龍・蛇・馬・羊・猿・鶏・犬・猪という動物に結びつけられた。すべての十二支に動物を配当した初見は、後漢の王充《おうじゅう》の著した『論衡《ろんこう》』物勢・言毒・譏日篇であるが、それより前、前漢の『淮南子』には、蛇をもって巳にあて、羊をもって未にあてていた。したがって前漢代までには十二支の動物が成立していたと推察される。しかし、なぜこのような龍をふくむ動物があてられたのかについては、説得力のある説明を見いだせない。ただ、麒麟、鳳凰、亀といった他の霊獣が採用されずに、龍が加えられた点は注目される。戦国時代から漢代にかけて龍が王権と結合したことと無関係ではないと思う。

蛇は嫌われものになる

龍が特別に聖なる獣とみられるようになるのとは逆に、蛇のほうは、亀と組み合わされた玄武として四神のひとつとみなされ、また十二支の動物となるものの、蛇はその毒性が強調され、疎《うと》まれる動物となった。そのために、嫌われ者を蛇蝎《だかつ》と呼んだり、強欲の人間を蛇豕《だし》といったりするのである。それに、慈雨をもたらす龍とは逆に、蛇のほうは旱魃の原因とみられていた。『山海経』北山経には「ここに大蛇あり、赤い首に白い身、その声は牛のよう。これが現われると、邑《くに》は大いに旱する」といった記事がみられる。龍が水と豊饒のシンボルとなり、王権と結びつけられるのにたいして、蛇には逆の性格が付与されるようになった。

蛇を避けるための呪術も生まれた。三一七年に成立した『抱朴子《ほうぼくし》』登渉篇によると、漢方薬の雄黄《ゆうおう》(天然に産する砒素《ひそ》の硫化物)を身につけたり、あるいは青龍、朱雀、白虎、玄武の四神がわが身を守っていると念じ、気息をまわりに吹きかければ蛇は出てこないという。宋代のころには蛇王廟がつくられ、そこでは毒蛇を避けるためのお符が配られていた。蛇王廟というのはもともとは蛙の捕獲を仕事としていた人たちによって祀《まつ》られていた祠《ほこら》である。蛇を崇拝する人もいたのである(顧禄『清嘉録』)。

2　インドのナーガ

アンコール

中国語に訳された仏教経典には龍の長である龍王が多数登場する。初期の大乗経典のひとつ『法華経《ほけきょう》』序品《じょほん》にも、難陀《なんだ》・跋難陀《ばつなんだ》・娑伽羅《しゃから》・和修吉《わしゅきつ》・徳叉迦《とくしゃか》・阿那婆達《あなばだつ》多《た》・摩那斯《まなし》・優鉢羅《うはつら》からなる龍王、いわゆる八大龍王の名が仏法を守護する神としてあげられていた。

そして、龍王は仏法の守護神であるとともに、中国の農民が龍王廟で雨乞いをおこなったように、雨の神、水の神でもあった。仏伝には、釈迦の誕生にさいして難陀と跋難陀（優波《うば》難陀ともいう）の二龍王が空中から温涼二条の清水を注いで灌頂《かんじょう》したとある。空海も神泉苑での請雨修法にさいしてインドの無熱悩池《むねつのうち》から善女《ぜんにょ》龍王を勧請したのであった。無熱悩池というのは北の雪山のさらに北にあってインドのすべての川の水源と想像されていた池のこと、龍王は水源を支配するとも考えられていたのである。

これら、漢訳経典で「龍」と訳されたのは、サンスクリット語でのナーガ。「龍王」はナーガ・ラージャの訳であった。そして、中国人はそれを中国の伝統的な龍によって理解していたのである。

その正体はなんであったのか。それを明らかにするためには、われわれは調査のための「船」をインドに向けねばならない。しかし、残念なことには、インドの仏教はずっと昔に衰退、ほとんど滅んでしまった。現在、仏教のナーガに出あうのは困難である。

ナーガを見るには、インドから伝えられた仏教が生きている東南アジアの国々を訪ねるのがよい。とくに、現在でも仏教を国教とし、遠い祖先は龍であるとの伝説がつたわるカンボジアにはナーガの造形が多く残されている。

とくにカンボジアの旧都アンコールはあたかもナーガの都である。九世紀から十五世紀にかけて、カンボジアのクメール人の王朝の全盛時代に、インド文化の影響を色濃くうけた壮大な建造物が数多く建てられた。その遺跡は長く密林に埋もれ、廃墟となっていたのであるが、むしろそのために当時の姿に接することができるのである。たとえば、一一一三年に即位したスールヤヴァルマン二世が三十年の歳月をかけて完成したアンコール・ワット。その入り口には七つの首を屹立《きつりつ》させたナーガが門柱として立ち、同型のナーガの欄干が建物を飾り、回廊の浮き彫りの像にも七頭のナーガが見られる（図8）。首都プノンペンの博物館には、ここから見つかった、七頭のナーガに庇護《ひご》された釈迦像が所蔵されている。ナーガの彫像とナーガに庇護される釈迦像

図8　アンコール・ワットの壁画に浮き彫られたナーガ（石沢良昭『アンコール・ワット』日本テレビ放送網）

図9　ナーガに庇護される釈迦の像。カンボジア・シェムリアップ出土（J.ボワスリエ『クメールの彫像』連合出版）

は、アンコールの他の王城や寺院にも置かれていたものであり、また、カンボジアの各地にも見いだされる（図9）。

　アンコールを特徴づける方形の構造の王城や寺院のひとつひとつは古代インドの宇宙像を模したものであった。中央には神々の世界である須弥山《しゅみせん》が聳《そび》え、そのまわりを七つの山脈と七つの海がとりかこむという宇宙の複製なのである（ジョルジュ・セデス『アンコール遺跡』三宅一郎訳）。

宇宙を写した建築群とそれを守護する龍・蛇。そこには、北京の紫禁城とよく似た宇宙論的な象徴性を認めることができよう。

これらの彫像がしめすように、ナーガというのはインドに棲息する毒蛇コブラの神である。中国の龍を特徴づける角や髭や足などは認められない。他の動物との混成もみられない。自然のコブラとのちがいといえば多頭の形態をとるか、人間の顔をもつ蛇身で表わされることがあるだけである。中国の龍と同一視されたのであるが、姿形のまったく異なる蛇の神であった。

仏教以前の蛇

蛇の神は仏教に特有のものでもない。仏教が興る以前にインドの支配者となっていたアーリア人の宗教・バラモン教にも蛇アヒが登場する。アヒの図像は残されていないのであるが、アヒもまたコブラの神であったことは、バラモン教の聖典『リグ・ヴェーダ』がアヒを「肩を拡げた」と形容しているように、コブラに特徴的である頭巾《ずきん》状の首を表現しているので明らかである。しかし、このアヒには守護神的な性格は認められない。「障碍物《しょうがいぶつ》」ヴリトラとも呼ばれていたように、邪神・悪神とみられていた。それでも、アヒもまた水の神であった。

『リグ・ヴェーダ』(辻直四郎訳を参照。後出もおなじ)には、

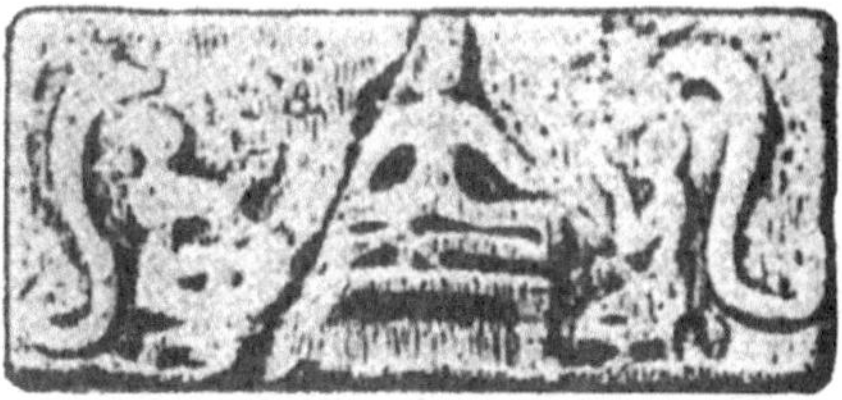

図10　印章に彫られた人物とナーガ。モヘンジョ・ダロ出土、前2000年ごろ（H.Zimmer, *The Art of Indian Asia*, vol.1, Pantheon Books）

私はいま宣言する、インドラのさまざまな武勲を、ヴァジュラ（電撃）を手に持つ彼が最初になしとげたところの。彼はアヒを殺し、水を穿《うが》ちいだし、山々の脾腹を切り裂いた。

とある。また、「アヒを殺して七つの大河を解き放った」といった章句も見いだせる。アヒは世界の水を体中に集めているのであって、アーリア人の主神インドラはそのアヒを殺して大地に慈雨をもたらしたという。もちろんバラモン教ではアヒが雨の神として信仰されることはなかった。人びとが降雨を祈願したのは、アヒを殺したインドラであり、インドラの同盟神マルト神群らである。

しかし、蛇にたいする信仰はバラモン教以前のインダス文明にもさかのぼれるように思われる。モヘンジョ・ダロの遺跡からは前二〇〇〇年ごろのものと想定されているヨーガ姿の行者像を象《かたど》った印章が出土しているが、シヴァ神の原形ともみられるその行者の両側には行者を拝する二人の人間が彫られ、さらにその背後には、二人を守護するかのような形で二匹の蛇が屹立する（図10）。インダス文字が未解読のためもあって、インダス文明の宗教の詳細は不明ながら、それでも多数の発掘された印章の図像や彫像からは、牡牛《おうし》、男根、地母神、樹木の信仰とともに蛇の信仰が存在していたと推測されるのである（P・M・ウルセル＋L・モラン『インドの神話』美田稔訳）。

このようなインドにおける蛇とも龍ともいえる龍・蛇の神の歴史はつぎのように要約できようか。インドでは古くから蛇が信仰されていた。そこに、インド・ヨーロッパ語族のアーリア人が前一五〇〇年ごろに馬の戦車を駆って北西インドに侵入、インド主要部を支配する過程で原住民に崇拝されていた蛇はアーリア人の主神であったインドラに敵対する「障碍物」とみなされるようになった。しかし、土着の民衆のあいだには蛇の信仰はしぶとく生きていた。そして、土着の信仰を受け容《い》れた仏教の勃興《ぼっこう》にともなって、蛇の信仰もほんらいの善神としての性格をもって宗教の表舞台にあらわれでた、と。

ヒンドゥ教と密教

仏教に遅れて登場、衰退する仏教にかわってインドの民族宗教となったヒンドゥ教

図11　アナンタに横たわるヴィシュヌ神。19世紀の版画（J.キャンベル『神話のイメージ』大修館書店）

はバラモン教の伝統を引き継ぐのであるが、蛇については土着の蛇の信仰をとりいれた。ヒンドゥ教でも龍・蛇は神々の守護神である。じつはアンコールでは仏教とともにヒンドゥ教が信仰され、仏像だけでなく、シヴァ神やヴィシュヌ神も祀られていたのである。

ヒンドゥ教で世界秩序の維持者として最高神に位置づけられているヴィシュヌ神は、海上に浮かぶ七頭の蛇アナンタ（シェーシャとも呼ばれる）の褥《しとね》の上で瞑想《めいそう》する姿で表わされることが多い（**図11**）。宇宙の（創造のための）破壊者であるシヴァ神も蛇を体にまとう。仏教と同様に、ヒンドゥ教においてもコブラの龍は守護神であるとともに、豊饒の神でもあった。いまでも乾季になるとインドの農民は蛇に雨を祈る。

仏教がインドで最後の高揚期をむかえるのは七世紀ごろ、ヒンドゥ教に触発されて生まれた密教においてであった。呪術性と象徴性が色濃い、儀式重視の現実肯定的な宗教であるが、龍・蛇にかんしても、水の蛇の思想を受け継ぎ、龍王による雨乞いとして儀式化した。その経典が『大雲林《だいうんりん》（輪）請雨経《しょううきょう》』であり、その儀式の具体的な方法をのべたのが、『大雲経祈雨壇法』である。空海も長安《ちょうあん》で中国に伝わった密教を学び、『大雲林請雨経』を請来するなどして請雨修法を日本に導入していたのである。

インドの悪蛇

仏教の世界にもヒンドゥ教の世界にも、ヴェーダのアヒの性格をつぐ悪龍はいる。仏教では善龍である「法行龍王」にたいして、「非法行龍王」と称される龍王は、仏法に従わずに不善をなし、悪雲を起こしては五穀に禍《わざわい》をもたらす龍であった。

ヒンドゥ教の悪龍といえばガンジス河の支流のヤムナ川に棲む五頭の龍のカーリヤである。この龍の放す毒気は近くに住む人びとを苦しめ、その毒気によって湯のように熱くなったヤムナ川の水を飲んだ人は命を落としたという。カーリヤを退治したのが牛飼いの若者であるクリシュナ。悪蛇アヒを討ち取ったインドラのヒンドゥ教版といえる。クリシュナは、叙事詩『マハーバーラタ』にも登場する英雄であったが、ヴィシュヌ神の化身ともみられた。現代でもインド人にもっとも親しまれている神で、詩にうたわれ、細密画に描かれ、劇でも演じられている。

人間の命を奪いかねない現実のコブラは、黄河流域の毒蛇といえばマムシぐらいであった中国の場合以上に、人びとに恐れられていたことを忘れてはいけない。だから、コブラをさけるためのさまざまな方法が伝承されてきた。呪的な民間信仰をつたえる『アタルヴァ・ヴェーダ』には、「神々よ蛇がわれらを、子孫とともに、男の子らとともに殺さざらんことを。閉じられたる（口）は開かざれ。開かれたるは閉じざれ。神聖なる族《うから》に頂礼《ちょうらい》あれ」といった蛇から身を守るための呪文がのっている。「神聖なる族」はここでは蛇をさす。「頂礼」というのは、頭を地面につけて、その人の足もとにおじぎをするという古代インドでは最上の敬礼のことであり、このように蛇に敬意を表わすことによって、蛇を宥《なだ》めたのである（『アタルヴァ・ヴェーダ讃歌』辻直四郎訳）。ナーガを善神とみる仏教徒にとっても、その点では変わりがない。

南方熊楠《みなかたくまぐす》は『十二支考』の「蛇に関する民俗と伝説」のなかで、蛇から身をまもるための呪言を知らなかった比丘《びく》が、風呂《ふろ》の火を燃やそうとして薪《まき》を割ったとき、薪の穴からでてきた蛇に嚙《か》み殺された話をのせている。仏教でも蛇の危害をさけるための呪法が説かれていた。蛇は崇拝されながら、畏怖《いふ》もされていたのである。

図12　ガルダ像。インドネシア・ジャワ、13世紀

龍・蛇の敵ガルダ

そのような悪蛇を食べるとされたのが空想上の巨鳥ガルダである（図12）。身体は人間の姿であらわれることもあるが、頭とくちばしは鷹の格好で、また鷹の翼と脚と爪をもつのを特徴とする。中国では迦楼羅《かるら》と音訳されたが、全身が金色に輝いているので金翅鳥《こんじちょう》とも呼ばれた。

シヴァ神は牡牛のナンディーに乗るのであるが、それにたいして、ヴィシュヌ神が乗り物としたのは、このガルダであった。ガルダがヴィシュヌ神の乗り物となった事情について、『マハーバーラタ』はつぎのように語っている。ガルダは母が賭《か》けに負けたために、生まれたときから蛇族に仕えねばならなかったが、天界にある不死の甘露をとってくれれば自由の身にしてくれるという蛇族の約束に、ガルダは天界にむかう。そのときガルダは敵なし、インドラさえも打ち倒し、不死の甘露を守っている巨大な二匹の蛇を退治する。だが、甘露を手にしての帰路、ガルダに立ちはだかったのがヴィシュヌ、熾烈《しれつ》な戦いがくりひろげられたが、勝負がつかない。そこで、ヴィシュヌが、ガルダに不死と高い座を与えるかわりに、ヴィシュヌの乗り物になることを提案、ガルダはそれを受けいれたというのである。

ガルダは仏教に取りいれられて、龍やその他の神々とともに仏法を守護する八部衆のひとつとされた。

孔雀もまた邪悪な龍・蛇を食べる鳥とされ、また神々の聖なる乗り物とも考えられていた。密教においては、孔雀明王として明王の地位を与えられ、孔雀明王を本尊とする修法は、息災延命や請雨のために用いられていた。その経典が『孔雀王呪経』や『大孔雀明王経』。『大孔雀明王経』は、ナーガによる雨乞いの経典である『大雲林請雨経』とともに空海によって日本に請来された。

3　東方の龍の特性

法顕と玄奘の出あった水の龍

種々の動物から混成された中国の龍。コブラの龍としてのインドのナーガ。蛇の要素を共通するとはいっても、姿形の隔たりは大きい。

インドの仏典を中国語に翻訳、ナーガを「龍」と訳した人びともこのような形態上の差異を承知していたと思われる。五世紀のはじめ、長安で『大智度論《だいちどろん》』など多くの経典の翻訳につとめた鳩摩羅什《くまらじゅう》はインドで生まれ育った人間であったのだから、ナーガの正体に通じていたはずである。代表的な中国人の翻訳者である法顕《ほっけん》や玄奘《げんじょう》の場合には、経典の原典を求めてみずからインドを訪れているのであるから、そこでナーガの造形にも接したにちがいない。そこで見たのは、姿形は蛇といってよいナーガであったろう。それなのにそれを龍と訳したのは、龍とナーガとの性格的な類似性を重視したからではなかろうか。

なによりも、両者とも雨を恵む水の神であった。仏教が伝来する以前から中国人は龍は水の生き物と考え、土でつくった龍に降雨を祈っていたのであるが、そこに、インドから水と雨の神であるナーガが伝えられたのである。『大智度論』にも、「大龍王の大海より出《い》でて大雲をおこし、遍《あまね》く虚空を覆い、大電光を放ちて明るく天地を照らし、大洪水をそそぎて万物を潤沢するがごとし」と記す。

法顕も玄奘もインド旅行で、ナーガが水と関係のふかい生き物であることを認識させられたにちがいない。彼らの旅行記からも読みとれることである。

『法顕伝』(長沢和俊訳)によると、鳩摩羅什が長安に移ったころインドに旅立った法顕は、ガンジス河上流のサンカシャ国ではナーガを祀る龍舎を訪れ、「この場処に一匹の白い耳の龍がおり、この衆僧のために施主となり、国内を豊熟ならしめ、雨沢は時節にふり、もろもろの災害がないようにし、衆僧を安心させている」と書き留め、ついで、二龍王が釈迦に二条の水を注いだという遺跡に足をのばしている。

七世紀には玄奘がインドに赴き、その旅をもとに『大唐西域記《だいとうさいいきき》』（水谷真成訳）を書き残しているが、その冒頭では、インドの河川の源泉はアナヴァタプタ池、中国名では無熱悩池と呼ばれる池である旨を、「八地の菩薩《ぼさつ》がその願行の力のゆえに龍王と化してこの池中に潜み住み、清冷な水を流出して贍部洲《せんぶしゅう》（人間の住む島）に供給している」と記し、また、たとえばインダス河上流にあるエーラバットラの龍王の池を紹介したところでは、「それゆえ今この土地では、雨を請い晴れを祈るにはかならず沙門ともども池の所にくるのである。弾指して慰問すればその願いに随《したが》ってかならず願いが果たされる」とのべているのである。

守護神としての龍とナーガ

北京の紫禁城でも見たように、中国の龍は皇帝の象徴であった。皇帝自身が龍であるのだが、龍は皇帝と王朝を守護する聖獣でもあった。あの、宮殿の柱、梁、天井に彫られ、描かれた無数の龍は、皇帝のシンボルでもあるとともに、皇帝を敵と悪霊から守っているのである。五行説ではとくに青龍が東方の守護神とみなされた。紫禁城でも、青と黄の龍が彫られた九龍壁は宮殿の東にたち、宮殿を守る。

この点でも中国の龍はナーガに共通する。ヴェーダ時代には、蛇のアヒはインドラに敵対する「障碍物」であったが、仏教においては、蛇の神ナーガは仏法の守護神となるのである。仏伝によると、釈迦が豪雨と洪水に遭遇したとき救ってくれたのはナーガであった。そのようなことから、ナーガは仏法を守護する八部衆に加えられたのである。

龍も蛇も爬虫類

中国の龍は、蛇を基体とする怪獣である。甲骨文の龍も蛇からつくられていた。龍は蛇とおなじく爬虫類の仲間であった。じじつ中国人は龍と蛇とを区別しながら、一方では、けっして遠い「種」とはみていなかった。だから、中国人は蛟《こう》(蛇に似るが四足をもつ)、虬《きゅう》・虯《きゅう》(蛇であるが角をもつ)、螭《ち》(龍にちかいが角がない)など、龍と蛇の中間「種」の存在を信じていたのである。『述異記』も、水虺《すいき》(虺はマムシ)は五百年たつと蛟となり、さらに千年にして龍となると述べていたように、龍を蛇から変化したとも考えていた。「海千山千」というのも、蛇も海と山に千年も棲めば龍になると信じられていたことから生まれた俚諺《りげん》にほかならない。

加えて、秦・漢の時代に神農《しんのう》とともに神話上の天子である三皇に組み入れられる伏《ふく》羲《ぎ》と女媧《じょか》は、ふつう尾を絡ませた人面蛇身の形で表現される蛇の神であった(図13)。

図13　武氏祠に彫られた伏羲と女媧の畫象石像。山東省、後漢代（長廣敏雄編『漢代畫象石の研究』中央公論社）

この秦・漢代は、龍が天子の象徴として確立する時代であるのだが、神話的時代の聖王を蛇の神とみるようになった時代でもあった。このような古代中国の聖王思想もまた、蛇の神ナーガが皇帝のシンボルであった中国の龍と同一視された一因であったかもしれない。

漢代にインドから仏教を介して中国に伝来したナーガは、外見はちがっても性格的にちかい中国古来の龍と同一視された。もちろん、このような外来文化の理解のしかたは、特異なものではない。むしろ外来文化の一般的な摂取法といえるであろう。中国人にかぎらず、人間というのはみずからの思想をとおして外来の思想を受容するしかないのである。翻訳であれば、総合的に判断してより近いことばで置き換えるしかないのだ。

こうして、中国では仏教に登場するナーガも角と髭と足をもつ中国の龍となる。寺院にも中国固有の龍が描かれる。中国を経由して仏教を受け容れた日本人もこの中国化されたナーガ、つまり中国の伝統的な龍を仏教の守護神と考えていた。

日本の禅宗は、中国・宋代の寺院建築の様式にならって寺院を建築したのであるが、そのさい法堂の天井には龍の絵が描かれた。妙心寺をはじめ、相国寺や大徳寺の龍もそのような龍である。日本の密教の雨乞いには龍のマンダラや幡や龍の形がつかわれたが、それらの龍はコブラのナーガではなく中国の龍であった。

それにしても、なぜ中国とインドで、形はちがっても性格がよく似た怪獣が空想されたのか。二つの龍の関係をどう理解すべきか。こうした問題を明らかにするには、「船」をさらに西にむけねばならない。

第2章　西方の龍

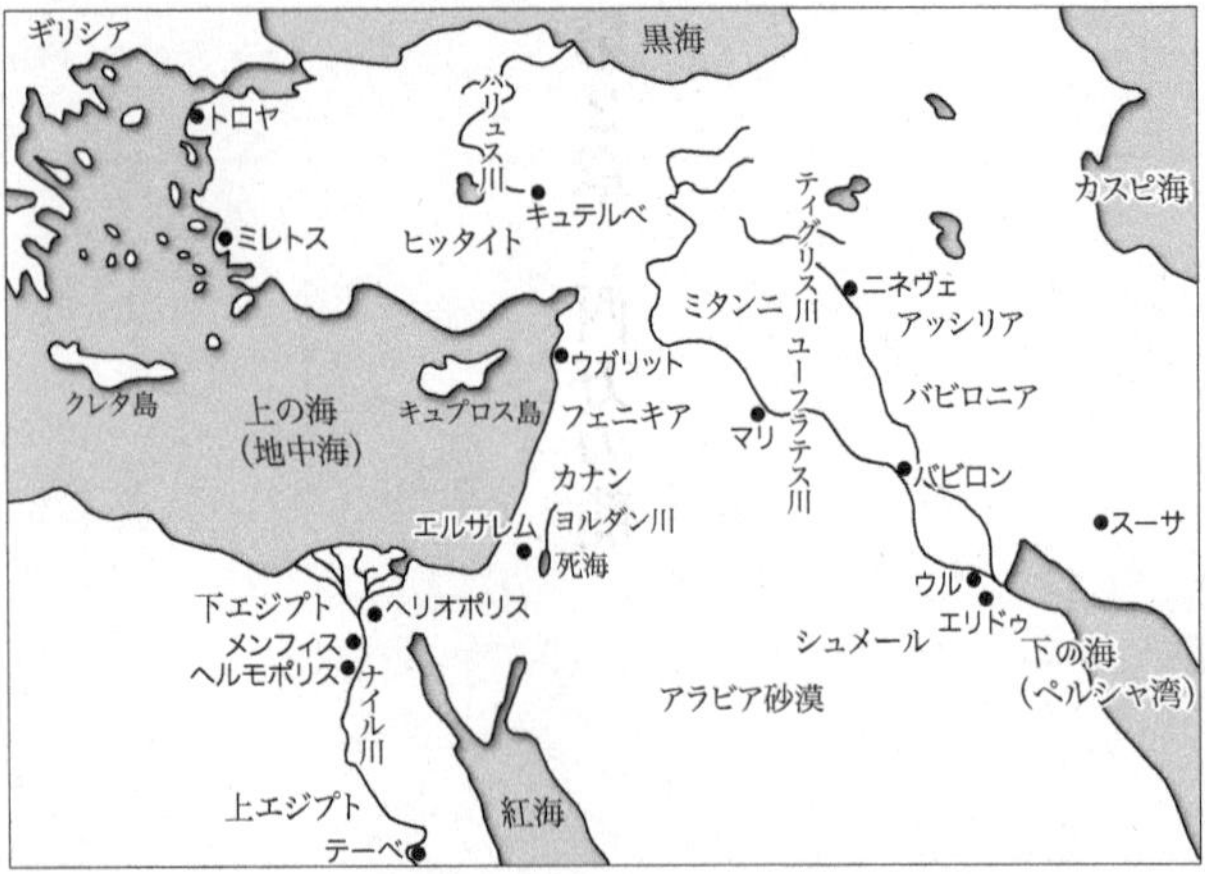

図14　古代のオリエント

ヨーロッパに広く「棲息《せいそく》」する怪獣ドラゴンは龍《りゅう》の仲間と見なされている。われわれはあまり躊躇《ためら》うことなくドラゴンを龍と訳しているのである。しかし、ドラゴンとはどのような怪獣なのであろうか。

デューラーやラファエロによって描かれたドラゴンの絵、ヨーロッパの公園や街角に見かけるドラゴンの彫像、ドラゴンの紋章。これらのドラゴンは有翼、したがって、四足でなくて二足である。中国の龍が細身の体形であるのにたいして、ドラゴンは一般に肥満気味。そしてなによりも、聖獣であった中国の龍とちがって、ヨーロッパのドラゴンは嫌われもの、神々や英雄に退治される悪魔的存在だった。同一の「種」の動物とはいいがたい。

しかし、ドラゴンも、中国の龍と同様に、いくつかの動物の混成された有足の爬虫類《はちゅうるい》的な怪獣で、体表は蛇の鱗《うろこ》でおおわれる。全体的なイメージからいっても、中国の龍に似る。

東方の龍の調査からはじめたわれわれは、古代の中国人がそう考えたようにインドのナーガを龍に分類したのだが、ヨーロッパのドラゴンは、インドのナーガよりも中国の龍に近い「種」に見える。ユーラシア大陸のはるか東と西で似た怪獣が創造されたのである。

このヨーロッパの龍はどのようにして生まれたのか。それを明らかにするには、ヨーロッパの龍の調査だけでは不十分であり、西方世界に広く「棲息」していた龍の博物学的な調査を欠かせない。ヨーロッパ文明の源泉であったキリスト教やギリシア神話の龍についてはいうまでもない。さらには、ユダヤ教を介してキリスト教に影響を及ぼした古代メソポタミア、ギリシア文明とも関係のふかかった古代エジプトにも眼をむけねばならない。東方世界の龍は、中国の黄河文明とインダス文明にさかのぼれたが、西方世界における龍の探究も、最古の文明であるメソポタミアとエジプトからはじめねばならないのである。

1　バビロニアのティアマト

円筒印章に彫られた龍

前四千年紀の後半、シュメール人は、メソポタミアの南部、つまりティグリスとユーフラテス河の下流域に人類最初の都市国家を築いた。インダス文明よりも五百年ほどはやく、中国の黄河文明と比較すれば千年以上も古いといえよう。そこでは、青銅器、牛・馬車、文字、暦法が使われはじめ、これらの都市文明は、西方世界全域、そして東方世界にも伝播《でんぱ》ないし影響をおよぼしたと考えられている。「歴史はシュメールにはじまる」（S・N・クレーマー）ともいわれてきた。

粘土板に葦《あし》のペンを使い楔形《くさびがた》文字を記していたシュメール人は、粘土板に捺印《なついん》するための印章も使用していた。初期にはインダス文明の印章とおなじくスタンプ式の印章であったが、前三〇〇〇年ごろには円筒形の石の側面に陰刻し、粘土の上をころがして捺印する円筒印章がつくられるようになる。おそらくスタンプ式の印章であるインダス文明の印章をはじめエジプトや中国の印章はメソポタミア起源と思われるが、シュメール人はその後シュメールに特有な印章を開発していたのである。

このシュメールの円筒印章には、インダス文明の印章と同様、宗教的な主題を表わす図も陰刻されていた。神と推測される人物像、牛や羊などの動物像、麦その他の植物像、それらに加えて蛇の像や龍と思われる図像が認められるのである。龍というのは、大蛇の胴体に角と足をつけた怪獣である（**図15**）。翼をもつ怪獣もいる。ヨーロッパのドラゴンの原型がすでにシュメールに生まれていたといえるようである。龍の歴史も「シュメールにはじまる」のであろうか。そして、蛇を基体とする怪獣であるという点では、中国の龍にも近い。

水との関係でも中国の龍との共通点が認められる。インダス文字の場合とは違って シュメールの楔形文字は解読されており、楔形文字で書かれた粘土板文書には、原初の海に棲《す》み、洪水の原因ともなる怪獣クルの名がよみとれ、それは、円筒印章にみられる蛇を基体とする龍であると推察される（S. N. Kramer, *Sumerian Mythology*）。

しかしながら、相違点も指摘しておくべきであろう。中国の龍には洪水の原因となる河伯《かはく》のような龍もいたのだが、旱天《かんてん》のときには慈雨をもたらしてくれる龍であった。それにたいして、シュメール人の龍は、耕地も家畜も家屋も呑《の》み込んでしまう大河の濁流と結びつけられていたのである。

そして、この厭《いと》われるべき性質と関連していたのだろうか、シュメールの龍は英雄に退治されねばならなかった。**図15**の印章のモティーフはこの龍退治にほかならない。そして、モティーフは同一でありながら、龍ではなく**図16**のような大蛇を退治する場

図15　円筒印章に彫られた龍退治の場面。
シュメール（S.L.Langdon, *The Mythology of All Races*, vol.5, Cooper Square）

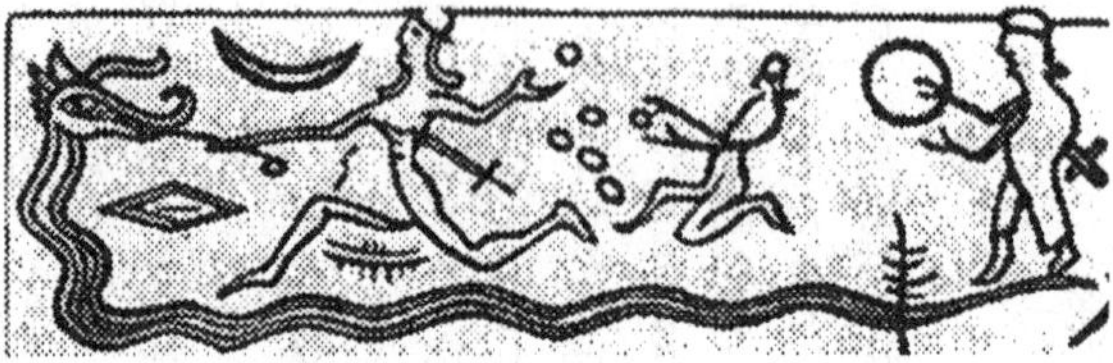

図16　円筒印章に彫られた大蛇退治の場面。
シュメール（S.N.Kramer, *Sumerian Mythology*, Pennsylvania U.P.）

面を描写した印章も見られ、そのことからも、シュメールでも蛇から龍に進化したと推察される。粘土板文書にも神に殺される怪獣クルの話を読みとれる。

シュメールの龍は人間の生産と生活を脅かす悪獣であった。つねに聖なる獣であった中国の龍と明確に対立する性格である。ヨーロッパのドラゴンの素性がすでにシュメールの龍にあらわれていたのである。

洪水＝反秩序のシンボルとしてのティアマト

この龍退治の神話は、前二千年紀に南メソポタミアの覇者となったバビロニアに引きつがれた。それを伝える神話が天地の創造をかたる「エヌマ・エリシュ」である。それによると、天と地は、バビロニアの英雄神マルドゥクが龍のティアマトを殺すことによって創られた。まず天については、

マルドゥクは干し魚のようにティアマトを二つに切り裂き、
その半分を固定し、天として張りめぐらした。
かれは（それに）閂《かんぬき》を通し、番人たちをおき、
かれらにその水分を流出させてはならないと命じた。

とのべている。つぎに大地については、

　マルドゥクは（ティアマトの骸《むくろ》の半分を）張りめぐらし、

　地を堅固にかためた。

とかたる（『古代オリエント集』後藤光一郎訳。後出も同訳）。さらに、マルドゥクはティアマトの屍《しかばね》の残った部分から、山や泉や川をつくり、また、神々からきつい夫役《ぶやく》を除いてやるために、ティアマトの手下キングを処刑し、その血から人間を創造する。

　退治されるティアマトというのは、神話のなかで「大洪水をおこす龍」ともよばれるように、シュメールの龍をひきついだ水の神、水にみたされたティアマトの体から、水の天と水の地がつくられたのである。

「エヌマ・エリシュ」には、ティアマトが、「七頭の大蛇」や「炎の龍頭サソリ尾獣」など蛇や龍に類する怪獣を産んだという記述がみられる。しかし、ティアマトがどんな形態の龍であるかについてはなにも語られていない。それでも、ティアマトを描いたと思われる印章の図像などによれば、このバビロニアの龍は、蛇の胴体にライオンと鷲《わし》のような鳥とが混成された動物であると想像されていたようである（図17・

図17　マルドゥクとティアマトと考えられている円筒印章、バビロン出土（前掲、*The Mythology of All Races*, vol.5）

図18　石板に描かれた神と怪獣の争い。これをマルドゥクとティアマトとみる研究者もいる（A.Heidel, *The Babylonian Genesis*, The University of Chicago Press）

18)。

「大洪水をおこす龍」であるティアマト。「エヌマ・エリシュ」はバビロニアの王権更新の儀式である新年祭で詠唱された。そのときティアマトには王権に対立する勢力が寓意《ぐうい》されていた。バビロニア王の最大の任務がティグリスとユーフラテス河の治水と灌漑《かんがい》にあったことを考えれば、洪水の神であるティアマトは王権の対立者にふさわしかったといえよう。

蛇を基体にいくつかの動物を混成して創造された水の神としての龍。この点では中国の龍に共通しながらも、社会秩序の敵対者として立ち現われる。性格的には中国の龍とは対蹠《たいしょ》的である。このメソポタミアの龍は、その後の龍の歴史にどのような影響を与えたのか。ヨーロッパのドラゴンとどうつながるのか。それを見る前に、メソポタミアとほぼおなじ時期に誕生したエジプト文明について調べておきたい。

2　エジプトのウラエウス

もうひとつのコブラの神

残念ながら、エジプトには中国やメソポタミアのような、龍らしい龍を見いだすことはできない。エジプトではウラエウスが中国の龍とおなじように王権のシンボルであったのだが、それは蛇そのもの、頭をもたげたＳ字型の形をとるコブラの神であった。

エジプト人は、コブラ以外にも、牛、ライオン、羊、鰐《わに》、鷲、鷹《たか》などの動物を崇拝、とくに鷹の神ホルスはエジプトが統一される以前には、上エジプトの王権のシンボルであった。前三〇〇〇年ごろ、上エジプトはウラエウスを信仰していたデルタ地帯を中心とする下エジプトによって支配され、全エジプトは統一される。しかし、ウラエウスが、鷹やその他の動物と混成して龍に変容することはなかった。ナイル河が育《はぐく》むデルタの豊饒《ほうじょう》力を象徴する神であったコブラの神は、コブラのままで全エジプトに君臨する王を庇護《ひご》し、国家に恩恵をもたらすという政治的性格の濃い神として崇拝されつづけたのである（S. B. Johnson, *The Cobra Goddess of Ancient Egypt*）。

水と豊饒のシンボルとして生まれ、コブラの神のままで信仰されつづけたウラエウス（**図19**）。起源と形態と性格など総合的にみてウラエウスはインドのナーガに近い存在である。背後からナーガが仏を庇護する形の仏像が見られる一方で、ウラエウスの像は王や神の額につけられることが多い。

石像や浮き彫りやミイラのケースに象《かたど》られた王像や神像にはたいていウラエウスが見られる（**図20**）。そのウラエウスは、ナーガが大型の造形であったのにたいして、ずっと小さく、徽章《きしょう》のようなものである。むろん、それらはシンボルなのであって、

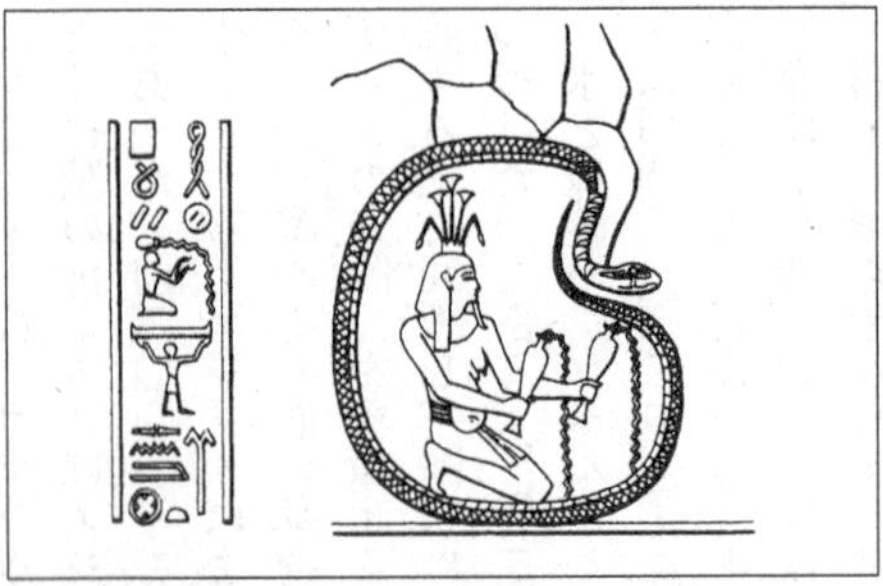

図19　ナイル河の水源を表現したイシス神殿の浮き彫り。瓶から水を注いでいるのは、ナイルの洪水と豊饒の女神ハピ（リュシ・ラミ『エジプトの神秘』平凡社）

図20　ウラエウス。（右）ヘラプヘレス王妃の墓から出土した金製のウラエウス（S.B.Johnson, *The Cobra Goddess of Ancient Egypt*, Kegan Paul International）（左）ラメセス二世の浮き彫り。前1250年ごろ（『世界美術大全集・2』小学館）

エジプト人がコブラを小蛇と考えていたのではない。大きさは別にして、とぐろを巻き、首を屹立《きつりつ》させた形態は両者に共通する。

深淵ヌンに棲む悪蛇アペプ

エジプトにはウラエウスとは別の蛇の神アペプも存在していた。ナイル河の神話化である深淵《しんえん》ヌンに棲む悪蛇で、太陽神ラーや豊饒の神オシリスの敵、死者も冥界《めいかい》への途中でアペプに道中を妨害されるという。悪蛇アペプの成立は第五王朝（前二四九四－前二三四五年）のころで、王権と結びつく太陽神ラーの信仰が隆盛するとともに、水に棲むアペプが太陽の神の敵対者とみなされるようになった、と考えられている（石上玄一郎『エジプトの死者の書』）。

この話はインドでいえば、ヴェーダにおける天神インドラと悪蛇アヒとの関係に対応するといえる。しかし地理的に近いのは、バビロニアのマルドゥクとティアマトの神話である。ティアマトは水の悪神であり、マルドゥクは太陽神ともみられていた。したがって、悪蛇アペプはティアマトをふくむメソポタミアの龍と系譜的につながるのかもしれない。

エジプトではすでに初期王朝時代（前三一〇〇－前二六八六年）から、印章をはじめ、建築、文字などの領域でメソポタミアの影響が認められるのである（H・フランクフォート『古代オリエント文明の誕生』曽田淑子＋森岡妙子訳)。これらの文化的な交流のなかでエジプト人が、メソポタミアから英雄に敵対する龍の神話を学んだ可能性は小さくない。アペプは、シュメールの円筒印章にみられるような足や羽をつけた蛇の形で考えられることもあったのである。

しかし、アペプ神も中国の龍やティアマトのような、「龍らしい龍」に「進化」することはなかった。強いていえば、龍と蛇の中間種である中国の蛟《みずち》のような段階で進化がとまったのである。

それにしても、中国とメソポタミアの龍との類似性。そして、インドのナーガとエジプトのウラエウスとの類似性。これら遠隔の地のあいだに存在する類似性はどう説明されるべきであるのか。われわれは新たな疑問、東西両世界にまたがる疑問に出あう。龍の問題は全地球的な観点から追求されねばならないことを示しているのでもある。

3 イスラエルのレヴィアタン

「詩篇」の創造神話

ユダヤ教の故地イスラエルとメソポタミアとの関係は古い。旧約聖書には、「多くの国民の父」といわれたアブラハムが、メソポタミアのウルからヨルダン川の西のカナンと呼ばれていた肥沃《ひよく》なイスラエルに移り住んだという記事がみとめられる。前二千年紀の前半、つまりバビロニアの時代に現実にあった民族の移動の記憶から生まれた伝承とみられている。遊牧的な生活をしていたユダヤ人がいくたびかにわたってカナンの地におしよせ、農耕の生活に移っていった歴史の一面を伝えているといえよう。くだって、これは明らかに歴史的な事実として、前五九七年に新バビロニアの軍門に降《くだ》ったユダヤ人は、新バビロニアを征服したペルシア王キュロス二世によって前五三八年に解放されるまでバビロンに捕らえられていた。

それに、旧約聖書の物語にもバビロニアの神話の影響が認められるのである。たとえば、ノアの方舟《はこぶね》にそっくりの神話がバビロニアの叙事詩「ギルガメシュ」などのメソポタミアの粘土板文書にも見いだされるのであって、聖書それ自身がイスラエルとバビロニアのあいだの文化的な交流を示している。

龍についてはどうか。バビロニアの創造神話「エヌマ・エリシュ」では龍の神ティアマトを殺害、世界秩序を確立するのであるが、旧約聖書にもそれとよく似た話がいくつか認められる。

たとえば、「詩篇」第七四章には、

神はいにしえからわたしの王であって、
救いを世の中に行なわれた。
あなたはみ力をもって海を分かち、
水の上の龍の頭を砕かれた。
あなたはレヴィアタンの頭を砕き、
これを野の獣に与えて餌食とされた。
あなたは泉と流れとを開き、
絶えず流れるもろもろの川を涸《か》らされた。
昼はあなたのもの、夜もまたあなたのもの。
あなたは光と太陽とを設けられた。
あなたは地のもろもろの境を定め、
夏と冬とを造られた。

とある（日本聖書協会『聖書』。後出も同訳）。ここでは、レヴィアタンと呼ばれる龍が世界の秩序の創造にさいして退治される。ユダヤ人の神ヤーウェに殺されるレヴィアタンの話は「詩篇」第一〇四章や「イザヤ書」第二七章にも見いだせ、「イザヤ書」第五一章や「ヨブ記」第二六章では、ラハブという名で登場する。

しかし、ユダヤ人はこうした龍を宇宙生成の原質とだけでなく、現実にユダヤ人を迫害したエジプト王国を象徴するものとも考えていたようだ。バビロニアの龍の神ティアマトがバビロニアの王権に敵対する勢力を寓意していたようにである。ユダヤ人の主神、絶対的な存在であるヤーウェがユダヤ人を苦しめたエジプト王国の頭を粉砕する！

龍ティアマトと深淵テホーム

ユダヤ人が宇宙の生成を明確な形で提示するのは、いうまでもなく、「創世記」第一章である。この宇宙の生成の神話では世界の原初の状態は闇がおおう水であった。「創世記」は、

はじめに神は天と地とを創造された。地は形なく、むなしく、闇が淵のおもてにあり、神の霊が水のおもてをおおっていた。

と、はじまるのである。そして神は第一日には昼と夜をつくり、第二日目には、神はまた言われた、「水の間に大空があって、水と水とを分けよ」。そのようにな

った。神は大空を造って、大空の下の水と大空の上の水とを分けられた。神はその大空を天となづけられた。

それにつづいて、第六日目までに地上の水の一部を退けて陸をつくり、さらに、草木、日月、鳥獣魚、そして人間を創造する。

このよく知られている宇宙生成の筋立てと、水の神ティアマトを二つに切り裂いて天と地を形成、さらに自然・万物をつくりだし、ティアマトの手下キングの血から人間を創造したと語る「エヌマ・エリシュ」との類似性は明らかである。

旧約聖書の冒頭におかれた「創世記」第一章の成立は新しく、前五〇〇年ごろ、バビロンの捕囚からの帰還後である。したがって、ユダヤ人がバビロン捕囚中に知ったであろうバビロニアの宇宙創世神話を下地にして生まれたと推察されているのである。「創世記」第一章には龍は姿を見せない。神の「ことば」による創造という神秘的な方法をとりながら、一方では擬人的な表現を排した合理的ともいえる説明をするところに「創世記」第一章の特徴があった。原初の世界を支配していたのは、「闇」がその上にある「淵」と「神の霊」がおおう「水」である。その「淵」や「水」が龍であるとか、そこに龍がすむとはのべられない。

しかしながら、原初の「淵」をあらわすテホームは、「エヌマ・エリシュ」の龍ティアマトと同根のことばなのである。たとえば、S・H・フックは、アッカド語のティアマトがイスラエルに伝わりヘブライ語風に訛《なま》ったのがテホームであるとのべている(『オリエント神話と聖書』吉田泰訳)。このような見方にたいして、A・ハイデルは、言語学的にテホームがティアマトから導かれたとみることはできず、ある共通のセム系のことばに遡源《そげん》する、と主張していた(A. Heidel, *The Babylonian Genesis*)。J・デイは、そのセム系のことばがユダヤ人が住む以前にカナンの地で話されていたウガリット語であると推定している(J. Day, *God's Conflict with the Dragon and the Sea*)。細部についてはなお議論中の問題であるのだが、物質化された水テホームが擬人化された水の神であるティアマトと起源的に関係があることを否定する意見はほとんど聞かれない。「創世記」の創造神話にも、その深部には龍が潜んでいるのである。

カナン神話のロタン

龍の宇宙論はメソポタミアからイスラエルへ伝わったといえそうである。ただし、「創世記」第一章よりも早く成立したと考えられる「詩篇」第七四章のレヴィアタンなどの龍については、直接的にはユダヤ人がイスラエルの地に定住する以前、その地に王国を築いていたカナン人に抱かれていた龍を受けついだと思われる。

というのは、一九二八年にシリアの西部にあるウガリットの遺跡から発見された楔形文字の粘土板文書は、カナン人に崇拝されていた神バールとバールに敵対して退治される龍ロタンについての神話を明るみに出してくれたのである。それによると、バールというのは「雲に乗る者」ともよばれる大気と雨の神、それにたいして、ロタンは、河川の水を支配する七頭の龍。バールとロタンは大地の覇権をめぐって争うが、最後には、バールは（稲妻の象徴である）三叉《さんさ》の槍《やり》で頭を打ち砕き、息の根を止めてしまう（前掲、『オリエント神話と聖書』）。

ここで、カナン語のロタンとはヘブライ語のレヴィアタンに相当する語である。ロタンは七つの頭をもつ多頭の龍であるが、レヴィアタンもまた多頭の龍であった。旧約聖書はレヴィアタンの頭の数を記していないが、頭は複数形で表現されているのである。また、バールは旧約聖書の主ヤーウェの称号として使われ、バールに付される「雲に乗る者」という形容句もヤーウェにたいしても用いられる。「詩篇」にみられる主ヤーウェとレヴィアタンの創造神話の原型はカナン人の神話に求められるようである。

ここまでくると、「創世記」の創造神話の起源があらためて問われよう。この点について、テホームの起源をカナンのウガリット語にもとめたデイは、「詩篇」の創造神話をもとにして「創世記」第一章の創造神話が生まれたとのべていた。カナン人の町ウガリットは、前二千年代のオリエント世界における交易の中心地、メソポタミアと地中海域をつなぐ「陸橋」であった。メソポタミアに生まれた龍の神話も、このルートによってカナンに運ばれ、その後カナンの地を支配するユダヤ人にも伝えられたと推察される。

「ヨハネの黙示録」の赤い龍

新約聖書で龍に出あうのは、最後の一書「ヨハネの黙示録」である。この黙示録の龍は、七つの頭と一〇本の角をもち、それらの頭には七つの冠がある「赤い龍」である(図21)。尾の一振りで全天の三分の一の星を掃き払うほどの力を有し、仲間の怪物とともにキリスト教徒を苦しめる。キリスト教を迫害したローマ帝国を寓意しているのでもあって、冠というのは皇帝の象徴、したがって七つの頭をもつ龍というのはキリスト教徒を弾圧した七人のローマ皇帝を意味するともいわれる。この「赤い龍」と手下の怪物たちも、最後には、大天使ミカエルとの戦いに敗れ、キリストの再臨までの千年間を地下の地獄に閉じ込められ、頑丈な鍵《かぎ》でもって封印される。この千年間はキリストが地上を支配するが、千年たつと悪龍は解き放され、ふたたび戦いの準備をする。しかし、悪龍は火と硫黄《いおう》の池に投げ込まれる。キリストの最終的な勝利であり、神の国の実現である。

この大天使ミカエルによる「赤い龍」の退治というモティーフは、バールによるロ

図21　ヨハネの黙示録のドラゴン。ニコラ・バターユ『アンジェの黙示録のタピスリー』の挿図、14世紀末（マリ＝フランス・グースカン『フランスの祭りと暦』原書房）

タン退治やヤーウェによるレヴィアタン退治の系譜にある。七頭というのはロタンにも、そしておそらくはレヴィアタンにも見られたものであり、ティアマトの子のひとりである「七頭の大蛇」にもさかのぼれよう。

聖書のなかの蛇

このように、ユダヤ・キリスト教でも龍は神の仇敵《きゅうてき》、悪魔的な存在と見られていた。それに反して、蛇にたいしてはかならずしもそうでなかった。もちろん、エデンの園でアダムとイヴをそそのかして「善悪を知る木」の実を食べさせた蛇は悪の象徴である。人類の原罪はエデンの園の狡猾《こうかつ》な蛇によってもたらされたのである。

　だが、聖書は、ユダヤ人がかならずしも蛇を邪悪視していなかったことを伝えている。たとえば、旧約聖書「民数記」第二一章には、モーセは「青銅の蛇を造り、それを竿《さお》の上に掛けておいた」とある。モーセの時代（前十三世紀）にはユダヤ人のあいだに蛇の信仰が存在していたことをうかがわせる記事である。エジプトに生まれ育ち、そこを脱出してカナンの地に向かったモーセたちは、エジプトにおける蛇の信仰も抱きつづけたのであろうか。その後、「列王記下」第一八章によると南王国ユダの王ヒゼキアの時代にその青銅の像は打ち砕かれたとあり、このとき蛇の信仰にたいする弾圧があったと推察される。しかし、それによって蛇の信仰が絶えたのではなかった。前二世紀にも、ヤーウェを蛇の神として、蛇の尾をもつヤーウェの浮き彫りが造られてもいたのである（図22）。

図22　蛇の足を持つヤーウェの像。前2-1世紀（前掲、『神話のイメージ』）

　この蛇の崇拝は初期キリスト教の一派で、正統派からは異端とされたグノーシス派に引き継がれた。彼らは神による物質界の創造を不完全なものとみ、それゆえ旧約聖書の創造神を排し、また、原罪を否定して救済の手段を信仰よりも知恵（グノーシス）

図23　ウロボロス。アブラハム・ラムスプリンク『賢者の石』の挿絵（K.Seligmann, *The History of Magic*, Pantheon Books）

に見いだしたのである。キリストにたいしても、肉的・歴史的キリストをみとめず、霊的キリストのみを受けいれ、その神秘的な霊力の知識をとおして人間の救済が可能であるとした。なかでもオピス派（オピスは蛇を意味するギリシア語。ヴェーダのアヒと同根である）とよばれた一分派は、ヤーウェを悪の神格とみなす一方で、エデンの園の蛇を、狡猾な知恵ではあったが、その知恵ゆえに評価、霊的なキリストと同一視さえした。この派のシンボルとされたのが、ウロボロス。みずからの尾を咬《か》む円形の蛇であった（図23）。

悪龍と善蛇という組み合わせは、中国における善龍と悪蛇と逆の関係にある。そして、おなじ関係にあるとみることができるのは、エジプトのアペプとウラエウスである。ユダヤ・キリスト教の龍と蛇は、メソポタミアだけでなく、エジプトともつながるようである。

4　ギリシアのドラコーン

英雄による龍退治

ギリシア神話には、多種・多彩な龍が多数登場する。たとえば、巨人アトラスの娘ヘスペリスたちの島に棲む龍のラドン。アトラスが肩で天を支えている山（ジブラルタル）の西のはて、はるかな海上の楽園で黄金のリンゴを眠らずに守っていた。ヘスペリスとは西の空にかがやく宵の明星の娘のことであるが、古代のギリシア人は、海を越えた西方の地には、果実の豊かにみのる楽園が存在しており、その楽園を龍が守っていると考えていたのである。

ギリシア第一の英雄であるヘラクレスがアルゴスの暴君エウリュステウスから課された十二の難題のひとつが、この黄金のリンゴを取ってくることであった。ヘラクレスはたび重なる難儀にあいながらも、ヘスペリスたちの島にたどりつき、手にした弓によってラドンの喉《のど》を射貫《いぬ》いて仕留め、黄金のリンゴを持ち帰る。

遠い東の世界にも龍が棲む。黒海の東にあった国コルキスの森のなかで、眠らずに黄金の羊皮を見張っていた龍である。ヘラクレスの難業とならんでよく知られているのが、この黄金の羊皮を手に入れるためにイオルコスの王子イアソンによってなされ

図24　龍の口から戻るイアソン。右はアテナ。赤絵式、前480年ごろ（M.Rostovtzeff, *Greece*, Oxford U.P.）

図25　テュポーンを退治するゼウス。壺絵、前6世紀（C.Kerényi, *The Gods of the Greek*, Thames and Hudson）

図26　龍を殺すカドモス（C.M.Grayley, *The Classic Myths in English Literature and in Art*, Blaisdell）

た遠征譚《たん》である。

イアソンは叔父《おじ》のペリアスから王位を賭《か》けて羊皮をとってくるという難題を課される。そこで、イアソンは五十人漕《こ》ぎの大型船アルゴを建造、ヘラクレスをはじめとするギリシア各地から集めた英雄たちをのせてコルキスにむかい、コルキス王の娘メディアから受け取った魔法の水で見張りの龍を眠らせて黄金の羊皮を奪取した。これについては多くの話が伝えられているが、そのひとつによると、羊皮は巨大な龍の口のなかに隠されていたのであって、イアソンは龍の口に入り込んで取ってきたという（**図24**）。アルゴ船の帰路についても諸説があるが、なかには北海あるいはアフリカの砂漠を経由して、西のヘスペリスたちの島に立ち寄り、そこで、ヘラクレスに殺されたラドンを見たとの話もある。

このようにギリシアの龍も、ティアマトやレヴィアタンとおなじように英雄に打ち倒される。龍を仕止められる力を有することがギリシアの英雄に欠かせない資質であったともいえよう。別格の英雄ゼウスも、翼をもつ龍テュポーン（テュポーエウス）と死闘をくりかえし、最後にはテュポーンの上に火山のエトナ山を投げつけ、戦いに決着をつけた、と伝えられている（図25）。

ゼウスはテュポーンと格闘のときテュポーンに鎌を奪取され、それによって手と足の腱《けん》を切りとられてしまう。テュポーンは腱を洞窟《どうくつ》に隠しておいたのだが、それを取り戻したのが、テーバイの王となる英雄カドモスである。カドモスは、牛飼いに変身、牧笛で龍に魔法をかけて腱を盗みだし、ゼウスに返したのである。

また、カドモスは、月の徴《しるし》のある牝牛《めうし》を連れてボイオティアをとおり、後にテーバイとなる地に至ると牛は横になった。そこでカドモスは、牛をアテナに捧《ささ》げようとして、そのために必要な水を汲《く》ませに従者たちを「アレスの泉」にやると、泉の番をしていた龍に殺されてしまう。怒ったカドモスは石でもって龍を叩《たた》き殺して復讐《ふくしゅう》をする（図26）。

テーバイには、ゼウスの子であるアポロンによる龍退治の物語もある。レトを母としてデロス島で生まれたアポロンは、誕生後間もなくして弓と矢を手に母の仇敵である龍のピュトーンの復讐に向かい、デルポイにおいて射殺すのである。この龍の棲み処《か》は泉のほとりの洞穴であった。ギリシア神話の龍も水との関係がふかい。

そして、あとの議論との関連でも書き落とせないのは、ペルセウスとアンドロメダの物語である。エチオピアの王女アンドロメダはアムモンの神託によって、海の魔物の怒りを鎮めるために生贄《いけにえ》にされようとしていた。そこに、怪物のゴルゴーンを退治した帰途、通りかかったのがのちにティリュンスの王となるペルセウスである。ペルセウスは、その眼は人を石にしてしまうというメドゥサの魔力を利用、海の悪魔を討ち取り、アンドロメダを救う。そして、ふたりは結ばれる。

ドラコーンとは

ギリシア人はさまざまな怪物をドラコーンとよんでいた。ドラコーンをどう定義づけるかはむずかしいが、ギリシア人は、自然の動物にはない霊力をもつ、爬虫類的な空想の怪物はすべてドラコーンの仲間であると考えていたようである。そこには、中国人がナーガを龍とみたように、大型の蛇も含まれる。

私にとっても「龍」の定義はやっかいな問題である。私はわれわれがふだん眼にする中国的な龍やヨーロッパのドラゴンを頭に浮かべながら龍の探究にのりだしたのだが、中国人のナーガにたいする理解やギリシア人によるドラコーンの認識から、われわれは龍の概念を広くとらねばならないことを教えられることになった。そのためウラエウスやアペプもドラコーンとよぶことができ、龍の仲間と考えることになったのである。

ギリシアでは、蛇的なドラコーンが一般的であった。たとえば、ギリシアの陶器に描かれた図像からもわかるように、カドモスの龍は大蛇であり、ピュトーンもそうである。リンゴの樹を守るラドンは一〇〇の頭をもつが、そのひとつひとつは蛇であった。ラドンのふた親も蛇的な龍である。ヘシオドスの『神統記』(廣川洋一訳。後出も同訳)は、母親のエキドナについて、

　その半身は煌《きら》めく眼をした頬美しい女精《ニュンペ》
　他の半身は怪物　巨大で恐ろしく
　体に斑《ふ》があり　聖い大地の奥処《おくが》に棲んで生肉を喰う大蛇《おろち》(オピス)なのだ。

と、記す。この半人半蛇の神は、中国の伏羲・女媧やインドのナーガをはじめ、世界的な広がりをもつ。ラドンの父親はゼウスと死闘を演じたテュポーン、その姿については、

彼の肩からは　蛇《オピス》すなわち　怖るべき　龍《ドラコーン》の　百の首が
ひらめく　黒い舌をみせて　生え出ており　その
不思議な首にある　両眼は　眉の下で　火を　閃《ひら》めかせた。

とのべる。父のテュポーンも子どものラドンとおなじく一〇〇の蛇頭をもつのである。多頭の蛇というのもナーガをはじめとして世界的にみられる。ギリシア神話では一〇〇の場合が多い。水蛇ヒュドラもエキドナとテュポーンの子であるが、このヒュドラも一〇〇頭であった。ヘラクレスの十二の難題のなかには、ヒュドラ退治もあり、ヘラクレスは、一つの頭が切り落とされても二つの頭が生えてくるヒュドラに苦しめられた。ヒュドラの子がキマイラ。ライオン、牝山羊《めやぎ》、ドラコーンの三つの首をもつ、とヘシオドスはいうが、ライオンの頭、山羊の胸、蛇の尾からなる怪獣と考えられることもある。

ドラコーンの祖先たち

ギリシアのドラコーンはどのようにして生まれたのだろうか。前二千年紀代、バビロニアとウガリットを結ぶ陸の回廊はさらに地中海域にも延びていたのであるから、オリエントの龍退治の神話が海の回廊によってギリシアまで運ばれた可能性は大きい。オリエントに由来する青銅器、牛・馬車、暦法など、王権とふかく関係する文明とともに、龍の観念と龍退治の神話がギリシアに伝えられた、と想像できる。

しかし、ギリシアのドラコーンの起源を考えるには、ギリシアの先住民の信仰も無視できない。北の内陸部に住み牧畜を生業としていたギリシア人が半島に南下して羊や山羊の放牧をはじめる以前、半島には豊かな森林と耕地が広がり、そこでは蛇の信仰をもつ先住の民族が農耕に従事していたと推測される。そのように推測されるひとつの根拠は、アテナなど先住民族の神々と蛇との関係である。

知恵の女神であり、ポリス・アテナイの守護女神となったアテナには、蛇を産んだとか、蛇を養育したといった伝承が残されていた。それを裏づけるかのようにミノア時代のクレタ島からは、蛇を体に這《は》わせた女神像、蛇を手にする女神像、側面を蛇が這う壺《つぼ》など、蛇の信仰をうかがわせる塑像や土器が出土する（図27）。M・P・ニルソンは、これらの蛇の造形について、当時各家庭で幸福をもたらす神として蛇の女神がまつられていた証拠であるとのべていた（M. P. Nilsson, *A History of Greek Religion*）。

それに、ギリシア語ドラコーンの原義は「するどく視るもの」。実際にも蛇の眼は独特で、そのまんまるい眼はまばたきすることがない。エキドナも「煌めく眼」をもち、テュポーンの眼は「眉の下で火を閃めかせた」のであった。このドラコーンの原

図27　体に蛇をはわせた女神像。クレタ島、クノッソス宮殿から出土、前1700年ごろ（T.von Scheffer, *Die Kultur der Griechen*, Phaidon）

図28　イルルヤンカシュの退治、マラティアの浮き彫り（O.R.Gurney, *The Hittites*, Penguin Books）

義からいっても、黄金のリンゴの木や黄金の羊皮を見張る蛇というのは、ギリシア語ドラコーンの歴史とともに古いと想像できる。

大まかには、ギリシアの龍の歴史をつぎのようにまとめることができよう。ギリシアの半島には、蛇を守護神として崇拝していた人々がいた。そこに、前二〇〇〇年ごろからギリシア人が内陸部から侵入する。侵入者によって奉じられていたのはゼウスに代表される天の神々。そのため半島の先住民に崇拝されていた蛇は敵役を担わされる一方で、南のオリエントからは龍退治の神話が伝播、土着の蛇と外来の龍とが混淆《こんこう》したドラコーンが生まれた。ギリシアのドラコーンが総じて、多頭の形態をとるのはメソポタミアの龍の影響であろうし、リンゴの樹や黄金の羊皮を見張る守護神的な性格は、もちろん、土着の蛇の血を受け継いでいるからであろう。

ギリシアの場合にも、蛇が信仰されていたインド社会に侵入したアーリア人が土着の蛇を「障碍物《しょうがい》」として悪神視したのとおなじ歴史が認められる。ギリシア人がアーリア人とその原郷を同じくするインド・ヨーロッパ語族であるのはいうまでもない。おなじくインド・ヨーロッパ語族の仲間であるヒッタイトの龍の神話にも同様な歴史が読みとれよう。ゼウスに相当するヒッタイトの天候の神も、最初は龍のイルルヤンカシュに打ち負かされるが、最後には退治する。退治のしかたについては、ふたつの神話が伝わっており、そのひとつによれば、女神イナラスの計略で、イルルヤンカシュを大量の酒と肴《さかな》で歓待、体がふくれて、入ってきた穴から戻れなくなったところで龍を仕留める。もうひとつの神話によると、天候の神はイルルヤンカシュに目玉と心臓を奪われるが、イルルヤンカシュの娘と結婚した息子をつかって、目玉と心臓を取り戻し、龍を打ち殺す。このヒッタイトの神話を描いたとも思われる浮き彫りによると、イルルヤンカシュも大きな蛇と考えられていたようである（**図28**）。「エヌマ・エリシュ」と同様、ヒッタイトの龍退治の神話も春の祭りであったプルリ祭のときに朗誦《ろうしょう》されたと考えられている（O. R. Gurney, *The Hittites*)。

われわれは目下、龍の生態の調査中である。東方世界から西方世界へ、その調査のなかで、新しい疑問にも直面したのであるが、世界的な龍の分布とそれらの龍のあいだの関係も明らかになってきた。ここまでくると、ヨーロッパのドラゴンについても理解しやすい。

5　ヨーロッパのドラゴン

聖ゲオルギウスの伝説

中世ヨーロッパを代表する龍は、聖人伝説にあらわれるドラゴンである。水辺の暗い洞窟や泉の底に棲みつき、町や村に出没しては近くの水場を荒らしまわり、その吐く息で大気をけがし、人間や家畜を殺戮《さつりく》する。するとそこにキリスト教の聖人があらわれて龍を退治して住民を恐怖から救う。こうした話が、聖人伝説の一般的パターンである。

なかでもよく知られているのが聖ゲオルギウス（英語では聖ジョージ）の伝説である。リビアの小国シレナの湖のドラゴンは、毒気によって国中に疾病を蔓延《まんえん》させた。やむなく町の住民たちは龍をなだめるために羊を差しだしていた。しかし、その羊の数も少なくなり、くじで町の若者や娘たちを選び犠牲としていたのだが、王女がそのくじに当たってしまう。その王女がまさに龍の餌食になろうとするとき、そこを馬に乗った聖ゲオルギウスが通りかかり、湖から頭をもたげた悪龍を槍で刺し殺して王女を救いだす（**巻頭図1**）。聖ゲオルギウスは三世紀ごろパレスティナで殉教した実在の人物であるが、ヨーロッパで龍退治と結びつけられた伝説の成立するのは十二世紀になってから、とくにイギリスで人気があった。

聖人伝説は、秩序を乱す社会的悪、とくに異教徒にたいするキリスト教の勝利を寓意していた。キリスト教的な善の観念が確立するとともに、悪魔的なものはすべて龍に押しつけられた。制服されるべき猛威をふるう自然も龍と重ねて考えられていた。もちろん、聖ゲオルギウス伝説は、騎士道物語の系譜にあるが、モティーフは、「ヨハネの黙示録」における大天使ミカエルによる「赤い龍」の退治に共通し、話の筋立てはギリシアのペルセウス－アンドロメダ神話とおなじである。

ゲルマンとケルトの龍

中世ヨーロッパを代表するもうひとつの龍の話はジークフリートによるドラゴンの退治である。叙事詩『ニーベルンゲンの歌』の前半部の主人公である強力無双の英雄ジークフリートは、ニーベルンゲン族の宝を戦利品として獲得、また、悪龍のファーブニルを殺し、その血を浴びて鋼をもはねかえす強靭《きょうじん》な体を手にしたとうたわれる。ただ、十三世紀に成立したこの叙事詩の中では龍と宝との関係には触れられてはいない。

しかし、叙事詩の材料となった古代ゲルマンのジクルト伝説（ジークフリートはジクルトのドイツ語名）では、ジクルトの父を殺して宝を手に入れその宝を守っていたのが龍に姿を変えていたファフニールである。『ニーベルンゲンの歌』のファーブニルに相当する。ジクルトは、ゲルマンの主神オーディンの馬のスレイプニルの血を引く名馬グラニを手に入れ、侏儒《こびと》の名鍛冶《かじ》のレギンに、父の形見の剣の破片から剣をつくらせて、ファフニールを退治、宝を奪い取るのである。

古代ゲルマン人によってかたりつがれた宝を守る龍のファフニール。それはリンゴの樹や羊皮の見張りをするギリシア神話の龍とルーツを同じくするものであろう。キリスト教で悪魔視された龍とは異なる土着の龍が生きていたのである。

ドラゴン退治は民話としても語りつづけられていた。アイルランドの詩人W・B・イエイツによって採集されたケルト人の民話のなかにも見ることができる（『ケルトの薄明』井村君江訳）。

話の主人公は牛飼いのジャックが仕えていた王家の王女。ジャックは王家の用心棒に邪魔されながらも、最後には、以前巨人から手にいれた無敵の剣で大蛇を仕留め、王女と結婚する。その三日後、鹿の誘いで森にでかけたジャックは森の老婆に殺されてしまう。そこに、容貌《ようぼう》はジャックと瓜《うり》ふたつ、誕生後しばらくのあいだ一緒に育てられ、ある国の王子となっていたビルが現われる。王女は、王女の館《やかた》を訪ねたビルを夫と思い、一夜を共にする。翌朝、例の鹿に誘われて森に入ったビルは老婆から魔法の杖《つえ》を奪い、ジャックを生き返らせた。しかし、ビルが王女と一夜を過ごしたことで、ふたりは喧嘩《けんか》となり、ジャックはビルの魔法の杖で石にされてしまう。でも、ビルも反省、ジャックをふたたび生き返らせた。

ケルトの民話は、一般的に神秘的・幻想的、人間の性格や感情の描写が繊細であるが、この話もそうである。聖ゲオルギウス伝説やジークフリートの伝説にはない要素も加わる。しかし、話の骨子はおなじ、起源も同根とみることができよう。

ドラゴンの形態

ヨーロッパの龍ドラゴンが姿を見せるのは伝説や文学の世界だけでない。絵画にもしばしば登場する。

とくに聖ゲオルギウスの龍退治は人気のあった画題であった。ウッチェロ、ヤコポ・ベリーニ、デューラー、ラファエロら多くのルネサンスの画家によってとりあげられ、ルドンのような画家によっても描かれた。このような芸術作品だけでなく、聖ゲオルギウスの油絵や版画は、民衆のあいだにも広くゆきわたっていた。

豊饒祈願と結びついたドラゴンの祭りもおこなわれるようになる。とくにフランスでは盛んであり、十二、三世紀ごろにはどこの町の教会にもドラゴンの模型があって、祭りのときには、それが繰りだされ、練り歩かれた。

ドイツ国境にちかいメッツの町のグラウリの祭りもそのひとつ。メッツの町を荒らし回ったドラゴンのグラウリを退治した、メッツの最初の司教・聖クレマンを讃《たた》える祭りである。十一世紀にはじまり、今世紀の初頭までつづいていたこの祭りでも、張り子のグラウリが引き回されたのであって、メッツの大聖堂の礼拝堂にはその張り子のグラウリが吊《つ》り下げられているという（**図29**）。今日までつづいているのは、フランス中部、ローヌ川のほとりネルルクの村でおこなわれるタラスクの祭りである。ローヌ川岸の洞穴に棲み、船を転覆させたり、通行人を襲ったりしていた龍のタラスク

図29　祭りの行列に繰りだされるグラウリ。19世紀の版画（前掲、『フランスの祭りと暦』）

を退治した聖女マルタを讃えるこの祭りでも、退治されたタラスクの人形がくりだされる（M・F・グースカン『フランスの祭りと暦』樋口淳訳）。

このように世の暗黒部に棲んでいた龍が公の場所に晒《さら》されるようになるとともに形態的なイメージも固定化する。なかには足や翼を欠くドラゴンもいたが、典型的なドラゴンというのは、緑や黒っぽい色の鱗におおわれた爬虫類的な動物で、コウモリに似た翼をつけ、足は二足。火と毒気を吐く。古代に見られた多頭の龍は消え、恐龍は当時は知られていなかったのに、どこか恐龍に似た動物の姿で想像されていたのである。

キリスト教社会のヨーロッパでは、ドラゴンは神の敵、反体制的な悪魔であった。邪悪であり、醜悪であり、不気味であり、愚鈍である動物と考えられてきたのである。しかし、ファーブニルの血を浴びたジークフリートが不死身の体となったように、ドラゴンはなお力のシンボルともみられていた。現在イギリスにドラグーン（龍騎兵）という名の砲兵隊が存在するが、それはもともと隊の軍旗がドラゴンだったからである。メッツの町の紋章はドラゴンであるし、イギリスの国王の旗印や貴族の家紋にも用いられた。

ドラゴンから恐龍へ

古代・中世をとおしてヨーロッパ人もドラゴンを実在の動物と信じていた。ローマの大プリニウス（二三―七九年）によって書かれ、ヨーロッパ人によって広く読まれた書物である『博物誌』にも、ドラゴン（ラテン語ではドラコ）の説明が、ふつうの蛇やアフリカの砂漠にすむという伝説の怪獣バシリスクなどとともに載る。その眼や心臓や椎骨《ついこつ》や歯からつくられた薬の効用が述べられていたが、それは薬用というよりも呪《まじない》的な効用であって、眼からつくられた軟膏《なんこう》を塗ると幽霊に脅かされずにすむ、心臓からつくられた薬は裁判の勝利を促すといった類《たぐ》いのものである。

十五、十六世紀、ヨーロッパでは博物学が再興、大航海による海外の物品と情報がもちこまれたこともあって、一種の珍品・怪奇趣味が流行し、その結果、博物学関係の書物が出版されるようになる。「動物学の父」とか、ドイツのプリニウスとよばれたチューリヒのコンラート・ゲスナーの『動物誌』はその代表的な書。一五五一年から五八年にかけて刊行された、この動物学書にもドラゴンの精密な図譜が掲載され、なかには「ヨハネの黙示録」風の、七頭のドラゴンも含まれていた。このドラゴンの図譜はその後出版された動物書にも採用される。**図30**は、ゲスナーよりも百年ほどのちにスコットランドのJ・ヨンストンが著わした『鳥獣蟲魚図譜』に載るドラゴンの図であるが、この図はゲスナーの『動物誌』から採られたものである(荒俣宏編著『怪物誌』)。

しかし、動物の種類についての知識が拡大するとともに、動物の分類学や解剖学が発達、ドラゴンは空想の産物でしかないとみられるようになる。巨大で、猛毒の蛇にかんする詳しい知識も手に入り、大蛇というのも、ある種類の、年をへた蛇であること、蛇には、有毒と無毒の蛇があることが明らかにされるようになった。

それとともに、十八世紀末から爬虫類の化石が注目されるようになる。しだいに当時知られていた爬虫類のようでありながら、どの爬虫類のグループとも異なる大型の爬虫類の存在が浮上する。恐龍である。ドラゴンの存在は否定されたが、他方で、太古の龍が日の目をみるようになったのである。しかし、一八四一年、イギリスのリチャード・オーウェンはそれをディノサウルス(英語では、ダイノソーア)——「恐るべ

図30　ドラゴン。J.ヨンストン『鳥獣蟲魚図譜』1650-1653年（荒俣宏編著『怪
　　　物誌』リブロポート）

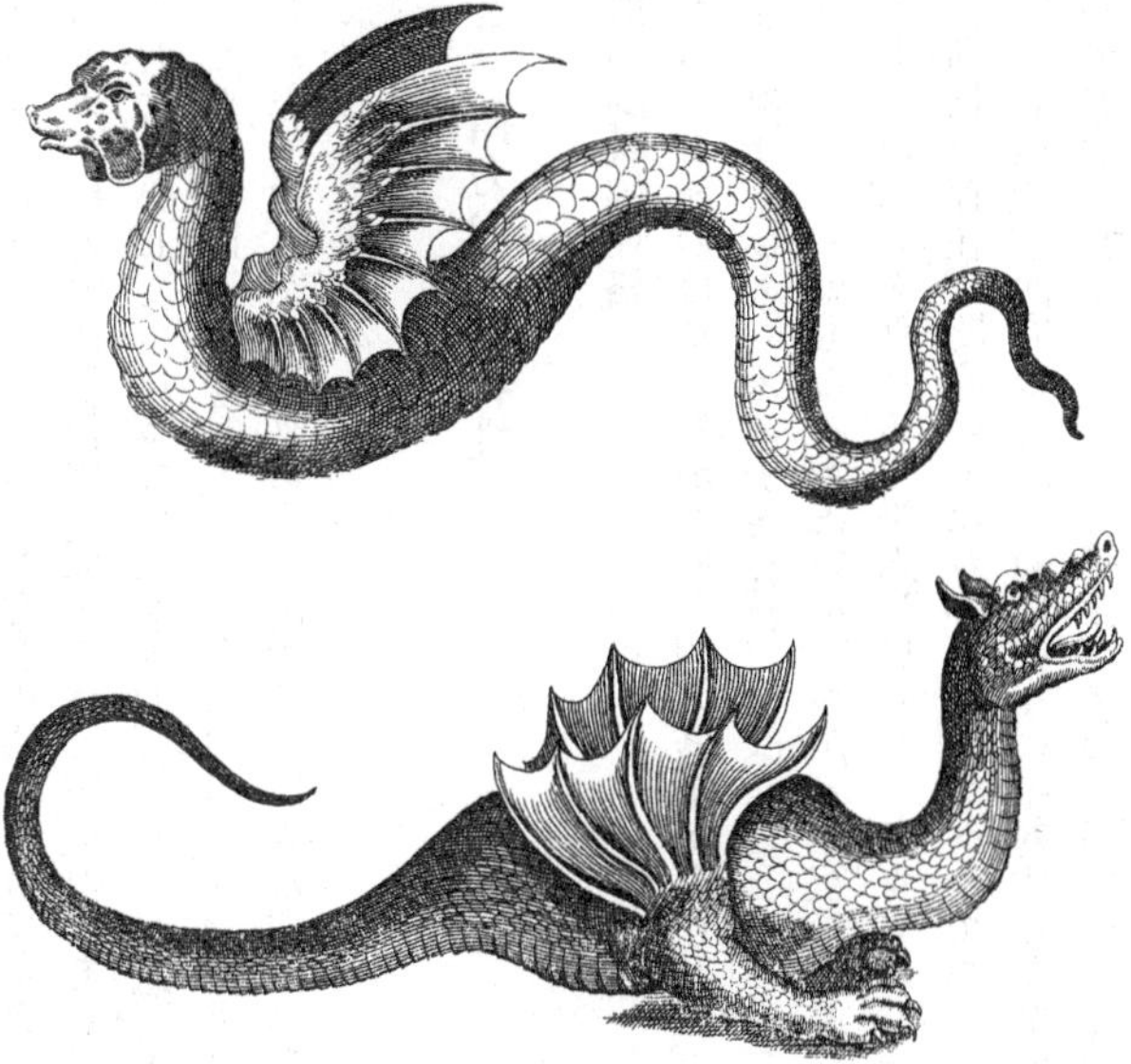

きトカゲ」と命名した。もはや存在の否定されていたドラゴンではなく、現実に存在するトカゲに近い種の動物と理解されていたのである。

それにたいして、日本では恐龍と訳された。恐蜴《きょうえき》（蜴はトカゲ）とよばれたこともあったが、恐龍に落ち着く。トカゲでは貧弱すぎると考えられていたようである。実在した恐龍を、空想の動物ではあっても巨大な龍と結びつけていたのである。中国でもおなじく恐龍である。

6　西方の龍の特性

龍の両義的性格

西方にも龍のほかにも多くの空想の怪獣が存在した。馬を基体とし、その一突きが象をも倒すという一本の大きな角をもつユニコーン（一角獣）。上半身が鷲、下半身はライオン、人馬もろとも鋭い爪でつかみ、空を運ぶことができたというグリフォン。半人半牛のミノタウロスや半人半馬のケンタウロス。それでも、東方世界と同様に、龍は別格の存在、関心のもたれかたはダントツであった。ただし、その性格は、東方の龍と対蹠的、西方の龍はつねに神々に敵対する悪魔的存在だったのである。英雄によって退治されるというメソポタミアの龍が西方の龍の性格を規定したといえよう。

とはいえ、リンゴの樹や宝物を見張るという役割もになわされていた。西方の龍にも両義的な性格がみとめられたのである。それは、ギリシア神話やゲルマン神話だけでなく、エジプトのウラエウスやモーセの「青銅の蛇」にも共通する、善神としての龍である。

多頭と有翼の龍

形態の特徴についていえば、ヨーロッパのドラゴンはいかにも実在するかのような動物であった。しかし、古代の西方の龍は七つとか一〇〇とかの頭をもつ多頭の龍が一般的であった。

強さを数の多さで表現したのであろうか。多頭の龍というのは東方世界にもみられ、たとえばインドのナーガのとる形態であり、ナーガの場合には図像や彫像では七頭とか九頭で表現される場合が多い。悪龍カーリヤは五頭、「無限」の意味をもつアナンタの頭の数は**図11**（41頁）では七頭に表現されているが一〇〇〇と考えられていた。中国でも『山海経』には九頭の蛇である相柳《そうりゅう》が紹介されていた。

西方の龍の特徴のもうひとつは、翼にある。シュメールの龍からヨーロッパのドラゴンまで、その多くが翼をもつ。翼がなくても天空を飛べる東方の龍とはちがって、西方の龍は空を飛ぶには翼を必要としたのである。中国でも応龍《おうりゅう》とよばれる龍は翼をもっと考えられることもあったが、きわめて特殊な龍であった。

翼の有無は物の浮遊や飛行にたいする東西世界の認識の相違を物語っているともいえよう。それは東西の天人や天使にも共通して認められる現象である。ギリシア神話のエロスやニケの女神あるいはキリスト教の天使たちは翼で空を飛ぶのに、中国や日本の天人・天女が翼をつけることはない。法隆寺《ほうりゅうじ》や平等院《びょうどういん》の天人・天女のように天衣や雲を伴うだけであった。この無翼の天人・天女が発祥した地はインド。仏教とともに中国をへて日本に伝来したものである。

西方世界の有翼の天使像はアレクサンダー大王の東征を機にインドにも持ち込まれ、シルクロードをへて中国にも向かう。一九〇六年、探検家のスタインは楼蘭《ローラン》に近いミーランの寺院跡から有翼の天使像を発見している。しかし、さらに東にすすみ中国に入ると、翼は失われる。敦煌《とんこう》の石窟で見られるのは天衣で飛行する天女像である（森豊『シルクロードの天使』）。

西方世界の雨乞い

龍と権力との関係にもつながる問題でもあるが、東方の龍との違いできわだつのは、雨との関係である。たしかに、西方の龍もまた水と関係の深い生き物とみられていた。メソポタミアの龍からレヴィアタンやドラコーンまで海や池の中、泉や川のほとりにすむ水棲の動物という性格は失われない。しかし、東方の龍とはちがって、ティアマトやレヴィアタンやドラコーンが雨をもたらすとは考えられていなかった。人びとは反社会的な龍に雨を降らせる権能を認めない。慈雨をもたらしてくれるのは、ティアマトやレヴィアタンやドラコーンを退治した神々のほうだったのである。

「エヌマ・エリシュ」は、その終わりの部分でマルドゥクの別称を五〇あげ、それぞれに讃辞《さんじ》をそえているが、そのひとつに「ヘガル」がある。その原意は「豊かな収穫」のこと、そして、

　エンビルル（マルドゥクの別称のひとつ）はヘガル、人々のために豊かな収穫《ヘガル》を積みあげ、かれらの消費に供するもの。
　広大な土地に雨を豊かに注ぐもの、青物の出来ばえをよくするもの。

と記す。マルドゥクは豊かな稔《みの》りをもたらす雨の神ともみられていたのである。

「創世記」第二章では第一章につづいて天地と人間の創造があらためて語られる。アダムが土の塵《ちり》から造られるのはこの第二章の創造神話なのであるが、この第二の創造神話はつぎのようにはじまる。

主なる神が地と天とを造られた時、地にはまだ野の木もなく、また野の草もはえていなかった。主なる神が地に雨を降らせず、また土を耕す人もなかったからである。しかし地から泉がわきあがって土の全面を潤していた。

天地の創造のとき、まだ、「主なる神は地に雨を降らせなかった」というのは、ユダヤ人の神ヤーウェが雨と豊饒の神であることを示唆する。肥沃であったカナンの地でも、凶作にみまわれることがあったのである。「創世記」第四一章には、ヨセフの預言どおり、七年間の豊作ののち、七年間の飢饉《ききん》がつづいたと記されている。「申命記」第一一章には、雨と豊饒を支配する神、生殺与奪の権能を有する神であることがよりはっきりと示されている。

もし、きょう、あなたがたに命じるわたしの命令によく聞き従って、あなたがたの神、主を愛し、心をつくし、精神をつくして仕えるならば、主はあなたがたの地に雨を、秋の雨、春の雨とともに、時にしたがって降らせ、穀物と、ぶどう酒と、油を取り入れさせ、また家畜のために野に草を生えさせられるであろう。あなたは飽きるほど食べることができるであろう。あなたがたは心が迷い、離れ去って、他の神々に仕え、それを拝むことのないよう慎まねばならない。おそらく主はあなたがたにむかい怒りを発して、天を閉ざされるであろう。そのため雨は降らず、地は産物を出さず、あなたがたは主が賜わる良い地から、すみやかに滅びうせるであろう。

このヤーウェの性格は新約聖書にも引きつがれた。「マタイによる福音書」第五章は、

天の父は、悪い者の上にも良い者の上にも、太陽をのぼらせ、正しい者にも正しくない者にも、雨を降らして下さるからである。

と記す。そして実際に、人びとは旱魃《かんばつ》に見舞われるとヤーウェに雨を祈ったのである。ヤーウェが「雲に乗る者」と称されたことについてはすでにのべたが、これもまたヤーウェの性格を言い当てている。そして、ヤーウェの原形ともいえるカナンの神「雲に乗る者」バールも「雨の時を定めた」神であるとされていた。雨の神としてのヤーウェの起源はきわめて古いのである。

ギリシア神話においても、雨を支配するのは、「上天に雷を鳴らし」「雲を集める」

ゼウスをはじめとする天の神々であった。アイスキュロスも、

聖なる天《ウラノス》は大地《ゲー》（＝ガイア）をわが物にせんと、
心を焦がし、
大地と結ばれたいと思いを寄せる。
愛欲にみちた天からは雨が大地に降り注がれ、
人類のための食肉と穀物が産みだされる。
水の結婚式は、樹木に花を咲かせる。

という一文を残している（『断片』H. W. Smyth の訳による）。ウラノスは、ヘシオドスの『神統記』が記すように、ガイアを力ずくで犯した「強壮な」神なのであるが、その性欲と生殖力が大地に稔りをもたらす雨の原因であるとうたわれているのである。そして実際に、ギリシア人も旱魃に襲われると、ゼウスをはじめとする神々の神殿に犠牲を捧げて、雨の恵みを祈ったのである。

天の神に雨を祈るというのは中国にもみとめられた。旱《ひでり》のとき「天」に降雨を祈願するのは皇帝の任務であった。しかし、中国人は「天」と龍を敵対するものとは考えず、龍も雨をもたらしてくれると考えていた。西方世界では龍を打ち倒す天の神々こ

そが雨を降らす権能をもつとみられていた。

この点で、西方の神と共通するのは、インド・アーリア人の神々である。アーリア人は、ヴリトラ＝アヒを殺したヴェーダの天神インドラとその眷属《けんぞく》を降雨の神とみ、その神々に慈雨を祈っていたのである。仏教やヒンドゥ教では、龍・蛇の神々に祈るようになるが。

第3章　龍の起源

東西両世界に「棲息《せいそく》」した龍《りゅう》の生態を調べるために船出したわれわれは、この地球上にはさまざまな龍が存在したことを知った。そのなかで、多くの疑問にも遭遇、その疑問にも答えようとしてきた。しかし、なお未解決の問題も少なくない。

中国の龍とインドのナーガは姿形は異なるのに、性格的に類似していたのはなぜか。中国とメソポタミアにのみ種々の動物から成る「龍らしい龍」が生まれたのをどう考えるべきか。なぜ中国ではそれが聖獣であったのにメソポタミアでは悪神視されたのか。どうしてインドとエジプトでは「龍らしい龍」が生まれなかったのか。

われわれはこれらの龍の本性にかかわる重要な問題を、疑問のままに話を進めてきた。これらの問いに答えるためには龍の起源にまでさかのぼらねばならないと考えていたからである。

調査に一区切りがついた現在、いよいよ、その龍の起源を問うときである。われわれが手にした資料とこれまでの議論から龍の起源はどう考えられるのか。

龍の起源にかんして、これまでに明らかになったのは、龍は、中国やメソポタミアという古代文明の中心地に生まれ、それが、周辺の地域に伝わったことである。そして、もうひとつは、龍と蛇との近縁性である。両者は対立するものともみられたが、同一視もされた。中国人は蛇の神ナーガを龍とみなし、ギリシア人は巨大な蛇をドラコーンとよんでいた。そして、なによりも注目されるのは中国の甲骨文に残された龍の象形文字とシュメールの粘土板に残された龍の図像である。東西両世界において、最古の龍は蛇と結びつけられていたのである。

したがって、龍の起源を解明するには、なによりも蛇についての歴史を探らねばならない。われわれが「航海」で学んだ重要な一点である。

1　蛇信仰の発生

性と豊饒の呪術

ほかの動物とおなじく人間にとっても、「食べること」と「産むこと」が生存のための基本的な条件である。だが、人間はこの二つの条件において他の動物とは別の道を歩みはじめた――話題が唐突に龍から人間に転じたが、龍を生んだのは人間なのであるから、龍の起源を探るためには、遠回りのようでも人間の歴史から接近せねばならないのである。

「食べること」についていえば、槍《やり》を使って野獣を追い、石べらで植物の根を掘り起こしていた旧石器時代からバイオ・テクノロジーの現代まで、人間は、道具によって他の動物を含む自然界に立ちむかうとともに、道具による技術的な自然支配とは異質な、呪術的《じゅじゅつ》な自然の支配にもつとめてきた。たとえば、旧石器時代後期、ヨーロッパ各地の洞窟《どうくつ》壁面に描かれた野牛や馬やマンモスなどの動物絵画。動物を描くことでその動物の豊猟がかなえられる——自然に直接はたらきかけなくても自然の支配は可能であると考えていたのである。技術だけでなく呪術もまたホモ・サピエンスの特性であった。

「産むこと」の技術にかんして人間は、最近まで特別の方法を開発することはなかった。この点においては他の動物と変わらなかったのである。しかし、呪術については別であった。洞窟壁画が描かれていた時代から製作されはじめる石製・骨製の女性像や男根像は子孫の多産と結びつけて考えられている（図31・32）。女性像の多くが乳房や腰部や性器を強調するのはそのためなのである。

　そして、狩猟・採集の旧石器時代の女性像や男根像も、食用獣の繁殖や食用植物の豊熟を願う呪的シンボルでもあったろうと考えられている。性の呪術は「産むこと」と「食べること」、つまり「生きること」への意志と願望がこめられた呪術だったのである（G・チャイルド『文明の起源』ねず まさし訳）。

　すぐあとでものべるように、新石器時代にも、女性像は地母神として農作物の豊饒《ほうじょう》と結びつけられていたのであるし、男根像もまたそうであった。古代ギリシアを代表するディオニュソスの祭りは男根を中心とした祭りであったし、インドの農民はいまでも男根《リンガ》に豊饒を祈願しているのである。日本でも、奇祭といわれる性の祭りは、子宝や安産を祈るだけでなく、多くは、五穀豊饒を祈願する祭りである。子孫と作物の生産は同類の行為であり、現象とみられていたのである。

ギリシアの原子論を継承したローマの詩人ルクレティウス（前九四頃－前五五年頃）も、哲学詩『物の本性について』の冒頭で、ローマの女神ウェヌスに、

> アエネアスとその子孫の母、男どもと男神たちの憧れ、ものを育むウェヌスよ。あなたは、天をへめぐる星辰のもとで、船がゆき交う海と穀物を豊かにみのらせる大地をあなたで満たす。
> というのも、あなたによって、あらゆる種類の生き物は、懐胎し、成長しながら太陽の光をあおぎ見るからである。

とよびかける（W. H. D. Rouse の訳による）。

ローマ神話によるとアエネ

図31（右）　女性裸像。イタリア、グリマルディ出土、オーリニャック期（S.ギーディオン『永遠の現在―美術の起源』東京大学出版会）

図32（左）　男根像。マドレーヌ期、H.ブルイユによる描画（同上書）

アスはウェヌス（英語読みではヴィーナス）の子で、ローマの建設者ロムルスの祖先にあたる。ローマ人はウェヌスの末裔《まつえい》と考えられていたのである。ウェヌスは、ギリシア神話のアプロディテに相当する愛と美の神。ルクレティウスもうたうように、あらゆる男性と男神が心を焦がした女神であるとともに、海と大地に生命と生物をめぐむ神、大地母神ともみられていた。

ギリシアのアプロディテは多くの神と結ばれた。そのひとり軍神アレスとのあいだに生まれたのがエロス。性愛の神エロスもまた豊饒の神として崇拝されていた。性愛と豊饒は一体のものなのである。

農耕の出現

前一〇〇〇〇年ごろから地球は温暖化、長い氷河期はおわる。ヨーロッパの草原地帯は温帯林に変わり、地中海の南側や西アジアでは砂漠化がすすみ、その結果、旧石器人の主食であった大型動物は激減、洞窟壁画も衰退する。中石器時代に入ると、なお棲息していた小動物を有効に射止めるための飛道具・弓が開発され、つづく新石器時代には、食料を自然から略奪的に獲得するのではなく、自然から計画的に生産する新技術・農耕と牧畜が出現する。

農耕と牧畜の発生地として有力視されているのは西アジアの丘陵地帯である。おそらく、植物が比較的多く残された小川や泉のほとりに出没するようになる野生の動物をもとめて人間はその近辺で定住的な生活をはじめた。やがて野生の牛や羊を飼育することを学び、また野生の植物であったオオムギやコムギを栽培、安定した食料を手にすることができるようになった、と推定されている（前掲、『文明の起源』）。

自然環境の変動が新しい生産技術を生みだしたが、そこには、旧石器人の豊饒の呪術にもかよう自然にたいする権力意志――人間は自然を統御できるのであるというホモ・サピエンスのもつ始源的・根源的な心性の発現であるともみなければならない。

しかし、この新しい技術によっても自然を完全には統御できない。わけても農耕に不可欠な降雨の制御に人間は無力である。技術の限界の自覚をとおして新石器人は、女性像や男根像による呪術を旧石器人から踏襲していたのである。

そしてここに、われわれの問題の蛇の呪術が加わるのである。

「古ヨーロッパ」の蛇

初期の蛇の呪術をもっともよく示してくれるのは、考古学者のマリヤ・ギンブタスが「古ヨーロッパ」と呼ぶ地域からの出土物である。「古ヨーロッパ」というのは、時間的には、インド・ヨーロッパ語族が前三〇〇〇年以降にユーラシアの各地に拡大する以前の新石器時代、空間的には、ドナウ川中流域とバルカン半島を中心とする地域（旧ユーゴスラヴィア、チェコ、スロヴァキア、ルーマニア、ギリシアにまたがる地域）をさす。インド・ヨーロッパ語族が牧畜を主とする父権社会であったのにたいして、「古ヨーロッパ」の人びとは、農耕を営み、定住生活をしていた母権的な社会であったと推定されている。

この「古ヨーロッパ」からも旧石器時代にみられた性徴を強調する女性像や男根像そして性器を誇張した男性像などが出土する。図33はギリシアで発掘された大理石の女性像。前六〇〇〇年ごろのものである。図34は同時期の男根像、粘土の塑像で、クリーム色の地に赤茶色に彩色されていた。出土地はギリシアのテッサリア。これら旧石器時代の伝統を引きついだ彫像に加えて、蛇を象《かたど》った遺物が多数発掘されているのである（M・ギンブタス『古ヨーロッパの神々』鶴岡真弓訳）。

蛇の造形はさまざま、前六千年紀から前四千年紀にかけての「古ヨーロッパ」の各地で、とぐろを巻く蛇の土偶、皿に浮き彫られた蛇、壺《つぼ》に彩色された蛇の像などが製作されていた（図35）。「古ヨーロッパ」の蛇は、一般に写実的、とぐろを巻くか、胴をくねらせたものが多い。また、蛇の頭部で装飾された祭器や蛇の体の女性像も発掘出土する。新石器時代のクレタ島で発掘された図35右下の蛇の女性像は、図27（83頁）に示した、やはりクレタ島で出土したミノア時代の蛇を這《は》わせた女神像の原形といえよう。

図33（右上）　「古ヨーロッパ」の女性像。大理石製。ペロポネソス、スパルタ出土、前6000年ごろ（M.ギンブタス『古ヨーロッパの神々』言叢社）

図34（右下）　「古ヨーロッパ」の男根像。テッサリア、ツァングリ出土、前6000年ごろ（同上書）

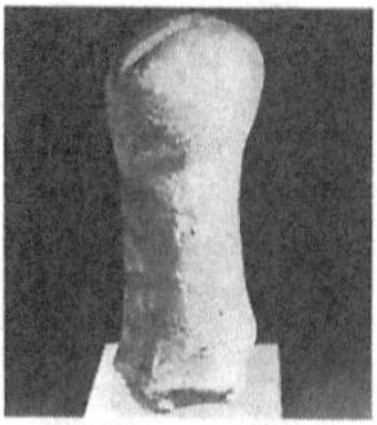

図35（下）　「古ヨーロッパ」の蛇各種。
左上▶土偶の蛇。ユーゴスラヴィア出土、前6千年紀末、
右上▶皿を装飾する蛇。スロヴァキア、ドヴォリィ・ナド・ジタヴォラ墓壙出土、前5千年紀初頭、
左下▶壺に描かれた蛇。ルーマニア、ビルシュ・ズローテ出土、前4千年紀前半、
右下▶蛇女神の小像。クレタ、カト・イエラペタ出土、新石器時代（同上書）

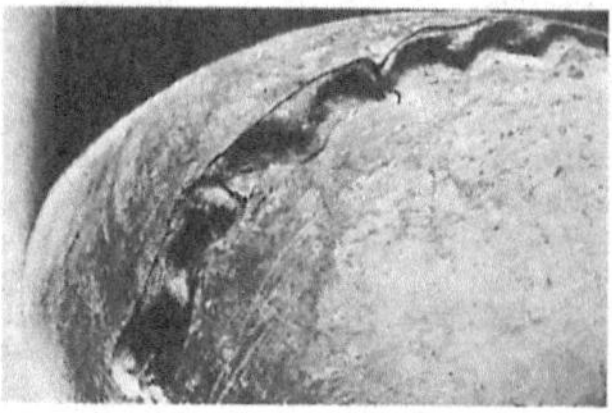

蛇と渦巻文と雨乞い

「古ヨーロッパ」を特徴づけるもうひとつのものは渦巻きの文様である。図36は、西ウクライナから出土した壺に描かれた文様の展開図、前五千年紀中葉のもの。また渦巻きの模様をもつ女性像も多い。図37はテッサリアで出土した子どもを抱く女性像、新石器時代後期のものである。ギンブタスは、この渦巻きの文様もとぐろを巻いた蛇あるいは蛇行する蛇の抽象化でもあるとみる。このような蛇の造形の出現はなにを意味するのか。ギンブタスはそれについて、「蛇の神秘的ダイナミズムや、卓越した活力、周期的に若返る生態といった属性は、新石器時代の農耕民に圧倒的な感動を呼び起こしたにちがいない。その結果、蛇という動物は全世界を動かしうる力をもつものとして神話化された」とのべる（前掲、『古ヨーロッパの神々』）。

秋には冬眠のために地中に姿を消しても、春になるときまって大地に這いだし、苛《か》酷《こく》な環境の中でもしぶとく生きのびる蛇。脱皮をくりかえすことで再生もする。バビロニアの「ギルガメシュ」でも、蛇は不死の生き物と考えられていた。この強靭《きょうじん》さと不死性が、どんな苛酷な自然環境のもとでも作物が生育、確実にみのりの時をむかえてほしいという願望に結びつけられ、豊饒の時をむかえたときには、蛇にたいして「圧倒的な感動」を覚えたにちがいない。

図36　「古ヨーロッパ」の壺に描かれた渦巻文。展開図、西ウクライナ・シビンツィ出土、前5千年紀中葉（前掲、『古ヨーロッパの神々』）

図37　渦巻文をもつ女性像。子どもを抱いている。テッサリア、セスクロ遺跡出土、新石器時代後期（同上書）

そして、われわれは龍の調査の「航海」で蛇と水との強い結びつきを見てきたが、新石器時代においても蛇は降雨の呪術と関連していたというのがギンブタスの見解であった。「古ヨーロッパ」からは雨乞《あまご》いの様子を表わしたとも思われる塑像も出土しているのである。さらに、旧石器人にとっても女性像が「生きること」のための呪的造形であったことを考えれば、女性像を飾る蛇も豊饒と独立のものとは考えがたい。

蛇と男根のシンボリズム

このような蛇の再生と不死性を作物の豊饒と関係づけることはギンブタスにかぎらず、多くの人によって強調されてきたところであった。私も、新石器人もそのような意識を抱いていたであろうことを否定はしない。しかし、蛇を水と豊饒に結びつけたそもそもの動機というのであれば、それは別のところにあった、と思う。

その動機のひとつとして考えられるのは、旧石器時代から女性像とともに豊饒のシンボルであった男根像との関係である。「生きること」のための性の呪的シンボルであった男根との類似性が蛇を豊饒と結びつけた、と推測するのである。

そのように考えるもうひとつの根拠は、古代の神話や祭式で広く認められる蛇と男根との強い結びつきにある。

たとえば、古代ギリシアのディオニュソスの祭りがそうである。ギリシアでは酒と陶酔の神として信仰されたが、がんらいは豊饒の神であったディオニュソスの神殿には男根の彫像が祀《まつ》られ、その狂騒の祭りには巨大な男根の作り物を運ぶ行列が繰りだされる（図38）。他方で、ディオニュソスは頭に蛇を着けた牡牛《おうし》の姿で現われると考えられていたのである。雨と豊饒の神であったエジプト最古の神ミンもふつう男根を露《あら》わにした姿で表現されるのであるが、蛇の姿をとる神ともみられた（ミンもときには牡牛の形をとる）。

ヘルメスの像もそうである。商業の神であり、旅人の守り神であったヘルメスは、男根をつけた四角柱の石像として道路や戸口、舞踏場に祀られる（図39）。一方で、ヘルメスが擬人化されたときには、図53（133頁）にみられるように、二匹の蛇が絡みつく杖《つえ》カドゥケウスを手にしている。しかも、杖というのは男根を象徴するとも

図38　デロス島にあったディオニュソスの祭壇跡（S.Kreuls, *The Reign of the Phallus*, University of California Press）

図39　ヘルメス像。ローマ時代の複製。トルコ、ベルガマ出土。原作、前430-20年（『世界美術大全集・4』小学館）

みられており、そうであれば、カドゥケウスは蛇の絡む男根となる。

インドのヒンドゥ教にもおなじシンボリズムが認められる。シヴァ神は体に蛇をつけた形で表わされるとともに、男根と同一視されるのである（シヴァの妃であるパールヴァティのシンボルは女陰《ヨーニ》）。ヒンドゥ教のタントラ派では、人間の体内のいくつかの場所にはチャクラとよばれる性力シャクティーの蓄積部が存在、最下部の会陰《えいん》部のチャクラは三巻半のとぐろを巻く形をとるのであって、そのシャクティーが上昇して頭頂部に達したとき解脱《げだつ》がえられるとされていた。

それにインドの農民にとっては、蛇も男根も豊饒のシンボルである。旱《ひでり》のときナーガの絵を拝んで雨を求めたり、男根の石像に水を掛けたりして雨を祈る風習はインドの各地に見いだされるのである（斎藤昭俊『インドの民俗宗教』）。

ミノア文明のクレタ島から出土した蛇の女神像も「古ヨーロッパ」でみられる蛇の女性像も、豊饒のシンボルであるのだが、それは、世界の各地にみられる女性が蛇と交わるという神話や伝説における蛇にもつながるものであろう。フロイトは蛇と男根との象徴的な関係を強調していたが、世界各地に残る性崇拝を研究したS・ブラウンも明らかにしているように、男根と蛇との結合は、古くからの世界的な現象なのである（S. Brown, *The Sex Worship and Symbolism of Primitive Races*）。

蛇にたいする恐怖と畏怖

そして、もうひとつの理由は、蛇にたいする人間の先天的な感情にあると思う。蛇は忌みきらわれてきた動物である。蛇とつきあってきた私も蛇は好きになれない。ルナールの蛇にたいする評ではないが、この「長すぎる！」爬虫類《はちゅう》は絵図ではあっても気味悪く、とつぜん本物の蛇に出あえば肝をつぶす。おそらく新石器人も私と変わらない感情を抱いていたのではなかろうか。というのも、児童を対象におこなわれた動物の好嫌度にかんするテストによれば、蛇は嫌われる動物の圧倒的な第一位であり、そのテストの分析は、蛇にたいする嫌悪感ないし恐怖心が先天的なものであることを明らかにしているのである（デズモンド・モリス『裸のサル』日高敏隆訳）。

しかも、人間だけでなく、チンパンジーやゴリラなどの類人猿も同様の反応を示す。この理由を、カール・セーガンはつぎのように説明する。人間や類人猿の祖先たちは恐龍の全盛時代、彼らの命を狙う恐龍の眼から逃れて、昼は身を潜め、夜にのみ行動するしかなかった。そのような生物学的な恐怖の記憶のために、人間や類人猿は恐龍と近縁の動物である蛇を嫌うのである（『エデンの恐竜』長野敬訳）。

それにもかかわらず蛇は豊饒のシンボルとなった。とくに現実に猛毒のコブラまでもが護法の神となり、王権のシンボルとなった。そこには、恐るべき猛獣のライオンやトラが聖獣視されたのとおなじような心理がある。恐怖心は畏怖《いふ》に変わる――むしろ恐怖されたがゆえに崇拝されたのではなかろうか。このような蛇にたいする先天的な恐怖心に起因する蛇の崇拝が男根との類似性に結びつき、それによって強力な豊饒のシンボルとなった。そう、私は考えたいのである。

ということは蛇の信仰が農耕以前にもさかのぼれる可能性を想像させるのである。じっさい、稀《まれ》ではあるが蛇ともみられる造形が旧石器時代後期の遺跡から発見されている。この狩猟が生業の中心であった時代に、すでに蛇は「生きること」にかかわる呪的シンボルと考えられていたのかもしれない（P・アッコー＋A・ローゼンフェルト

『旧石器時代の洞窟美術』岡本重温訳)。

しかし、蛇の信仰が高揚したのは農耕のはじまる新石器時代になってからであろう。天水に依存せねばならない農耕の生活では、降雨の有無は死活の問題であった。旱魃《かんばつ》は死を意味したのである。

2 蛇信仰の伝播

農耕文化の拡大と蛇の呪術

紀元前八〇〇〇年ごろ西アジアの丘陵地帯で野生のオオムギやコムギを栽培することではじまったムギの農耕文化は、メソポタミアやギリシアにもっとも早く伝わり、その後、前六〇〇〇年ごろには地中海域ではナイル川下流域と北アフリカの沿岸部に、内陸部ではドナウ川上流域まで広がる。つまり「古ヨーロッパ」がムギの農耕時代に入る。

おなじころ東方世界ではインダス川流域でムギが栽培されるようになる。時代はくだるが、前二〇〇〇年ごろまでには中国の黄河流域にも西方からムギの農耕が伝播《でんぱ》、定着する。

アワやキビやヒエなどの雑穀類の原産地については、ヨーロッパ説、中央アジア説、中国説などが唱えられており、なお議論中の問題である。それでも、中国では前六千年紀、黄河流域でアワとキビの栽培がはじまる。イネの栽培の起源も不詳であるが、前五〇〇〇年ごろまでには長江《ちょうこう》流域では水稲の農業がはじまっていた。

このような穀物栽培のユーラシアとアフリカ各地への拡大と「古ヨーロッパ」を含む世界各地にみられた豊饒の蛇の信仰を考え合わせるならば、初期農耕文化とともに発生した（少なくとも高揚した）蛇の信仰は、農耕文化の拡大にともなって世界的に広がったとみることができるのではなかろうか。

農耕文化は栽培の技術だけが伝わるものではない。豊饒の呪術がともなっていたにちがいなく、蛇の呪術もそうであったのではないか。蛇にたいする恐怖と畏怖の感情は人類に普遍的であり、それに、蛇は、南・北極部やニュージーランドなどごく一部の地域をのぞいて全地球的に棲息していたのだから、地域と民族がかわっても、蛇の呪術は比較的容易に受容されたのであろう。

といって、すべてが伝播の結果であるとはいえない。蛇にたいする感情の普遍性と蛇の遍在性は、伝播の条件だけでなく、地球上のどこの場所でも蛇の信仰が発生した可能性を意味しているのでもある。

しかし、伝播の場合には農耕文化にともなうものであったし、独立の発生でも、農耕文化によって触発され、高揚したものであった、と推測するのである。仮説というべきであろうが、この仮説によれば、われわれが東西両世界に見てきた蛇の信仰や蛇の造形の広がりも理解しやすい。

たとえば、シュメールの龍の原形となった蛇、エジプトのウラエウス、クレタ島の蛇の女神像、ギリシア神話の蛇の女神など、西方世界でみてきた蛇の信仰や造形は、ムギの栽培の西方世界全域への拡大と結びつけて考えることができよう。もちろん、モーセの「青銅の蛇」のように、穀物の栽培とは無関係に、人間によって運ばれた蛇の信仰もあったであろうが。

インダス文明の蛇も同類の蛇といえよう。オオムギとコムギの栽培とともに西方から伝えられた蛇の信仰と考えてよいのではないだろうか。

中国の伏義《ふくぎ》や女媧《じょか》にみられる蛇の信仰や神話については、慎重な検討が必要であろう。西方から伝わったムギの農耕と結びつけられるのか、ずっと古いアワやキビの農耕と関連するのか、中国南部で盛んであった稲作にはじまるのか。そもそもよそから伝来した信仰なのか、あるいは中国で独立に生まれたものなのか。判断はむずかしい。もしも、ムギの農耕とともに蛇の信仰が中国に伝来したのであれば、その源流はインダス文明の蛇とおなじであるといえようし、アワやキビが中国原産であれば、中国の蛇信仰も中国自生であるかもしれない。

「稲の道」と蛇のルート

しかし、それらの可能性よりも注目されるのは、南の「稲の道」を介してのインドの蛇との関係である。

仏教は主にヒマラヤの北のルートであるシルクロードをへて中国に伝えられたのであるが、インドと中国とのあいだにはシルクロードよりも古くから、ヒマラヤの東南麓《ろく》を通る「稲の道」が存在していた。稲作がどこを起源とするのか、インド東部、インド・アッサム地方、中国南部などが候補にあげられるものの、なお論争中の問題なのである。しかし、インド東部から中国西南部にかけて稲作文化圏が成立、そこに交流のルートが開かれていたのはたしかである。

したがって、インダス川流域に伝えられた蛇の信仰は、東インドまで広まり、さらに

図40　人面蛇身のナーガ（女神）の浮き彫り。背後にも3頭のナーガが彫られている。インド・マーマッラプラムの岩窟寺院（P.M.ウルセル＋L.モラン『インドの神話』みすず書房）

「稲の道」を通って中国西南部に入り、長江をくだって苗族《ミャオ》にも伝わり、そこで伏羲や女媧のような蛇の神の信仰と神話が形成された可能性も浮上してくるのである。そうであれば、人面蛇身の伏羲や女媧をはじめその他『山海経』にのる多くの人面蛇身の怪物・怪獣は、しばしば人面蛇身の姿で表現されるナーガと直接関係するのかもしれない（図40）。おなじく『山海経』にのる九頭の蛇の相柳《そうりゅう》も、多頭のナーガと同類のものであるのかもしれない。

中国人は仏教をとおしてインドの蛇ナーガに邂逅《かいこう》、それを中国の龍と同一視した。同一視された理由については、性格の類似性にもとめたのであるが、起源的にもふたつの蛇はきわめて近縁な蛇であった可能性があるのである。

このような蛇の信仰からいかにして龍は誕生したのか。しかし、その議論に入る前に、蛇のもつシンボリックな意味について考察しておきたい。

3　蛇の抽象化

渦巻文

「古ヨーロッパ」の土器に施されている渦巻文は、ギンブタスによれば、水の文様でもあり、蛇の文様でもあった。渦巻く水であり、とぐろを巻く蛇でもある。蛇は水と豊饒のシンボルであったのだから、このようなギンブタスの見解は理解しやすい。

いうまでもなく水はより直截《ちょくせつ》的な豊饒のシンボルである。したがって、蛇が水と一体化することによって、豊饒性は強化される。その一面で蛇の表現は抽象的になり、蛇のイメージは薄められるのであるが、豊饒のシンボルとしての意味は逆に強められたのである。

ただ、私は、中心から外に広がる運動をあらわす渦巻きの文様は、もともとは地中から湧きでる水を表現した模様であったと考えている。湧き水というのは、穀物の生産にも日々の飲料水としても不可欠であったのであり、それゆえ、湧き水を表わす渦巻きは生命と豊饒性のシンボルとなったのである。

だからであろう、聖書にも泉についての記述が多数みとめられる。たとえば、前章で引用した「創世記」第二章の第二の創造神話では、「主なる神が地に雨を降らせなかった」とき、「地から泉がわきあがって土の全面を潤していた」と記し、それにつづくエデンの園の話でも、エデンは四つの川の水源であった。おなじくすでに引用した「詩篇」第七四章でも、神は泉と流れを開いたのである。

実際に、ヨーロッパでは、水の湧きでるところは特別に聖なる場所と考えられていた。いわゆる「聖なる泉」である。たとえば、フランスのルルドの「奇跡の泉」は無病の水としてヨーロッパ各地から巡礼者をあつめているし、スペインのガンゴルフの泉は子宝の泉として人気がある。かつては、泉の場所に神殿がたてられ、キリスト教の時代には教会がつくられもしたのである。ヨーロッパ人が好んで庭園に設けた噴水は、人工の「聖なる泉」にほかならない。

堀淳一《ほりじゅんいち》によると、ケルト人の住むアイルランドやブルターニュ地方にはかつて多くの「聖なる泉」があって、いまそこを訪ねると、しばしば教会の廃墟《はいきょ》や十字架の石像に出あうという。ゲルマン人の移動とローマ帝国の拡大によってヨーロッパの中央部を追われたケルト人も、泉にたいする信仰をもち、そこにケルト人の地母神をまつっていたのだが、キリスト教の時代になると、聖人像やマリア像にかわり、キリスト教会がたてられたのである（『ケルトの残照』）。

日本でも泉は、穢《けが》してはならない聖なる場所であった。記・紀や風土記には、湧き水や井戸にかんする記事が、地名起源説話のかたちで多数認められているのである。たとえば、景行記《けいこうき》には、ヤマトタケルノミコトが伊吹山《いぶきやま》で氷雨にうたれて下山したさい、「玉倉部《たまくらべ》の清泉《しみず》に着いて休んだとき、しだいに正気にもどった。それで、その清泉を号《なづ》けて居寤《いさめ》の清泉という」といったものである。今日でも、神社の境内には湧き水がよくみられるが、ヨーロッパの神殿とおなじように、かつては湧水の聖地であったところに神の祠《ほこら》が建てられたことも多かったのではなかろうか。

おそらく泉を神聖視するのは世界的な現象であるのだが、興味ぶかいのは、ガンジス川やインダス川の水源地とみられていたインドの無熱悩池である。インドを描いた古地図には無熱悩池が中央北寄りにかきこまれて、それは渦巻きによって表わされているのである（**図41**）。空海もこの無熱悩池から善女龍王を勧請したのであるが、龍・蛇が泉が結びついていることも注目される。あたかもタントラにおける会陰部のチャクラに対応するかのようである。

この生命の水を象徴する渦巻きの文様は人類の歴史とともに古いのではなかろうか。おそらくは、男根や蛇が豊饒のシンボルとして広まる以前から、水を象徴する渦巻文は生命と豊饒のシンボルだったのであり、そのために、渦巻文は世界的な広がりをもつ文様となったのではなかろうか。もちろん、この古い渦巻文は、この点ではギンブタスの説明どおり、豊饒のシンボルである蛇と結びつけられるようになったのである。だから、もうひとつの豊饒のシンボルである女性像に渦巻文が施されるのは自然ななりゆきであった。

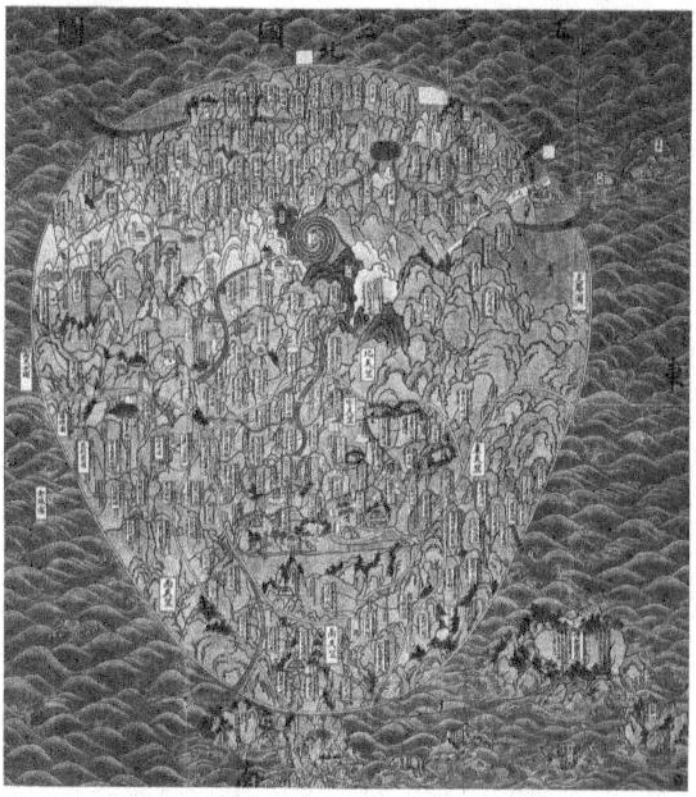

図41　五天竺国之図。宋覚画、1692年ごろ（岩田慶治＋杉浦康平編『アジアの宇宙観』講談社）

壺の宇宙性と生命性

渦巻文が土器に施されているということの意味も同様な観点から理解できる。土器は豊饒の成果と水の容《い》れ物であったのだから、水のシンボルである渦巻きは土器の文様にふさわしい。土器は豊饒の源である大地（＝土）から造られたという点からいってもこのことはいえる。渦巻文がほどこされた土器は、豊饒と生命力、あらゆる「生きること」のシンボルが凝集された小宇宙なのである。今日でもわれわれが壺から感受する宇宙性や生命性はこのような新石器時代の土器にもさかのぼることができよう。

壺の宇宙性と生命性にかんして思い起こされるのは『後漢書《ごかんじょ》』方術伝や『神仙伝《しんせんでん》』の「壺公《ここう》」に載る「壺中天《こちゅうてん》」の話である。ある町役人は薬を売る老人が店を閉めたあと、店におかれた壺にひょいと入るのを目撃する。役人は老人に壺に入れてくれるよう懇願、かなえられて壺の中にはいることができた。すると、壺の中は酒と肴《さかな》にみちあふれた仙宮の世界であった、という話である。宇宙は小さな壺のなかに呑《の》みこまれていたのである。

このような壺に施された渦巻文は前十世紀ごろギリシアの幾何学様式の陶器にもあらわれる（**図42**）。直線と円形で構成される、調和と均整の美を追求する文様のなかに渦巻文も使われていたのである。この、地中海のギリシア人の造形に対抗するかのように、北の内陸部で生活をしていたケルト人はデフォルメされた装飾を生みだしていたのだが、ケルト人もまた、というよりもギリシア人以上に渦巻きの文様を愛好していた。前五世紀ごろから、壺をはじめ、武器、墓、石板（ファロック）、人物像、書物などに、大小さまざまな渦が有機的な模様をつくりだす（図43）。ケルトの文化は渦の文化といっても、けっして誇張ではない。

ギリシア人はインド・ヨーロッパ語族の原郷を離れたのち、ドナウ川の下流域に定着、その後、地中海域に南下する。一方、おなじインド・ヨーロッパ語族のケルト人はドナウ川の上流域から西に浸透した民族である。居住地域は離れていたが、交流はあって、ギリシアのワイン壺はケルト人にも使用されていた。したがって、ギリシアの渦巻文の影響がケルト人にもおよんだとも考えられる。しかし、ドナウ川からバルカン半島にかけて遺《のこ》されていた「古ヨーロッパ」の渦巻文の文化を、両民族が受け継いだ可能性も否定できないであろう。ケルト人が移り住んだアイルランドには前三〇〇〇年にさかのぼれる石造の墓に渦巻きの装飾が見いだされるのである（鶴岡真弓『ケルト／装飾的思考』）。

渦巻文は、メソポタミアとエジプトをふくむ西方世界全域からインドにまで分布、新石器時代の仰韶《ぎょうしょう》期の中国や東南アジアにも認められる（図44－47）。世界的な文様なのである。この豊饒と生命力のシンボルである渦巻文も農耕とともに拡大したとみ

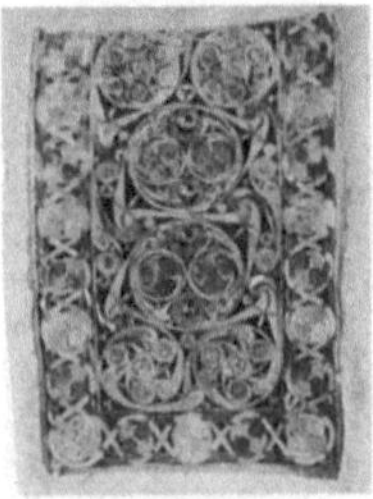

図42（上右） 赤絵式のアンフォラ。人物像はアマゾン族の女王ペンテシレイアを殺すアキレウス。前540-30年ごろ（J.M.Hurwit, *The Art and Culture of Early Greece*, 1100-48 BC. Cornell U.P.）

図43（上左） 『ダロウの書』のカーペット（鶴岡真弓『ケルト/装飾的思考』筑摩書房）

図44（中左） 彩文土器、エジプト、ナガーダ575号墓出土、前3500年ごろ（『世界美術大全集・2』小学館）

図45（中右） 嘴形注口付水差し。クレタ島ファイストス出土、前1900-1700年ごろ（『世界磁器全集・22』小学館）

図46（下右・中） 彩陶。甘粛省出土、新石器時代（仰韶期）（『世界考古学大系・5』平凡社）

図47（下左） 朱彩土器瓶。タイ、ウドン出土、新石器時代（『陶器講座・13』雄山閣）

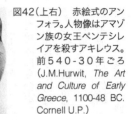

ることができよう。かなり以前であるが、中国の土器の渦巻文について、J・G・アンダーソンも西方からの影響のもとに生まれたと主張していた（『黄土地帯』松崎壽和訳）。

メアンダーと雷文

ギリシアの幾何学様式の陶器では渦巻文を直線的に表現した文様も使われていた（**図48**）。メアンダーといわれる文様である。このメアンダーも、じつは「古ヨーロッパ」でふつうの渦巻文とともに土器や女性像に用いられていたのであり、ここにも「古ヨーロッパ」とギリシアとのあいだに連続性が認められるようである（**図49**）。ギリシア人は、曲折蛇行するイオニアの大河マイアンドロスの形状にちなんで、マイアンドロス（英語ではメアンダー）と称していたのだが、あえて河の名を選んだのは、ギリシア人もこの文様と水との関係を意識していたからではなかろうか。

メアンダーは中国の青銅器の文様としても殷代いらい愛用され、雷文と称されていた。龍文が鋳られた**図6**（24頁）の地の文様が雷文である。この起源については、龍文の簡略化形であるとの解釈もある（『日本の文様15　天象』所収の小杉一雄論文）。たしかに、雷の原因は龍であるとされており、『山海経』海内東経に「雷沢中に雷神あり、龍身にして人頭、その腹を鼓す」とあるように、鬼ではなく龍神が腹を叩《たた》くのが

図48（上右）　初期幾何学式のアンフォラ。前875-850年ごろ（前掲、*The Art and Culture of Early Greece*）

図49（上左）　女性像の背部。ハンガリー、セグヴァール＝テュズケシェシュ出土、前5000年ごろ（前掲、『古ヨーロッパの神々』）

図50　人面蛇身のナーガ。カルカッタ・インド博物館所蔵、11世紀（立川武蔵ほか『ヒンドゥーの神々』せりか書房）

雷と考えられていたのであるから、雷文はほんらい龍文であったとも考えられる。しかし、雷文は龍文とともに同時期に現われるのであるから、龍文の簡略形とは考えにくく、蛇や渦巻文とともに独立に伝わった文様である可能性を否定しがたい。そうであるならば雷文は一種の渦巻文なのであり、雷文を地の文様とする龍文の装飾は、あたかも水に潜む龍の表現であるかのようである。

二蛇交合のシンボル——カドゥケウス

渦巻文にしてもメアンダーにしても二つの文様を単位とする例が多く、しかもそれが連続文の形で表現される場合が少なくない。この対形の文様は、ギンブタスもいうように、雌雄二匹の蛇の合一体であると考えてよいと思う。それは、水と蛇に生殖力を加えた、より強化された豊饒のシンボルである。

その具象的なシンボルがたとえば半人面蛇身の伏羲と女媧が尾を絡ませた像である。この二蛇交合の具象的な表現も世界的な広がりをもつ。**図50**のように、インドでも伏羲と女媧とおなじように尾をからませたナーガ像がつくられていた。「稲の道」を通しての、インドと中国のあいだの蛇の信仰の交流をうかがわせるもうひとつの例ともいえる。

二蛇交合は古くはシュメールでもつかわれたシンボルであった（**図51**）。おそらく、

図51（右）　グデイアの石杯。シュメール（前掲、*The Mythology of All Races*, vol.5）

図52（左）　石製のナイフの柄。表と裏。エジプト、ケベル・エル・タリフ出土（前掲、*The Cobra Goddess of Ancient Egypt*）

このシュメールのシンボルはエジプトにも伝えられた。エジプトで出土したナイフに描かれた二蛇交合の蛇はエジプトで信仰されていたコブラではなく、メソポタミアの図像にみられるふつうの蛇、そのことからメソポタミアから伝えられたと推察されているのである（図52）。

　このオリエントの二蛇交合のシンボルがギリシアに持ち込まれたのがヘルメスのもつ杖にまきつく二匹の蛇、カドゥケウスである（図53）。そして、ほんらい豊饒のシンボルであったカドゥケウスは、商業学校の校章にもつかわれるように、商業のシンボルにもなる。また、治癒力の象徴として医神アスクレピオスの持ち物ともなった。

　安田《やすだ》喜憲《よしのり》は、日本の神社などに張られる標縄《しめなわ》も二蛇交合、からまっている雄と雌の

図53（右）　錬金術の寓意図。中央はカドゥケウスを手にするヘルメス（前掲、*The History of Magic*）

図54（左）　錬金術の寓意図。『哲学者の薔薇園』、1550年（種村季弘『黒い錬金術』白水社）

蛇の象徴であるという吉野裕子の説を紹介するとともに、まんじの卍やアルファベットのXなども二匹の蛇の交わりの抽象化であるとのべている（『蛇と十字架』）。

錬金術と蛇

同時に、商業の神であり、旅人の守り神であったヘルメスがヘレニズム時代にエジプトのアレクサンドリアでさかんとなる錬金術の守護神ともみなされるのであるが、それとともに、ヘルメスが手にするカドゥケウスは錬金術のシンボルともなる。やがて錬金術はヘルメス学ともよばれるようになり、錬金術でもっとも重要な物質である水銀メルクリウス（英語ではマーキュリー）はヘルメスと同一視されるのであるが、二蛇交合のシンボルは錬金術における生成の原理的シンボルとされていたのである。しばしばつかわれた男女の媾合《こうごう》図と、その意味はおなじである（図54）。

錬金術の目的は、ナイル川のもたらす肥沃《ひよく》な黒い土が黄色のムギのみのりを生むように、黒い金属の鉛を黄金に変えることにある。アルケミー（錬金術）はエジプト語の黒を意味するケムに由来するとの説が有力なのである（アルはアラビア語の定冠詞）。だから、豊饒のシンボルである蛇が錬金術にもふさわしかったのであろう。

図23（74頁）に示した、みずからの尾をかむ蛇のウロボロスもまた錬金術でつかわれていた。こちらのほうは単性生殖のシンボルであるといえよう。ウロボロスはキリスト教の一派グノーシス派でも用いられたように、錬金術とグノーシス派との思想的なつながりは浅くない。神の創造は完全でなかったというグノーシス派の主張と不完全な卑金属から完全な貴金属を生成するという錬金術とはその宇宙観において共通するといえよう。ギリシアでは円は完全な図形であったように、円形の蛇であるウロボロスは「完全さ」の象徴でもあったのだろうか。

蛇は、このように二蛇交合の形や単性生殖のかたちをとることで生殖力としてのシンボル性を強調する。そして、もうひとつのシンボル性の強調法が蛇の龍化であった。

4 龍の誕生

ティグリス・ユーフラテス河の生んだ龍

龍はどのようにして誕生したのか。われわれの「航海」の第一の目的であった龍の起源に答えるときがきた。

蛇の信仰は全地球的な広がりをみせたのだが、しかし、角や足をもつ複合動物の「龍らしい龍」の発生がみられたのは中国とメソポタミアだけであった。なぜ両地にのみ「龍らしい龍」は生まれたのか。この東方と西方の龍は、形態は共通しても性格は逆であった。それはいったいなぜなのか。これらの疑問に答えながら、龍の誕生の謎を明らかにしたい。

まず、西方の龍の祖先であったシュメールの龍から考えよう。

最古の都市文明であったシュメールの経済的な基礎は、ティグリスとユーフラテス河の灌漑《かんがい》による農業にあった。両河の治水と灌漑によって、それまでは丘陵地帯で天水と湧水《ゆうすい》に依存していた農業は平野部まで広がり、メソポタミアは文字通り「肥沃な三日月地帯」となる。そして、灌漑農業による農作物の増産は商・工業の発展、都市国家の形成をうながした。他方で、大規模な灌漑を可能にしたのはシュメールの強大な国家権力であった。間欠的に洪水のくりかえされるティグリスとユーフラテス河の氾濫《はんらん》を防ぐための堤防をきずき、耕地に水を注ぐための水路をひらくには、強力な王権と官僚制の確立が不可欠だったのである。

このシュメール人は南メソポタミアに最初に定住した民族でない。前五〇〇〇年ごろから、ムギを中心とする農耕に従事、出土物からは地母神や女性像や蛇の信仰をもっていたと思われる人びとが住んでいたのである。小規模ながらも灌漑をともなっていた。前四千年紀の後半、そこにシュメール人が侵入した。シュメール人がどこからきたのか、その正体はつまびらかにはされていないのであるが、土を起こすために牛《ぎゅ》犂《うり》と人間と物資を運搬するために牛車を開発、牛車を戦車としても使用した民族である。また王を天から降った牡牛にたとえる神話をもってもいた。これらのことから、メソポタミアに定住する以前には牛を飼う牧畜にたずさわり、天や牛を崇拝していた民族であったと推察されるのである。

状況は、第1章でみたインドラと蛇との関係や第2章でみたゼウスと蛇との関係とおなじである。天や牛を崇拝していた侵略者のシュメール人にとっても、先住民に信仰されていた蛇は退治されねばならない存在となったにちがいない。シュメールの龍が悪神視された理由はまずこの点に求められよう。

そして、生産と生活の前面に控えるのがティグリスとユーフラテスの大河。シュメールの王権が制圧・退治せねばならないこの両河は耕地を潤す水をもたらす河ではあるが、ときには濁流が生産と生活を潰滅《かいめつ》させてしまう暴れ河である。このことも、水のシンボルであった蛇が悪神視されるようになった理由にあげられよう。

そのとき、このような大河に小さな蛇は似つかわしくない。そして、より強烈なイメージを放つシンボルが求められたのでなかろうか。こうして、従来の水のシンボルである蛇を基体としながらも、巨大で、角や足をもつ強力な動物、「龍らしい龍」が創造されたと推察されるのである。

それに政治権力の示威のためにも、権力に治められるべき大河のシンボルはできるかぎり強大であるべきだったのである。「エヌマ・エリシュ」のマルドゥクはバビロニアの王の化身であるのだが、その姿を、

目は四つだった。
唇は動くと火がもえ上った。
耳は四つともそれぞれ大きく、
それら同様、目も森羅万象をことごとく見つくす。
かれは神々の中でもっとも背が高く、
かれの四肢はことのほか長く、
丈は上半身だけが群を抜いていた。

と表現する。この剛力無双のマルドゥクに敵対する水の神ティアマトも、したがって、

巨大であるばかりか、蛇の原形を残しながらも猛獣と猛禽《もうきん》の能力をも兼ね備えた怪獣となった。四つの目や四つの耳という数の多さにはティアマトが分身として「七頭の大蛇」をもつということとおなじ精神が認められよう。ティアマトは、マルドゥクのいわば引き立て役としての反像だったのである。

要約すれば、メソポタミアの龍はメソポタミアの地で、新石器時代からの蛇の信仰をもとに、侵略者であったシュメールの政治権力とティグリスとユーフラテスの大河とから生まれたといえるのである。

黄河が生んだ龍

中国の龍についても、その誕生の背景と歴史はメソポタミアによく似ている。中国の農耕と牧畜も、洪水に見舞われる黄河の本流の辺ではなく、その支流の段丘上の高原にはじまった。農耕ではアワやキビそしてムギやイネの栽培がおこなわれ、牧畜では犬と豚の飼育が、ついで羊、牛、馬が加わる。農耕の生産圏が本流域にまで広がるのは、国家的権力が成立、黄河の治水が進み、灌漑が普及してからのことである。

黄河も河筋が大きく変わるほどの氾濫をくりかえす河であった。政治の「治」はもともとこのような河川を管理すること、天下を治めるとは水を治めることだった。伝説では最初の王朝とされる夏《か》の始祖・禹《う》について『史記』夏本紀もつぎのように記している。帝尭《ぎょう》のとき大洪水が襲い、人民が困窮した。そこで尭は鯀《こん》に治水を委《ゆだ》ねたが九年たっても水は治まらなかったので尭を継いだ帝舜《しゅん》は鯀を罰してその子の禹に治水を命じた。禹はそれに全力を尽くし、苦心の末に治水に成功した。その功によって、舜の死後、帝位はその息子に伝えられず、禹が即位したというのである。

このように中国でも為政者の関心が黄河の治水と灌漑にむけられるとともに、蛇は龍に変容したと考えられよう。それは大河・黄河のシンボルとしても、天子の権力の強大さを示すシンボルとしても、巨大でかぎりなく強力な獣が創造されねばならなかったのである。

図55　禹の甲骨文（前掲、『中国の神話』）

ただし、中国の龍は権力者の敵対者とみなされない。逆に、もっとも聖なる動物であった。しかも、中国の龍は河や水の神であると同時に、河や水を治める王権のシンボルでもあった。「禹」の甲骨文は二匹の蛇から構成されているのであり、したがって、治水に功のあった禹も蛇あるいは龍の王と考えられていたのは明らかである（図55）。

この西方の龍にはみられない性格は、自然を人間に敵対するものとはみない中国人の自然観にもつながる。

儒教の天命思想は、天子であっても天命には随順せねばならず、治水・灌漑という人為を否定するものではないが自然の征服よりも自然に従うことを理想とする。道家にあっては、人為を否定、自然との一体化＝無為自然をもとめた。このような哲学を生んだ中国人にとって、自然の象徴である龍は人間に敵対する存在ではなかったのである。『国語』周語下も、鯀が治水に失敗したのは、自然の理《ことわり》に背いて河川をせき止め、山を崩し、沢を埋めようとしたからであり、禹が成功したのは、天地にしたがい、人民のことを考え、多くの生き物を傷害しないようにつとめ、さらに、河川の勢いをたすけて、水を疎通させたからであるとのべていた。

龍は政治化された蛇である

天水と湧水に依存した新石器時代の農耕文化のなかで蛇の信仰が生まれたのにたいして、メソポタミアでも中国でも、龍の観念は、青銅器時代における灌漑農業のもとで誕生した。あるいは、大規模な灌漑農業による農業生産に支えられた強大な政治権力の所産であったともいえる。

農耕民が蛇に求めたのは自然を動かしうる呪力であった。蛇は雨を恵む動物であると考えていたのである。そのような蛇を原形としながらも、龍は被支配者としての人間に向けられた権力意志の表現、権力のシンボルであれ、反権力のシンボルであれ、国家権力と不可分なものだったのである。

龍とは何か――これまで、巨大性、角と足の具有、異種動物の混成、多頭といった形態、あるいは呪的・霊的能力からとらえてきたのであるが、その起源からいえば、龍とは政治化された蛇であると定義できよう。

コブラが龍化を妨げた

それでは、なぜ、メソポタミアや中国とおなじように大河にはぐくまれた国家権力を成立させたインドとエジプトの都市文明には「龍らしい龍」が出現しなかったのか。この疑問にはまだ答えていない。龍の起源についての議論をつめるには、この点も明らかにされねばならない。

インドに侵入したアーリア人は原住民によって信仰されていた蛇を悪神視し、「障《しょう》碍《がい》物」とよんでいたが、しかし、それをシュメール人のように「龍らしい龍」に変えることはなかった。すでにインダス文明でも大規模な灌漑農業がおこなわれており、インダス文明とメソポタミアとのあいだの交流も否定できないにもかかわらずである。

その最大の理由を私は、インドとメソポタミアの生物学的な環境の差異に求めたい。インドには大型のキングコブラやインドコブラといった蛇が棲息していたからであると考えるのである。キングコブラの体長は四、五メートル、もたげた鎌首の高さは一・五メートルを超え、敵を威嚇する。しかも猛毒の蛇であった。水の神としても、守護神としても、政治的権力のシンボルとしても、この無敵のコブラが当てられるのであれば、あえて特別な怪獣を創造する必要はなかったのではなかろうか。

蛇の遍在は蛇の信仰の伝播と定着を促す要因であった。しかし、コブラという特殊な蛇の存在が龍への「進化」を妨げることになったのである。もしも、インドにコブラが棲息していなかったならば、インドにも「龍らしい龍」が生まれたにちがいない。

エジプトでも「龍らしい龍」は出現しなかった。中国の龍とこの点ではおなじく、ウラエウスは聖なる動物として王権のシンボルでありつづけた。しかし、ついに「龍らしい龍」に「進化」することはなかったのである。

第一の点については、エジプトもまたヒクソス人による一時的な侵略はあっても、エジプト人による支配がつづいたことがその理由にあげられよう。第二の点については、インドと同様、猛蛇コブラがエジプトにも棲息していたからである。エジプトを代表するエジプトコブラの体長は三メートルほど、最大のものは四メートルを超える。キングコブラよりは小さいが、クレオパトラもこのコブラに胸を嚙《か》ませて命を断ったと伝えられているように毒性のきわめて強い蛇であった。

コブラの不在が龍を生んだ

インドとエジプトとはちがって、中国の黄河流域やメソポタミアにはコブラのような大型の蛇は棲息しなかった。キングコブラの分布はインドから東南アジアまででありインドコブラも西はパキスタンからバングラディシュまでである。タイワンコブラにしても本土では南部に棲息するのみである。エジプトコブラはアフリカから西はアラビア半島の西南部に限られる。メソポタミアにはコブラは棲まず、毒蛇といってもマムシほどの蛇がいるだけである。

大河とそこに発生した都市国家が龍を生んだ。しかし、おなじ都市国家でも、コブラの棲息していたインドとエジプトでは「龍らしい龍」は生まれず、コブラの龍のままであった。もしも、ティグリスとユーフラテス河流域や黄河流域に大型で猛毒のコブラが棲息していたならば複合動物の龍が空想されることはなく、インドやエジプトとおなじようにコブラの龍が崇拝されたのではなかろうか。猛獣の虎やライオンがそのままの姿で聖獣視されたようにである。欠乏が人間の想像力を刺激したのだといえよう。

5　龍の伝播

龍の棲息地は世界に広がる

シュメールに誕生した龍は、その後メソポタミアの支配者となったバビロニアの龍ティアマトとなる。ティアマトの後裔であったのがユダヤ人の仇敵《きゅうてき》の龍レヴィアタン。メソポタミアの龍の影響のもとにギリシアで生まれたのがドラコーン。これらユダヤ人やギリシア人の龍をうけついだのがヨーロッパのドラゴンであった。シュメールの龍からドラゴンまでの歴史を要約すれば、このようになろう。

この間、龍の姿形には変化がみられたが、しかし、反権力のシンボルであるという点で、その性格は不変であった。反権力のシンボルとして、権力に取りいれられ、キリスト教がヨーロッパを支配するとともに、ヨーロッパ人の共通の悪魔となった。

龍を生んだメソポタミア含めオリエント全域はイスラム教に支配された。もちろん、イスラム教の唯一絶対の神アラーはユダヤ・キリスト教のヤーウェの影響のもとに生まれた。しかし、コーランには神に逆らう悪魔が登場するのだが、コーランの悪魔は龍・蛇とみなされない。コーランのかたる終末と最後の審判には「赤い龍」はあらわれない。『千夜一夜物語』を開くと「船乗りシンドバッドの物語」には、シンドバッドの仲間を呑み込んだ大蛇が現われ、ペルシア神話を伝える『王書』には、英雄ロスタムによって退治される龍の物語が載るようにイスラム社会でも龍が絶えはしなかった。しかし、キリスト教世界と比較すると龍の影は薄い。

一方、中国の龍は、東では朝鮮と日本、そして西ではヴェトナムに分布する。中国の龍のほうは場所が変わってもつねに権力のシンボルであり、姿形も漢代の龍からほとんど変わることがなかった。ヴェトナムの龍と日本の龍とのあいだには目立ったちがいは認められない。

東南アジアの龍

インドのナーガは仏教とヒンドゥ教にともなってビルマ、タイ、カンボジアにまで広まった。なかでもナーガの造形が好まれたのはカンボジア。アンコールにいまでも残るナーガ像については前にのべた。

カンボジアでは王朝の祖先もナーガであった。インドのデリーの王子カウンディヤが生地を追われ、カンボジアで龍王の娘と結婚することで建国されたと伝えられている。中国・元《げん》の周達観《しゅうたつかん》が著わした『真臘風土記《しんろう》』も王とナーガとの結びつきを記している。アンコール・トムの金塔には国の主である九頭の龍女が住んでおり、国王は毎夜この龍女と交わったあと、はじめて妃と床を共にできたという。

図56　青花龍文瓶。ヴェトナム、14-15世紀。日本に伝来したもの（『世界陶器全集・16』小学館）

しかし、チョンソン（安南）山脈の東、ヴェトナムで出あうのは中国の龍である。

ヴェトナムは、前漢時代から中国の侵略をうけ、漢、唐《とう》、宋の支配下にあったが、十世紀には独立、呉《ゴ》王朝がおこり、その後、丁《ディン》朝、李《リイ》朝、陳《チャン》朝、黎《レ》朝、阮《グエン》朝と民族の王朝がつづいた。李朝以降は大越《ダイヴェト》と称した。しかし、政治的に自立したのちにも、中国文明の影響から抜けでることはなかった。

黎朝の時代の一四七九年につくられた『大越史記全書』には、大越の祖先が龍であったという神話が載る。炎帝《えんてい》神農氏の三世の孫の帝明は帝宜《ぎ》と涇陽《けいよう》王を生んだが、帝宜は帝明の位を継ぎ、涇陽王のほうは南方の大越を治めた。涇陽王は洞庭君の女の神龍を娶《めと》り貉龍《ラクロン》王を生む。貉龍王が中国の帝来の女の嫗姫《アウコー》を娶り百男を生む。これが北方のヴェトナム諸民族の祖先である百越であるという。ヴェトナム人は中国と祖先を共通するとともに、龍の子孫でもあると認識していたのである（松本信広『ベトナム民族小史』）。

十一世紀の初頭、李朝は現在のハノイに都を建設、昇龍《タンロン》と称する。その名のとおり、建築物の煉瓦《れんが》や屋根瓦《がわら》には、花や鳳凰《ほうおう》とならんで龍の文様が好んで使われていた。李朝以降、ヴェトナムでは陶器の製作が盛んになり海外にも輸出されるようになるが、中国の龍は人気のある図柄であった（図56）。

一八〇二年にヴェトナムを支配、最後の王朝となった阮朝でさえも北京の宮廷をモデルとした王朝をつくろうとしていたのであり、そのため、フエに建てた王宮は小型の紫禁城といえる龍の城であった。仏教寺院を飾るのも中国の龍、今世紀になってキリスト教、仏教、儒教などを融合した新興宗教であるカオダイ教の教会内部の列柱にも極彩色の龍がよじのぼる。ヴェトナムは中国の龍の支配する国なのである。

インドシナ半島は中国の龍とインドのナーガとの接触点であった。だが、中国の龍の文化がそれよりも西に進出することはなかったし、インドのナーガがヴェトナムを侵すこともなかった。チョンソン山脈は龍とナーガの分水嶺《ぶんすいれい》だったのである。

朝鮮の龍

西のヴェトナムが漢の支配をうけたころ、漢は朝鮮を植民地化する。それによって朝鮮にも中国の龍が侵入、東では、龍の文化は海をわたり日本にも伝わるのである。

朝鮮でも、王は龍の裔《すえ》であるとの伝説はすくなくない。『魏書《ぎしょ》』高句麗《こうくり》伝は、高句麗の始祖・朱蒙《チュモン》の母は龍の神である河伯の女と記す。河伯の女が日光に感じて身ごもったのが朱蒙であるというのである。新羅の始祖である赫居世《ヒョンゴセ》王の場合には、『三国遺事《さんごくいじ》』によると、かがやく卵から生まれた赫居世は、鶏龍の脇より生まれた、あるいは龍の腹から生まれた美女を妃としたという。

九一八年に建国された高麗《こうらい》でさえも、王朝の始祖である王建《ワンゴン》の祖母は東海の龍宮に故郷をもつ龍女であった、という伝説をもつ。龍女は龍宮とのあいだを行き来していたが、龍宮にもどるときには龍の姿になったという（金烈圭『韓国神話の研究』泊勝美訳）。

図57　景福宮・勤政殿の天井（金正基編著『韓国美術全集・14』同和出版公社）

高麗を倒した李《り》朝が開国後まもない一三九五年に完成した王宮・景福《けいふく》宮は壬辰《じんしん》の役（文禄《ぶんろく》の役）で焼失したが、一八六五年に再興された。紫禁城の太和殿にあたる勤政殿には太和殿のようなおびただしい数の龍はみられない。柱にからむ龍もなく、玉座の背後の飾りも風景画になる。しかし、天井には太和殿でもそうであったように黄金の双龍が飛翔する（**図57**）。数少ない李朝初期の建築物のひとつである無為寺・極楽殿の天井にも双龍の絵が描かれている。

さかのぼれば、鏡や武具の龍を含めて、飛鳥時代までに日本に渡来した龍の造形のほとんどが朝鮮経由だったのである。四神の思想も広く普及、高句麗の薬水里古墳から高松塚《たかまつづか》古墳の四神像への影響も考えられる、類似の四神像が発見されている。

李朝の王宮の景福宮でおこなわれた雨乞いは、龍の代用にトカゲをつかうものであった。宮内の慶会楼の蓮《はす》池のほとりに、十二名の青衣の童子を円座させ、それぞれにトカゲのはいった甕《かめ》をゆさぶらせ、「もし雨が降らねば、もっとゆさぶってくれよう」という意味の呪文をとなえさせる。そののち、甕のなかのトカゲを池の水に放してやった。

農民のあいだで行なわれていた雨乞いの多くは龍王の祭りであった。村の龍王廟《びょう》にご飯や餅《もち》をそなえて、稲の豊作を祈り、旱魃には龍の怒りのためであると考えて、龍を宥《なだ》めるために虎の頭を割って龍の棲《す》む川にささげたという（前掲、『韓国神話の研究』）。

こんな民話も語られている。

ある山のなかに龍井《リヨンジヨン》という美しい池があり、その近くに金武達《キンムダル》という名の弓の名人が住んでいた。ある夜、武達は不思議な夢をみる。白髪、白髭《ひげ》の老人が枕もとにたって、「わたしは昔からこの池にすむ青龍《チヨンリヨン》です。ちかごろ、黄龍《ホアンリヨン》という悪龍がわたしを追いだそうとしているのです。かれがこの池の主になれば、洪水をおこして、里をおし流すでしょう。明日、わたしは黄龍と戦いますが、助太刀してほしいのです」と、懇願した。助太刀を約束した武達であったが、最初は足がすくみ、弓が引けない。再度の青龍の懇請に、翌日、意を決した武達は、黄龍の尾と胴を射ぬき、仕留める。青龍のお礼を断わった武達であったが、その夜から雨が降りはじめ、やがて雨があがると、あたりの荒野はりっぱな水田に変わっていた。池からは水が噴きあふれ、小川となって、水田をうるおしていた。それからは、武達の子孫は繁栄した。そこで、いまでも、ひでりのつづく年には、農民たちはこの池に集まり、青龍に祈りをささげ、雨乞いの祭りをするという（松谷みよ子＋瀬川拓男『朝鮮の民話』）。

　青龍と黄龍は、紫禁城の九龍壁にもみられたように、しばしば対の龍としてあらわれる。五行説では、青龍は東方を守る龍。黄は五行説では中央に対応する色であるから、黄龍は中央の守護龍といえる。ここではその黄龍を悪龍とみているのである。

　そして、朝鮮では、蛇はかならずしも忌まわしいものではなかった。とくに、青大将は家の財宝神として古くから崇められていた。それを祭ると暮らしが豊かになり、それが家からでていってしまうと貧乏になると信じられていた。そのため、日本の田舎育ちの私もよくきかされたことだが、朝鮮でも、家にいる青大将は殺してはならないとされていた（依田千百子「朝鮮の龍と蛇の信仰」『アジアの龍蛇――造形と象徴』アジア民族造形文化研究所編）。

世界的な広がりをもつ新石器時代の豊饒の蛇が朝鮮にも存在していたことをうかがわせる。そのような蛇が農民に信仰されていた土地に中国の龍が侵入したのである。

中国の龍はシュメールにさかのぼれるか

メソポタミアと中国に生まれた龍は、政治的あるいは宗教的な権力と結びついて、ユーラシアの広い地域に伝播した。空想の産物でありながら、龍は西はイギリスから東は朝鮮・日本にまで、その「棲息地」を拡大したのである。

ここまで議論がすすむと、われわれは中国の龍とシュメールの龍との起源的な関係にも関心をむけないわけにはいかない。

これまでは、東西の龍は独立に発生、独自な広がりをしめしたと考えてきた。殷代の黄河流域にはシュメールと同様な龍の生まれる条件――大河と強大な国家の存在とコブラの不在が備わっていた点を重視してきたのである。しかし、その条件はより古いシュメールの龍が中国にも伝来した可能性を否定するものでもなかった。

たしかに、「龍」の甲骨文は蛇の文字をもとに構成されていた。甲骨文は中国で生まれたものであって、その龍の文字が蛇を原形にしているということは、中国の地で蛇が龍に「進化」した有力な証拠であるように思われる。それに、中国の龍が西方の龍とはまったく逆の性格を有していた点も無視できない。政治権力と不可分であった龍が、その性格を反権力から権力のシンボルに変えるとは考えにくい。

それにもかかわらず、中国に龍のあらわれる殷代の後期は、甲骨文をはじめ、青銅器、馬車、天文・暦法が出現した時代であった点も見過ごすことができない。これらの、政治権力とふかく関係する都市文明はメソポタミアに起源、中国に伝えられたと考えられるのである。なかでも私がとくに注目するのは馬車である。戦車として使用された馬車は、殷の王朝が強大な帝国を築くための最強の武器であり、王のシンボルであり、それゆえ、馬車は殷墟の墓にも副葬されていたのである。

中国の馬車は中国起源であるとの見方もなくはなかった。だが、殷墟の王墓に副葬された四頭立ての馬車の構造はメソポタミアの馬車と同一である。馬と馬車をつなぐ方法もまったく変わらない。しかも、メソポタミアの馬車は不合理な軛《くびき》を用いていたのだが、その不合理な軛がそのまま殷でも使用されていたのである。不合理な技術が独立に発生したとは考えがたい。ルートは不詳であるが、中国の馬車がメソポタミアにさかのぼれることは疑いない（拙著『車の誕生』）。

そうであれば、支配の道具であり、「帝王の学」であった天文・暦法もまた王朝の祭祀《さいし》用として発達、龍文をはじめさまざまな装飾のほどこされた青銅器についても、西方からの影響を無視できないであろう。そして、石田《いしだ》英一郎《えいいちろう》は、殷の王権と不可分であった「天」の観念も、インド・ヨーロッパ語族に抱かれていた「天」の観念の広がりとして理解していた（『河童駒引考』）。

これら王権と密接な関係をもつ文明や宗教が中国自生ではなく、西方起源であるならば、王権のシンボルである龍についても西方世界、とくに、メソポタミアからの影響の可能性を考慮すべきではないか。龍の甲骨文が蛇からつくられていたのも、西方から蛇が基体であるという龍の観念が伝えられたからではなかったか。「棲息」する場所がかわれば、権力との関係にも変化が生ずることもありうるのではないか。

そうであれば、龍も「シュメールにはじまる」といってよいのであろうか。しかし、問題はそう単純ではない。シュメールに由来する西方の龍の影響があったとしても、中国にはみずから龍を生みだすための十分な条件が存在していたのである。影響がなくても、中国には龍は生まれえたのである。影響というよりも、中国の龍の誕生を触発したというべきであろうか。

この触発というのは、甲骨文の場合に似ている。甲骨文の構成は中国独自のものであり、したがって中国起源のように思われる。しかし、シュメールでは原始的な絵文字の段階から楔形《くさびがた》文字の体系を手にするまでに五世紀もの歳月を要したのに、中国の甲骨文では最初からかなりの程度に抽象化された体系だったのである。それは、シュメールの楔形文字にならって甲骨文をつくったのではないが、音声を文字で表現するという考えに触発されて、みずからの文字を創造したからである可能性が大きい（I.

J. Gelb, *A Study of Writing*)。

龍の場合にも、同様な歴史が存在し、中国でも角と足をもった龍が生まれたのだが、中国固有の蛇の信仰がメソポタミアとは異質な性格を有する龍をつくりだしたと考えることができるのである。

6　南方の牛と北方の馬

豊饒の女神

雨の神がヤーウェやゼウスなどの天の神とみられるようになるとともに、蛇という豊饒のシンボルは大地の女神に置き換えられた。

蛇から変容した龍は天の神の敵役、つまり反豊饒と反権力のシンボルと見られるようになった。それにたいして、旧石器時代にさかのぼれる豊饒の女神たちは、豊饒の神のまま信仰されつづけたのである。子を生む女性の役割は不変だったといえよう。大地の生命力を付与された女神であることから地母神とよばれるこの女神たちは、権力にもとりこまれ、系譜的にも天の神々とむすびつけられた。

シュメールでは、大気と嵐の神エンリルの子で、「天の女王」といわれたイナンナ。イナンナと同格の神であるバビロニアのイシュタル。エジプトでは、「神々の女王」

といわれたイシスが代表的な地母神である。イシスは天の女神ヌトと大地の男神ゲブのあいだにうまれた神、冥界《めいかい》の王であり、雨と豊饒の神ミンとして再生もするオシリスの妻でもあった。

ギリシア神話であれば、ヘラ、デメテル、それにルクレティウスが『物の本性について』の冒頭であげたローマのウェヌスに相当するアプロディテなど。ヘラはギリシア先住民によって信仰されていた女性を守護する神、デメテルはバビロニアのイシュタルの性格をうけついだ穀物の神であり、アプロディテはエジプトのイシスと同一の神にみられていた。これらの古い地母神たちはオリュムポスの神々に加えられ、ヘラはギリシアの主神ゼウスの正妻の座をえ、デメテルの夫もまたゼウスであった。アプロディテはゼウスとヘラが生んだ鍛冶神のヘパイストスと結婚する。

豊饒の女神は権力にとりこまれ、龍が天の神の敵役となるとともに、神話世界には牛が、後には馬が浮上する。そして、中国では龍が「天子」である皇帝のシンボルでありつづけたのにたいして、西方世界では、牛や馬が天の神々とむすびつく。

牡牛が天の神となる

メソポタミアの神話では、牡牛である天の神が登場するが、主神マルドゥクもまた牡牛とみられていた。イスラエルのヤーウェもそうである。カナンの神であるバールの父エルは牡牛の神であり、その子で、ヤーウェの前身といえるバールが子牛とよばれていたのであるから、ヤーウェが牡牛の神だったのは疑いない。ユダヤ人がヤーウェのために犠牲として供えるのも牡牛だったのである。ゼウスは白い牡牛の姿となってエウロペを誘惑したのであり、またゼウスの神殿にも牛の犠牲が捧《ささ》げられた。豊饒の神であったディオニュソスもエジプトのミンも牡牛と考えられていたことについてはすでにのべた。

豊饒の神だけではない、民族の主神たちが牡牛だったのである。したがって、マルドゥクとティアマト、ヤーウェとレヴィアタン、ゼウスとテュポーンといった天の神による龍の退治は、牡牛と龍との闘争と理解されていたといえる。

他方で、メソポタミアの地母神イシュタルもエジプトの地母神イシスも牝牛の姿であらわれ、ギリシアの地母神ヘラも「良き牝牛の土地」エウボイアに生まれた牝牛の眼をもつ神であった。子牛を産み、乳を恵んでくれる牝牛が豊饒の大地のシンボルとされていたのである。ということは、天と地は牡牛と牝牛の組み合わせで捉《とら》えられていたことを意味する。

さらに、天を代表する天体は太陽であり、ギリシアの太陽神ヘリオスが古い神話では牡牛の戦車に乗ることを考えれば、牡牛は太陽のシンボルであったといえよう。一方、ギリシア神話の月神セレネが牝牛に乗っていたことからは、ギリシア人は、牝牛を月のシンボルとみていたと思われる。古代においては月は大地を潤し、植物を生育させる水の源泉であると考えられていた点からいっても大地の牝牛が月の神であるというのは理解しやすい。もちろん、月がとくに牝牛とされたのは、月の満ち欠けの周期と女性の生理の周期との関係からでもあったであろう。月と牛とのつながりは、牛の角の形が三日月に似ていたからでもある。

インドでも、インダス文明いらい牛は崇拝されつづけた。牛の信仰はインドに侵入したアーリア人にもひきつがれ、主神インドラをはじめ、シヴァ神の前身であるルドラ、雨の神であるマルト神群など天の神々を牡牛と考えていたのである。そして、天と地を牡牛と牝牛のシンボリズムでとらえてもいたのである。『リグ・ヴェーダ』の「天地両神の歌」では、天を「善き種子ある牡牛」に、大地を「斑《ふ》ある乳牛」にたとえている。

天と地、太陽と月。これら世界の基本的な秩序は牡牛と牝牛によって理解されていたのである。もはや龍は主役を演じることはない。敵役でしかない。牛の宇宙論においいて、龍は反秩序的存在だったのである。

牛は征服者のシンボル

それにしても牛が聖獣とされたのはなぜなのか。

たしかに牛は食用や搾乳用として貴重な動物であり、牛犂《ぎゅうり》の動力として農業の増産に大きな寄与をしていた。しかし、決定的な理由はシュメール人によって開発された牛車にあったと思う。この強力な動物によって牽《ひ》かれた車は、運搬用としてだけでなく、戦車としても使用され、ウルやその他の都市の王墓に副葬もされるように王権のシンボルとみられていたのである（L・ウーリー＋P・R・S・モーレー『カルデア人のウル』森岡妙子訳）。そして、シュメールの龍の誕生との関連でも述べたように、シュメール人は牧畜の民であった可能性が大きい。いわば勝利者・征服者のシンボルとして牛が浮上した歴史も考え合わせるべきであろう。

それに、灌漑農業を基盤としたシュメール人の国を倒して前一八三〇年ごろにバビロニア第一王朝をたてたアモリ人もまたシリア方面の草原や山地で牧畜に従事していたセム系の民族であった。メソポタミアは、農業で繁栄した都市社会を軍事力に長《た》けた牧畜民が収奪者として支配する歴史だったのである。この牧畜民と農耕民の葛藤《かっとう》の神話化といえるのが、牧人のドゥムジと農民のエンキムドゥがひとりの女性をめぐって争うというシュメール時代いらい語りつたえられてきた「ドゥムジとエンキムドゥ」である。農耕民と牧畜民の対立は旧約聖書のカインとアベルの物語のテーマにほかならない。そこでは、主ヤーウェは、農民カインの捧げた野菜ではなく牧人アベルの携えた動物の犠牲のほうを喜ぶのである。

馬が権力と天のシンボルとなる

このようにユーラシアの南で牛が農耕や軍事に活躍、人びとに崇拝される一方で、ユーラシアの北の草原地帯ではインド・ヨーロッパ語族が馬の家畜化に成功していた。彼らにとっても牛は重要な家畜だったのであるが、家畜化された馬は、その後の人類の歴史を大きく左右する動物となる。前三千年紀の後半に移動を開始したインド・ヨーロッパ語族の一部はメソポタミアに南下、その一派で北メソポタミアを支配したミタンニ人は前二〇〇〇年ごろ牛車に接触、牛の代わりに馬をつなぎ、車輪には輻《や》（スポーク）を採用した。馬に牽かれた軽戦車の出現である。

前二千年紀の中ごろ、カスピ海沿岸を原住地としメソポタミアの東方の山岳地帯で牧畜を生業としていたおなじインド・ヨーロッパ語族の一派カッシート人はバビロニア王朝を滅ぼすが、彼らもミタンニから輸入した馬の軽戦車で武装していた。この最強の兵器であった古代の軽戦車は前二千年紀の前半にエジプト、ギリシア、インドまで広まり、前十四世紀ごろには中国にまで伝えられ、それらの地での政治秩序の形成に大きな寄与をする。ヒクソス人によるエジプトの支配、ギリシア・ミュケナイ王国の成立、アーリア人のインド侵入、中国でも殷・周《しゅう》の勢力拡大に不可欠な軍事力だった。前二千年紀におけるアフロ・ユーラシアの政治秩序を確立した原動力であったといっても過言ではない。

その結果、馬は全アフロ・ユーラシアに共通して権力のシンボルとなる。馬の戦車が普及するとともに牛車は戦車としての機能を失い、おもに荷用として用いられるようになる。ギリシア神話のヘリオスも、ヴェーダのウシャスも古い神話では牛車で天空を運ばれていたのだが、それも馬車に代わっていくのである（前掲、『車の誕生』）。

その後、前二千年紀の後半、北の草原地帯では、金属製の轡《くつわ》が開発されたことが契機となって、騎馬が盛んになった。馬車よりも機動性に富む騎馬は戦術として前十二世紀ごろヨーロッパ、オリエントに、その後中国にも伝えられて、戦闘の主力は馬車から騎馬に変わる。しかし、馬が権力のシンボルであることには変わりがなかった。

このような馬車と騎馬の普及とともに、天は牡牛ではなく馬と結びつけられ、天と地は馬と牛とで象徴されるようになる。それに対応して権力と反権力の関係は龍を退治した大天使ミカエルや聖ゲオルギウスが騎馬の姿で登場するように馬と龍の対立の図式で表現される。北欧神話の英雄ジクルトさえも、名馬グラニを駆って、ファフニールの退治にむかう。王権のシンボルであった南方の牛は新興の北方の馬によって権力の座から追われたのである。

中国の牛と馬

南方の牛と北方の馬との関係は中国にも認められる。中国でも牛の飼育のほうが早く、北よりも南部、西南部で盛んであった可能性が大きい（前掲、『河童駒引考』）。そこに戦車の馬車が黄河流域に導入され、馬が王権と結びつくとともに、天のシンボルとみなされる一方で、牛は大地のシンボルとなる。たとえば『易経《えききょう》』説卦《せっか》伝には、「乾《けん》（天のこと）は馬と為《な》し、坤《こん》（大地のこと）は牛と為す」とある。

中国においては馬と龍が対立することはなかった。どちらも王権のシンボルだったのである。むしろ牝馬は龍の種を宿すことによって駿馬《しゅんめ》を産むと考えられていた。龍馬である。ギリシア神話の天馬ペガソスは翼をつけているのだが、龍馬は龍の飛行能力をうけつぐことで翼なしで空をとぶことができた。

だから、中国では優秀な馬を生産するために、龍の棲む池の近くで馬を飼育することもおこなわれていたのである。

7　新大陸の龍

雨をよぶ蛇の神

新大陸にも、龍ともよべる蛇の神が存在していた。このことは、メソアメリカ（中米文化圏）の石造彫刻やコデックス（絵文書）などから知ることができる。年代順に

図58（右）　マヤの蛇。口から戦士が現われている。チチェン・イツァの「聖なる泉」から出土した黄金の円盤の部分図（マイケル・D・コウ『マヤ』学生社）

図59（左）　蛇の祭壇。アステカ文明、フェジェヴァリー・メイヤー・コデックス（前掲、『神話のイメージ』）

いうと、前一千年紀メキシコ湾岸に発達したオルメカ文明、紀元前後からメキシコ中央高原に栄えたテオティワカン文明、そしてユカタン半島周辺で三世紀から九世紀にかけて絵文字や天文・暦法を含む都市文明の最盛期をむかえたマヤ文明、十四世紀からメキシコ高原に栄えたアステカ文明など、そこでは共通して蛇形の神が祀られていたのである。

たとえば、テオティワカン文明の神トラロックとその妻であるケツァルコアトル。前者は蛇とジャガーからなり、後者は翼をもつ蛇であった。マヤの神チャクも蛇身の神であった。チチェン・イツァをはじめとするユカタン半島の遺跡には蛇の造形が多数残されている（**図58**）。二蛇交合の形態をとる蛇もみられる（**図59**）。メソアメリカの蛇の神は蛇とはいってもインドのナーガのような写実的な蛇ではない、足はもたないが翼（羽毛）を有するなど、独特にデフォルメされていた。

これら新大陸の蛇の神も雨の神と考えられていた。トラロックもチャクも雨をよぶ神だったのである。実際、主食であるトウモロコシのための雨乞いの儀礼では、チャクに扮した人間が火に壺の水を注ぐといった所作をおこなっていたという。

はるかに海をへだてた新大陸に旧大陸と形態的にも性格的にも共通する蛇の神が出現していた。このことをわれわれはどのように理解すべきであろうか。

人間が新大陸にあらわれるのは、三、四万年前。当時は陸つづきであったベーリング海峡をアジア系の旧石器人が渡り、マンモス、野馬、野牛、ラクダを槍で追う狩猟生活をしていたのであるが、後氷期の温暖化によって大型動物は姿を消すとともに、新大陸人も植物採集の生活に移行、前三〇〇〇年以前にはムギとおなじくイネ科の仲間であるトウモロコシの栽培をはじめていた。それによって定住化がすすみ、土器が製作されるようになる。トウモロコシの豊饒の呪的なシンボルであったのだろう、新大陸でも性を強調した土製の女性像がつくられていた。

新大陸の主食・トウモロコシの起源

新大陸の都市文明の経済的な基盤となったのは、このトウモロコシを中心とする農耕である。牧畜は認められない。動物を農耕や運搬に利用することもなかった。新大陸では農耕のはじまる時代には牛も馬も絶滅してしまい、なお棲息していたイヌ、シカ、イノシシ、ジャガーのうち人間に飼われるようになったのはイヌだけであった。だから、新大陸には、牛の神も馬の神もいない。

蛇の信仰を生んだのは、われわれのこれまでの議論によれば、主食であったトウモロコシの栽培であると推察できる。したがって、新大陸における蛇の信仰の起源をさぐるにはトウモロコシの起源を明らかにしなければならない。ところが、トウモロコシの栽培がどのようにしてはじまったのか、解明されていない。トウモロコシの栽培がはじまる時期には新・旧大陸は分離されており、トウモロコシが旧大陸にはない新大陸独自のものであることなどから、新大陸の農耕は旧大陸とは独立に発生したという見方がある。しかしその一方で、新大陸でも中石器時代の舟の遺物が発掘されているのであるから、旧大陸の新石器人が舟を使って新大陸に渡り、トウモロコシの農耕をはじめたとの意見もある。

前者であれば、蛇信仰は新大陸自生とみられるのであり、後者であれば、旧大陸から農耕文化とともに導入されたと推定できよう。私自身も判断しかねているのであるが、新大陸でトウモロコシ以前にアワが栽培されていたらしい（E・アイザック『栽培植物と家畜の起源』山本正三ほか訳）。そうであるならば、アジアから渡った人間が穀物栽培の思想と技術を新大陸に自生していたトウモロコシに適用、栽培をはじめたとみたくなる。

新大陸の蛇の神は東方の龍の仲間

このような農耕文化の伝播を前提とすると、新大陸の蛇の神は、女性像とともに、旧大陸の新石器文化のなかで生まれた蛇の神が東方のアジア人によって運ばれたものとみることができよう。新大陸の人間がそうであるように、新大陸の蛇の神も東方の龍蛇の仲間であるのだ。

そう考えるせいか、メソアメリカの蛇の神はどことなく中国の青銅器に鋳られた龍に似ているようにみえる。性格の点でもそうである。メソアメリカの蛇も権力の側にたつ雨の神であった。しかし、中国の龍が新大陸に伝わったとは考えなくてもよいとおもう。メソアメリカの蛇も、メソアメリカにおける国家権力の強大化にともなってその威厳を増したとみることができる。

中国の龍とはちがって、足が生えることがなかった。この点では、メソアメリカにも、インドやエジプトと同様、コブラではないが、ガラガラヘビのような大型・猛毒な蛇が棲息していたことも考え合わせるべきであろう。そのことが、中国の龍のような「龍らしい龍」の見られなかった理由であったとも考えられよう。

第4章　日本の蛇と龍

いよいよ日本の龍《りゅう》について語るときである。これまでにみてきた東西両世界と新大陸における龍の生態の調査、龍の起源と伝播《でんぱ》をめぐる議論と結論から、われわれは多様な性質をしめす日本の龍をどのように理解すべきなのであろうか。

いうまでもなく、龍にかんしても日本は中国の文化圏にある。金属文化、文字文化、仏教文化と同様、またそれらをとおして龍の文化もまた中国から、あるいは朝鮮をへて輸入されたのであった。日本の地でも、古代から現代まで、中国の龍が徘徊《はいかい》・飛翔する。麒麟《きりん》、鳳凰《ほうおう》、迦楼羅《かるら》などの空想の動物も日本にもちこまれ、牛や馬の信仰も広くおこなわれていたが、しかし、日本においても、龍は、威厳と力のシンボルとして格別の聖獣であった。

しかしながら、中国の龍も新石器時代の農耕文化にさかのぼれる蛇の信仰に淵源《えんげん》をもつのであり、しかも、蛇の信仰は全地球的なものであった。大陸文化の窓口であった朝鮮でも、古くから豊饒《ほうじょう》の蛇の信仰が存在していたのである。したがって、日本の龍の性格をさぐるには、中国の龍が伝来する以前の日本の蛇の信仰にも眼を向けねばならない。

そうであれば、『古事記』や『日本書紀』がかたるスサノオノミコトによる八俣大蛇《やまたのおろち》の退治や「三輪山《みわやま》の蛇」の記事も興味のある問題となる。伝説や民話のなかで語りつたえられてきた蛇も無視はできない。これらの神話や伝説や民話が伝える蛇を、われわれはどのように考えるべきであるのか。しかし、これら文字やことばで伝えられた蛇だけでなく、それよりもはるかに古い、日本の新石器時代にあたる縄文《じょうもん》時代につくられた蛇の造形が残されているのである。縄文人が蛇に関心を示したのを、われわれはどう説明すべきか。これらの疑問にも答えながら、「航海」でえられた資料に加え、あらためて日本の蛇と龍の調査をおこなって、日本の自然と日本人の心のなかに生きつづけた日本の龍の性格を明らかにしてゆきたい。

1　縄文時代の蛇

蛇の土器

縄文時代の中期、つまり前三千年紀というのは土器の歴史にとっても大きな変革期であった。中部、関東、北陸地方を中心に、製作される土器の数が急増、また彫塑性と装飾性にも富むようになる。単なる装飾というよりも呪術《じゅじゅつ》的な印象が強く感じられる。

多くは抽象的な文様であり、具象的な造形はすくない。しかし、すくない具象的な造形のなかで目につくのは蛇の装飾である。カエル、トカゲ、フクロウなどの動物像も見られるが、出土例の比較的多いのが蛇なのである。

図61　有孔鍔付土器。縄文時代、出土地不明(『京都国立博物館蔵品図版目録・考古編』)

図60　蛇形把手の深鉢。長野県尖石出土、縄文中期(江坂輝彌『縄文式土器』小学館)

図62　頭に蛇をつけた土偶。上▶真上からの写真、下▶正面。長野県藤内出土、縄文中期(武藤雄六「蛇身装飾のついた土偶と土器」『考古学雑誌』46巻3号、1963年)

図60は、長野県尖石《とがりいし》から出土した深鉢形の土器であり、茅野《ちの》市尖石縄文考古館で見ることができる。蛇が土器の縁で体をくねらせ、それに沿ってつけられた穴が把手《とって》の役を果している。類似の蛇体の把手をもつ土器は、同県南原《みなみはら》遺跡、山梨県柳田《やなぎだ》遺跡からも発掘されている。図61のほうは、京都国立博物館に常時展示されている蛇の装飾をもつ縄文式土器である。出土地は不明であるが、側面に蛇がはう、似た土器は長野県や山梨県から発掘されている。頭の形から、この蛇はマムシと思われる。長野県藤内《とうない》遺跡からは、蛇の装飾をもつ土器とともに、「古ヨーロッパ」やクレタ島にも見られた女性像とおなじような構成の、頭部を蛇で飾る土偶が発掘された（図62）。

縄文時代中期に出現した蛇の造形――蛇の信仰は農耕文化の拡大の結果生まれたという仮説にしたがえば、すでに縄文時代中期の日本にも農耕文化が存在していたという推測に導かれる。むろん、蛇の造形から農耕文化の発生について結論するには慎重でなければならないだろう。旧石器人も抱いていたであろう蛇にたいする先天的な感情にもとづくものである可能性もあるからである。

渦巻文、土偶、男根像

そうではあっても、縄文時代の中期というのは、蛇の造形が発生しただけでなく、渦巻文の装飾が目立つようになり、女性像の土偶の数が急増し、また男根を象《かたど》った石像が出現する時代でもあったことも考え合わせるべきである。これら蛇以外の造形もみておこう。

縄文式土器を特徴づけるのはいうまでもなく縄文であるが、中期以降顕著になるのが渦巻文であった（図63）。中期から晩期まで、ほとんどの縄文式土器には渦巻文が施されるようになる。渦巻文式土器とよびたいほどである。ギンブタスは渦巻文を水と蛇とが結合したシンボルと解釈するが（112頁）、蛇と渦巻文とが融合・一体化した装飾の縄文式土器も出現する。

大谷幸市《おおたにこういち》は、縄文は縄を回転押捺《おうなつ》することによって形成されるのにたいして、渦巻文は、縄を輪切りにしたときにできる形状の図形化であると考えている（『古代渦巻文の謎』）。縄と蛇の文様。これについては、前章で紹介した、標縄《しめなわ》は蛇の交合の象徴であるという吉野裕子の見解（133頁）との関係でも興味ぶかい。

土偶は縄文時代の前期からみられた。そのほとんどは女性像、中期になるとその数が急増し、また乳部、腹部など女性の性的な特徴を強調したものが多くなる。明らかに妊婦であるものも少なくない。分布は東日本全域におよぶが、出土数が多いのは中部地方とくに長野、山梨の両県。時間的にも空間的にも蛇の造形と重なるのである。

縄文中期には、土偶の文様にも渦巻文が圧倒的に多くなる（図64）。蛇の装飾をもつ土偶については、いまのべたばかりである。後期には、土偶の変形である土板や岩板

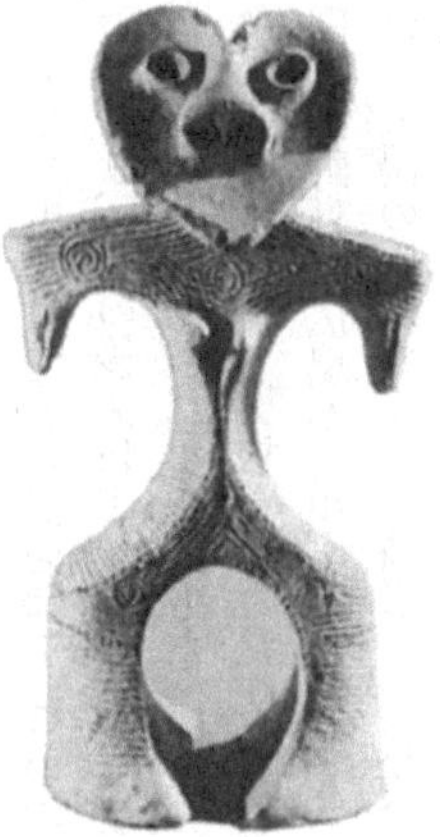

図64　渦巻文をもつ土偶、群馬県郷原出土、縄文後期（江上波夫『日本美術の誕生』平凡社）

図63　渦巻文をもつ深鉢。山梨県桂野遺跡出土、縄文時代中期（『日本原始美術大系・1』講談社）

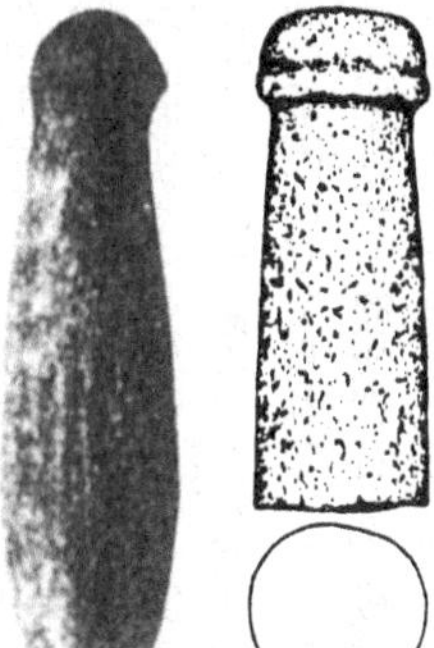

図65　石棒。右▶長野県井戸尻出土、縄文時代中期（藤森栄一『縄文農耕』学生社）
左▶長野県曾利出土、縄文時代中期（『縄文文化の研究・9』雄山閣）

が製作されるが、その文様のほとんどは渦巻文であった。

そして男根像である（図65）。この円柱状の石棒が出現するのも縄文中期の中部地方であり、その後東日本一帯に広がった。以前には、この石棒は杵《きね》であるとか武器であるとか考えられたこともあったが、今日では、その形状や出土状況から、実用的な器物ではなく、男根を象った呪的シンボルとみられているのである。竪穴《たてあな》式住居の内部と野外の広場から出土するが、いずれでも地面に垂直に立てられていた。秋田県・大湯《おおゆ》のいわゆる「日時計」に代表される中央に石棒を立てた環状列石も、後者の石棒と一連のものと考えてよいのではなかろうか。時代は縄文後期にくだる。

蛇だけでない。渦巻文と女性像と男根像の時代でもあった。そして、蛇と渦巻文と女性像とは造形的にも結びつけられている。「古ヨーロッパ」の農耕文化にともなう豊饒のシンボルがそっくり日本の縄文時代中期に見いだされるのである。

縄文農耕は存在したか

これだけの豊饒のシンボルが揃えば、縄文時代中期には農耕が存在したと主張したくなる。しかし、シンボルはあくまでもシンボルである。農耕の決定的な証明にはならない。蛇の場合と同様、渦巻文も土偶の女性像も、男根像も、狩猟・漁撈《ぎょろう》・採集文化でも生まれえたとの反論を論駁《ろんばく》するのは容易でない。子孫や食料となる動植物の多産を願う呪的なシンボルでもありうるだろう。じじつ、縄文農耕には否定的な考古学者が多かった。縄文農耕の存在を示す、栽培穀物の種子などの考古学上の決定的な証拠は見つかっておらず、そのため、主要な生業は狩猟、漁撈、植物の採集であったと考えていたのである。

しかし、近年では、われわれの仮説に有利な状況が生まれている。

ひとつは、文化人類学者の見解である。たとえば中尾佐助《なかおさすけ》の照葉樹林文化論。ヒマラヤ南麓《なんろく》、東南アジア北部、雲南《うんなん》、江南《こうなん》、そして日本にもおよぶ照葉樹林帯の住民は、南からはイモの栽培文化を受け入れるとともに、西方からはイネ（陸稲）とアワやヒエといった雑穀の栽培文化を学び、さらには澱粉《でんぷん》加工の技術のほか茶、絹、漆、柑橘《かんきつ》、酒、シソなどの文化を形成、それが、照葉樹林帯全域に広まったと主張していた（『栽培植物と農耕の起源』）。この豊かな農耕文化を発達させた照葉樹林文化の発生地として有力視されたのは中国南部の雲南地方であり、「稲の道」は、イネだけではなく、イモや雑穀の文化を運んだ道とも考えられているのである。この照葉樹林文化論に導かれて、佐々木高明《ささきこうめい》は、イモやイネの焼畑農耕が江南地方から日本に伝わり、アワやキビなどの雑穀については、満州・シベリア経由で移入されたと想定、時期は、水稲文化の伝来以前であった可能性が高いと結論していた（『稲作以前』）。

考古学者のなかでも藤森栄一《ふじもりえいいち》は、縄文時代の中期に原始的な焼畑農耕が発生していたと主張していた。作物種にはサトイモ、アワ、ヒエ、イネ（陸稲）をあげていたが、作物の採集や加工に利用したと思われる石器に加え、土偶や蛇の造形をその傍証と考えていたのである（『縄文農耕』）。縄文時代の中期に農耕がはじまっていたと主張する考古学者のひとりである江坂輝彌《えさかてるや》も、その理由として、世界的にみても原始農耕にともなう蛇の文様をもつ土器が主に丘陵の湧水《ゆうすい》地に近い集落つまり農耕に適する土地から出土するのに、漁撈生活が中心であった集落にはそれが認められないとの事実をあげていた（『日本文化の起源』）。

そして、近年の考古学の成果は、縄文農耕が存在した可能性をさらに大きくしている。たとえば、縄文中期と推定される岡山県の姫笹原遺跡からは稲のプラント・オパール（イネ科植物に特有のガラス質物質）が、それよりも古い青森県の三内丸山《さんないまるやま》遺跡からはヒエのプラント・オパールが検出されている。

文化人類学や最近の考古学の成果からみると、蛇の造形が農耕文化にともなって出現した可能性が大きいということができよう。蛇の信仰が農耕文化のなかで浮上したという仮説が、日本にも当てはまるということでもある。

もちろん、このように想定される農耕以前には日本でも狩猟や採集の長い時代があった。氷河期の日本列島にもシカやイノシシのほか、野牛やトナカイが棲息《せいそく》、人々はこれらの大型動物を追いシイやクリやドングリの実、山菜を採集する移動生活をしていた。この時代にも、ヨーロッパの旧石器人にもみられた大地母神的な女性信仰や性の信仰は存在していたであろう。しかし日本列島でも、氷河の後退とともに大型の動物は減少、そのため、木の実、山菜、魚介類の採集と小動物の狩猟生活に移行することを余儀なくされ、その結果、しだいに定住的な生活に移行していったと想像される。縄文早期には弓矢も使用されていた。定住的な生活にともなって、雑穀やイモなどの原始的な栽培が行なわれ、そこで土器の製作もはじめられたと推測される。

日本の新石器時代の縄文時代のその中期には、これらの原始的な農耕をもとにして新種の作物の栽培が普及するなど農業の革命があり、その結果、集落の戸数も増加、三内丸山遺跡で発見されたような大集落も生まれ、巨大な建造物もつくられるようになった、と考えられるのである。そして、農耕の発達にしたがって、雨乞《あまご》いなどの豊饒の呪術が盛んとなったり、蛇の造形や渦巻文も流行したのであろう。また、狩猟時代にもみられた性の信仰にも新しい意味が付与されて、住居の外部あるいは内部には男根像が祀《まつ》られ、また土偶の女性像をつかう祭りも広くおこなわれるようになったと推察される。

縄文農耕の発生あるいは伝来の歴史も蛇・渦巻文・女性像・男根像といった呪的シンボルの発生あるいは伝播の歴史も、その解明はこれからの課題である。蛇の造形をはじめとする、これらのシンボルの起源を探るためには、縄文農耕の起源が明らかにされねばならない。逆に、シンボルの研究が、縄文農耕の起源を解明するための貴重な材料でもあるのだ。

それにしても世界的にあらわれた主要な豊饒の呪的シンボルがすべて日本に見いだされるのは興味深い。縄文時代の日本も文化の終着点、ふきだまりであったかのようにも思われる。

2　弥生時代の蛇と龍

弥生式土器から蛇が消える

弥生《やよい》時代になると、彫塑性に富んだ複雑な土器の文様は姿を消す。北九州から出土する最初期の弥生式土器には文様らしい文様はなく、東日本では縄文式土器の影響をうけた渦巻文や流水文といった水の文様が見られるものの、彫りは浅く、簡素・端整な図形となる。縄文式土器を飾っていた蛇の造形も弥生式土器には認められなくなるのである。

世界的に豊饒のシンボルであり、縄文時代の日本でもそうであったと考えられた蛇の造形が、水稲のイネの栽培が全国的に広まる弥生時代に土器から消えるのはなぜか。稲作文化の普及と関係があるのか。

途中のルートは確定されていないのではあるが、水稲が中国の江南地方（長江下流域）から、伝来したのは確からしい。縄文晩期の水田が福岡市の板付《いたづけ》遺跡や佐賀県の菜畑《なばたけ》遺跡で確認されており、それから百年から二百年ほどのあいだに、本州、四国にも広まった。

初期の水稲栽培は水が安定して得やすい湧水地や小川のほとりの湿地でおこなわれたと考えられているが、弥生時代の後期には静岡市の登呂《とろ》遺跡にも見られるように、かなりの規模の灌漑《かんがい》も普及していた。登呂では約二〇〇〇〇坪、約四〇面の水田遺構が確認されているが、水田を区画するため畦《あぜ》道の両側には杉板を割って先端を尖《とが》らした矢板が並べて打ち込まれており、またおなじ工法によって、幅は約二メートル、長さは確認されただけでも四〇〇メートルにおよぶ水路がつくられ、両側の水田に水が引かれていた。矢板による水田の区画法はその他の弥生遺跡にも見られる。このような灌漑によっても稲の稔《みの》りは人間の力の及ばない天候に左右されるのであって、登呂の村人も安倍《あべ》川の洪水に襲われて、住居も水田も放棄せねばならなかったのであった。弥生人も予祝や収穫の祭りをおこない、旱天《かんてん》のつづく夏には雨乞いをしていたにちがいない。

日本に水稲が伝来する縄文晩期から弥生時代初期というのは、中国では戦国時代末期から漢代のはじめに当たる。ここで第1章でのべた、中国の雨乞いについての説明を思い起こしてほしい。中国の戦国時代末期から漢代にかけては、龍が皇帝のシンボルとなり、また一方で、龍による雨乞いが盛んにおこなわれた時代でもあった。旱《ひでり》のときには土製の龍をつくり、雨を祈っていたのである。そして、蛇といえば、龍とは逆に、旱魃《かんばつ》をもたらす反豊饒の動物とみられていたのである。

水稲の文化は、この龍と蛇の観念とともに日本の地に持ち込まれた。だから、水稲文化とともに広まった弥生式土器からは、反豊饒のシンボルである蛇の文様は消えたのではなかろうか。ひとつの推測であるが、こうして蛇の造形が姿を消したかわりに、中国の龍が登場したのではなかろうか。豊饒のシンボルの交替があったと想像されるのである。

龍の描かれた土器

この時代の日本の遺跡からは土龍の遺物は発掘されていない。土龍の祭りがおこなわれたとしても、土でできた土龍を発掘するのは絶望的である。でも、大阪府の船橋《ふなはし》遺跡、池上《いけがみ》遺跡、最近では滋賀県長浜《ながはま》市の鴨田《かもた》遺跡といった弥生後期の遺跡から出土した土器には、龍とみられる図像が描かれている（図66）。稚拙ながらも、足や角が表現された龍、日本の地で造形された最古の龍といえよう。

池上遺跡のものは井戸の中から見つかった。井戸というのはいうまでもなく水の源、

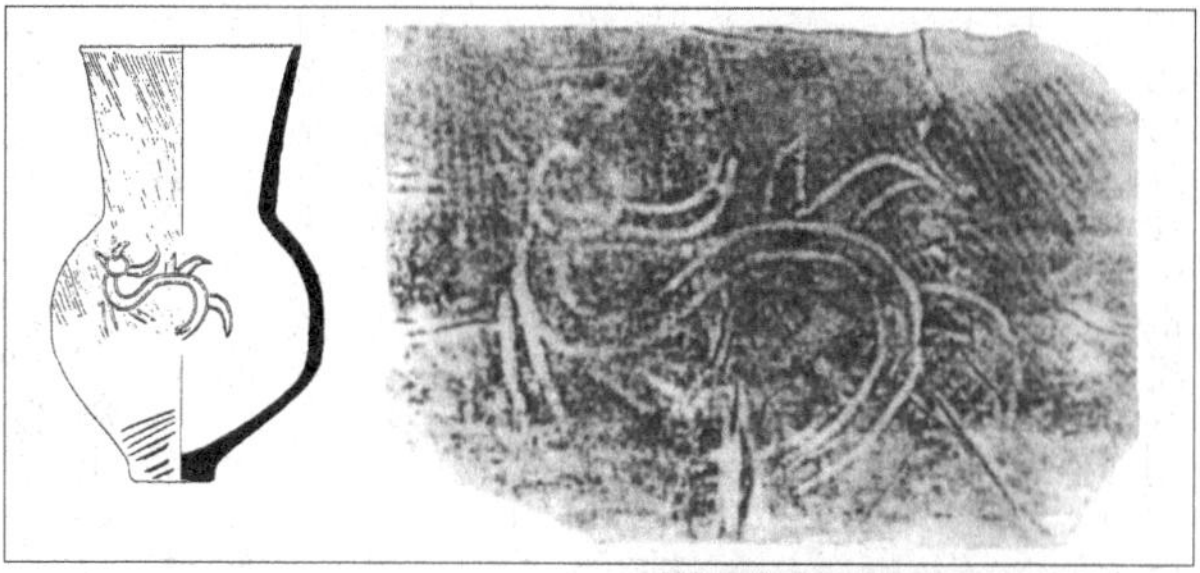

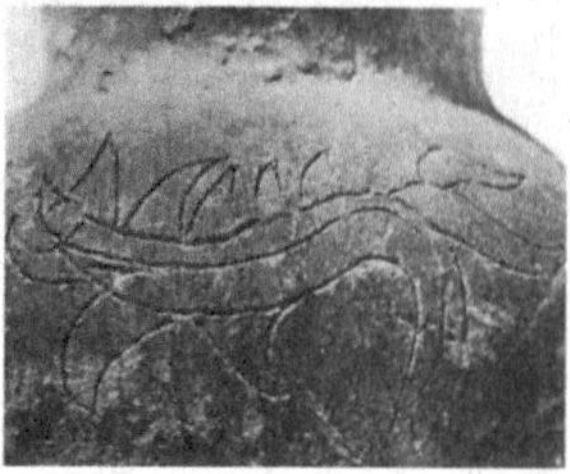

図66　弥生式土器に彫られた龍。上▶大阪府船橋出土、弥生後期（森浩一「大阪府船橋出土の弥生式土器の絵画」『古代学研究』45号、1966年）
下▶大阪府池上出土、弥生後期（『古代史発掘・4』講談社）

人工の泉である。水田以前の原始農耕が考えられる縄文遺跡の多くにも湧泉が存在するのであるが、水こそが命であった弥生人にとって、井戸はもっとも聖なる場所であったにちがいない。予祝や収穫の祭りが、旱のときには雨乞いの祭りが、この聖なる場所で龍の土器を使って執りおこなわれたと想像されるのである。

銅鏡に鋳られた龍

それまで日本には棲息していなかった中国産の龍が稲作文化とともに日本に上陸した。しかし、弥生時代には、この豊饒の龍のほかにも、多くの龍の造形が日本に持ち込まれた。『魏志倭人伝《ぎしわじんでん》』からも、そのことはうかがえる。

それによると、魏王から卑弥呼《ひみこ》に賜られた品物のなかに「絳地交龍の錦《こうじこうりゅうのにしき》」というものが記載されているが、それは、深紅の地に二匹の交合する龍が描かれた錦のことである。またその他の下賜品のなかには有名な「銅鏡百枚」がある。この銅鏡についてはさまざまな議論を呼んでいるのであるが、三角縁神獣鏡である可能性が大きい。そうであれば、そこには神獣つまり西王母《せいおうぼ》と東王父《とうおうふ》などの神仙と龍や虎が鋳られていたはずである。

三角縁神獣鏡だけでなく、銅鏡の図柄には龍が好んでつかわれていた。弥生時代の後期の遺跡から出土する龍の銅鏡には、中国・前漢末にさかのぼれる虺龍文鏡《きりゅうもん》、後漢時代の盤龍文鏡《ばんりゅうもん》、画文帯神獣鏡《がもんたいしんじゅう》、方格規矩四神鏡《ほうかくきくししん》などがある（図67）。虺龍の「虺」はマムシ、盤龍とはうずくまった龍である。神獣は前述のとおり、四神とはもちろん、青龍、白虎、朱雀、玄武のことである。

これら龍の鋳られた銅鏡が豊饒の儀式に使われたかどうかについて、明確なことはいえない。たぶん、豊饒の呪具というよりも、古墳に副葬された代表的な品物であったことを考慮すれば、早くから権力のシンボルとみなされていたと推定される。だが、かならずしもそこに鋳られた龍が権力のシンボルと認識されていたのではない。龍の認められない銅鏡も副葬されていたのである。銅鏡そのものがシンボル性を有していたと理解すべきであろう。だからであろうか、日本でも銅鏡が模造されるようになるのであるが、初期にあっては龍の姿は正確には捉《とら》えられていない。龍とは認めがたい芋虫のような龍がしばしば鋳られていたのである。

渦巻文は流水文にかわる

弥生式土器には龍があらわれたが、その数は多くない。もっとも多く使われた文様は流水文である（図68）。その名のとおり流れる水を表現したと思われる文様である。縄文時代には主流であった渦巻文の数は少なくなる。

渦巻文から流水文へ。この変化は農耕技術の変化に対応しているように思われる。縄文時代の農耕がおもに湧水にたよる農法であったのにたいして、弥生時代になると、登呂遺跡にもみられるように、灌漑がおこなわれるようになる。その結果、湧水よりも流れる水に農民の関心は移ったと想像される。シュメールの絵文字、エジプトの神聖文字、中国の象形文字はどれも流れる水の形（あるいは波の形）をもとにつくられた文字なのである。これらの文字が大河の灌漑によってはぐくまれた文明のなかで生まれたからではなかろうか。

図67　画文帯神獣鏡。右は部分図。熊本県江田船山古墳出土（保坂三郎『古代鏡文化の研究・2』雄山閣）

図68　流水文の細頸壺。東大阪市瓜生堂出土、弥生時代中期（坪井清足『日本陶器大系・2』平凡社）

銅鐸――蛇のシンボル

流水文の愛用された、弥生時代のもうひとつの遺物が、弥生時代の後期に近畿地方を中心に盛んに製造されていた銅鐸《どうたく》であった。銅鐸に鋳られた文様には、流水文のほかにも、渦巻文や雷文などがあるが、とくに好まれたのは流水文であった（図69）。銅鐸には蛇も龍も描かれることはない。しかし、蛇や龍は水の呪術と深く関係していたのであるから、弥生時代の蛇や龍を考えるときには銅鐸を軽視できない。

銅鐸の起源は朝鮮でつくられていた小型で無文の銅鐸にあるとされているが、日本の銅鐸は縄文式土器と弥生式土器に施されていた水の文様を継承したのである。具象的な図像の添えられた銅鐸も出土、動物の図では、魚、スッポン、イモリ、水鳥など水棲の動物が目につく。

そして、もうひとつ注目されるのは銅鐸の出土状況である。その多くが集落から離れた山の頂に近いところや中腹、谷の奥など、いかにも水田を潤す川の水源地と考えられるような場所に埋められていた。墓や住居址《あと》から出土した銅鐸は皆無、考古学者の手によって発掘された例はほとんどないのであるが、それでもすでに四〇〇個以上もの銅鐸が見つかっている。

銅鐸は古墳時代に入ると、後でとりあげる銅剣・銅矛《どうほこ》・銅戈《どうか》とともに忽然《こつぜん》と消える。古代人の記憶からも失われ、記録にも残されなかったためもあって、銅鐸の用途はつ

図69　流水文の銅鐸（本体の身の部分には全面的に流水文が鋳られている。上部の鈕には渦巻文がつかわれている。下）、岡山県妹出土、弥生後期（『日本原始美術大系・4』講談社）

まびらかにされていない。それでも私は、縄文土器の渦巻文につながる水の文様と図像、水と関係の深そうな埋設場所から、この謎の青銅器が稲作に従事していた弥生人にとってもっとも切実であったろう雨乞いや予祝や収穫の儀礼などに用いられた呪具であったと推測する。外来の新技術である金属をみずからのものとした弥生人は新技術による豊饒の呪術を生みだしていたとみるのである。このような解釈は私の説ではない。たとえば、藤森栄一も、諏訪大社の（藤森が銅鐸の原形を伝えると考える）鉄鐸の研究から雨乞いの呪具説を主張していた（『銅鐸』）。

銅鐸はふだんは土中に埋められており、祭りのときに掘りだされたらしい。水の源が大地であるとの意識が読めるようであるが、あたかも、秋には地中に潜り冬眠し、春になると地上に這《は》い出す蛇のようでもある。銅鐸とは銅に変身した蛇といえよう。土器に彫られた蛇の造形は消えたが、金属のシンボリックな蛇が祭りの主役を演じるようになったともいえよう。

性の呪術は生きつづけた

議論をまとめておこう。縄文時代以来の蛇の造形は土器の装飾に使用されなくなった。そして、それにかわって中国産の龍が登場した。縄文時代に土器や土偶にほどこされていた渦巻文は消滅はしなかった。弥生式土器や銅鐸の文様にも使われたのであるが、しかしこの時代の主流は流水文となる。

それでは、蛇と渦巻文とともに縄文農耕にみられた土偶の女性像と石製の男根像はどうなったのか。

弥生時代になると土偶は製作されなくなる。まれに人形《ひとがた》の木偶が出土するが、細身の体型で、豊饒の女性像とは異質のものとみるべきであろう。ずっと後、六世紀ごろに流行する人物埴輪《はにわ》も土偶とは別系統のものである。

しかし、男根像のほうは弥生時代を通じてつくられつづけた。石製だけでない、木製の男根像が全国各地から出土する（図70）。そして、女陰像もあらわれる。縄文時代の女性像は、より端的に生殖力を表象する女性性器に変容したといえようか。

性の呪術がその後も存続したことは、平安前期に成立した『古語拾遺《こごしゅうい》』に、水田の害虫である蝗《いなご》を追い払うために、田の溝に牛肉を置いたうえに男茎《おはせ》（男根のこと）の形をつくり立てよ、という記事にも見ることができる。それは、後代にもみられる男根や男女像で表現される道祖神、男根像を神体とする神社、性器の作り物が繰り出される祭礼など、日本のいたるところでおこなわれていた性の呪術、性の信仰につながるといえよう（図71）。

たとえば、愛知県小牧《こまき》市の田県《たがた》神社で現在でも旧正月十五日におこなわれている豊作祈願の春祭りは、よく知られている性の祭りである。その日、氏子たちは、大小の

図70　木製男根像。
右▶大阪府池上出土、弥生中期、
左▶山口県綾羅木郷出土、弥生前期末（前掲、『古代史発掘・4』）

図71　道祖神（山田宗睦+井上青龍『道の神』淡交社）

男根の木形を神社に納め、また男根を描いたのぼりを掲げ、男根に跨《また》がる人形を神体とする神輿《みこし》をかついで練り歩く。ディオニュソスの祭りを彷彿《ほうふつ》とさせる祭りである（西岡秀雄『日本性神史』）。

性の信仰や性の祭祀《さいし》は、権力によって抑えられることがあっても、けっして消滅はしなかった。不邪淫《ふじゃいん》を説く仏教が宗教界を支配し、純潔と貞節を重んじる儒教が倫理の規範とされていた江戸時代は道祖神の全盛時代だったのである。性の祭りも現在よりもはるかに盛んであった。人々はこの性の神々に豊かなみのりだけでなく、子孫繁栄、除禍招福、病気平癒を祈願していたのである。

神道と性とはほんらい対立するものではなかった。なによりも、神道の中心的な二神イザナギとイザナミの国生みを考えてもらえばよい。性をケガレと見るのは近代的な神道の見解である。明治末の「神社合祀令」でも、性の神々は「淫祠《いんし》」として駆除されはしたが、性の呪術と信仰は庶民によって守られ、文化の深層をしぶとく生きつづけたのである。

山陰地方で現在までつづいている荒神の祭りもそのひとつである。四年に一度の祭りでは三〇メートルほどの藁《わら》でつくられた大蛇の中に男根の模型を挿入、それを氏子たちがかついで集落をねり歩き、最後には神社の神木にそれを巻きつける。この祭りについて、中村禎里《なかむらていり》は、残存していたこの地方の焼畑農耕と見事に符合するとし、しかも四年に一度という祭りの周期は焼畑農耕の周期に依存して生じたと推定している（『日本動物民俗誌』）。

縄文時代からつづく焼畑農耕によって、縄文いらいの性の呪術が伝えられている例といえよう。そして稲作儀礼にしても、この焼畑の豊饒儀礼を、「山の神」から「田の神」に読み替え、受け継いだとみられている（前掲、『稲作以前』）。

荒神の祭りでは、ディオニュソスやヘルメスの祭りのように、あるいはヒンドゥ教にもみられたように、男根は蛇と合体する。蛇の造形は中国の龍に追われる形で、土器には見られなくなったが、縄文時代にさかのぼれる焼畑農耕にはしっかりと受けつがれていたのである。荒神の祭りでつかわれる藁の蛇は、いまでも日本各地の祭りに見られるし、神社の入り口に飾られる標縄も、藁の蛇の変形とみるべきであろう。クチナワという蛇の呼称も、縄で結われた標縄と無関係ではないであろう。

3　記・紀のなかの蛇と龍——八俣大蛇と三輪山の蛇

スサノオの八俣大蛇退治

蛇の信仰を語りつたえてくれる最古の文献は、最古の書物である『古事記』と『日本書紀』である。なかでもよく知られているのは、出雲《いずも》を舞台とする八俣大蛇《やまたのおろち》の説話と大和《やまと》の三輪山の蛇についての伝承である。

これまで日本の蛇と龍について語ってきたことは、おもに考古学的な資料にもとづく推論であった。古代人の遺《のこ》した造形から彼らの心を読みとらねばならなかったのである。ここではじめて、われわれは蛇についてのべた古代人のことばに出あう。「エヌマ・エリシュ」や聖書やギリシア神話などで語られた蛇と龍と比肩できる議論が可能となるのである。

須佐之男命《すさのおのみこと》による八俣大蛇の退治は記・紀の神話の核心である国譲り神話、つまり、スサノオの子孫である大国主神《おおくにぬしのかみ》が、天照大神《あまてらすおおみかみ》の孫神であるニニギノミコトに地上世界を委譲するという神話の前段部にあたる。高天原《たかまのはら》を追放され地上に降《くだ》ったスサノオが出雲国の女性と結ばれる経緯が大蛇退治の話を中心にかたられているのである。

出雲の肥《ひ》の河の上流にある鳥髪《とりかみ》という土地に降ったスサノオは、上流から流れてきた「箸《はし》」を発見する。そこで、川を「河上」のほうへとさかのぼってゆくと、少女の櫛名田比売《くしなだひめ》をなかに置いて泣いている老夫婦の足名椎《あしなづち》と手名椎《てなづち》に会う。泣く理由を尋ねると、老夫婦は、

私どもには、もともとは八人の娘がございました。ところが、ここの高志《こし》というところに八俣大蛇がおり、それが年毎のようにやってきては、娘を餌食といたし

ました。今年もまたその大蛇がくる時節になりまして、それで泣いているのです。

という。また、その大蛇の姿形はとの問いには、

その目は赤カガチ（まっ赤な酸漿《ほおずき》）のようで、一つの身体に、頭が八つ、尾が八つもあるのです。胴体には苔が生《む》しており、また檜《ひのき》や杉が生《は》えております。その長さは八つの谷、八つの山峡を這いわたるほどで、その腹をみると、いつも血にただれているのです。

と答えた。

そこで、スサノオは、少女を「爪櫛《つまぐし》」の姿にかえて、それを角髪《みづら》に挿し、そして、いくども醸した強い酒の「八塩《やしおお》折りの酒」を造らせ、それを大蛇に飲ませて眠ったところを「十拳剣《とつかつるぎ》」で斬り殺してヒメを救う。そしてヒメと結ばれる。そのさい、大蛇の尾から現われたのが「草薙剣《くさなぎのつるぎ》」あるいは「天叢雲剣《あまのむらくものつるぎ》」である。それはアマテラスに献上され、のちにヤマトタケルは遠征にさいしてそれを授けられる。

とくに説明するまでもなく、ギリシアのペルセウス－アンドロメダ神話とよく似た話である。ペルセウスも金銅の鎌で蛇の髪をもつメドゥサの首を切り取り、海の怪物

の生贄《いけにえ》に供されようとしていたアンドロメダを救い、自分の妻にしたのである。聖ゲオルギウス伝説の構造もおなじである。大林太良《おおばやしたりょう》によると、ペルセウス－アンドロメダ型の神話は、前一千年紀前半、鉄の技術と鉄の神話にともなって西方から東アジア、東南アジアに伝わり、その後日本にも水稲文化とともに伝来したという（『日本神話の起源』）。

紀元後四世紀、つまり『古事記』と『日本書紀』が編纂《へんさん》されるよりも三百年ほど前に成立した中国の小説集『捜神記《そうしんき》』に載るつぎのような話も、東アジアに残されたペルセウス－アンドロメダ型の神話のひとつである。

東越《えつ》の国（福建省《ふっけんしょう》）の山の洞穴に棲む大蛇は毎年八月一日に少女の生贄を要求、すでに差し出された生贄の数は九人に及んだが、李誕《りたん》家の末娘の寄《き》は自ら生贄になることを望む。そして役人からよく切れる剣と蛇をかむ犬をさずかった寄は、蜜《みつ》と炒《い》り麦をかけた団子を洞穴の前に置いた。大蛇は穴から首を出したが、その頭は米蔵ほどもあり、眼は直径が二尺もある鏡のようであった。大蛇が団子を食べはじめたので、犬をはなち、噛《か》みつかせて、ついで手にした剣で仕留めた。その功で寄は越王に召されて后《きさき》となったという。

話の構成は八俣大蛇の退治の神話に酷似するといってよい。多頭の大蛇ではないが、「赤カガチ（赤い酸漿）」の眼をした八俣大蛇とおなじく、『捜神記』の大蛇も直径が二尺もある鏡のような眼の持ち主であった。もちろん、「画龍点睛《がりょうてんせい》」の譬《たと》えもあるように、中国の龍も眼が命であった。

ニニギの天降りにさいして同行、しかし、ニニギが日向《ひむか》に向かったのにたいして、伊勢《いせ》にくだった猿田彦神《さるたひこのかみ》の眼を、紀の一書は「眼は八咫《やた》の鏡のようで、赤いことは酸漿に似ている」と記す。鏡と酸漿はともに眼の比喩《ひゆ》に使われているのであって、この点でも、八俣大蛇と『捜神記』の大蛇の話は共通する。カガチが大蛇の眼の形容につかわれたのは、酸漿の赤の鮮やかさにもよるのであろうが、それに加えて、カガミと音が近いためでもあろうか。吉野裕子《よしのひろこ》は、さらに、カカは蛇の古語であったとも推測する。『古語拾遺』では、蛇をハハと称していたが、fとkとはしばしば交替する音なのである（『蛇』）。

他方で、サルタヒコの眼の形容からは、サルタヒコが龍・蛇の神である可能性も浮上する。この点については、のちに問題にする機会があろう。

眼光の鋭さは、前にのべたように、ギリシアのドラコーンの特性でもあった。だから、トンボは体に似合わない大きな眼をもつのでドラゴンフライとよばれたのである。

八俣大蛇は龍である

さて、八俣大蛇をわれわれはどう理解すべきであろうか。頭と尾が八つに分かれ、丘や谷をはいわたる大蛇。「大蛇」と表記されるが、ふつうの蛇とみることはできない。角や足は認められないから中国の龍の仲間に含めることはできないが、蛇にも分類しきれない。

ここで、中国人が多頭の形態をとるナーガを龍と訳していたこと、そしてギリシア人もまた、多頭の蛇をドラコーンと呼んでいたことを思い起こせば、この八頭・八尾の巨蛇も龍の仲間にいれることができるのではなかろうか。眼光の鋭さも共通する。日本神話にも龍が登場するのである。

多頭の龍・蛇は、西方世界に多くみられたが、東方世界でも、珍しいものではない。インドのナーガがそうであり、『山海経』海外北経に紹介されている相柳《そうりゅう》が九頭の蛇であった。相柳というのは洪水の神である共工《きょうこう》の臣下である。相柳は共工とともに、禹に殺される蛇であり、「相柳がふれて土ほるところは沢や谷となる」と記していた。屈原の『楚辞』の「天問」と「招魂」にも九首の「雄虺《ゆうき》」がみられるが、神話学者の聞一多《ぶんいった》は屈原の九首の「雄虺」を『山海経』の相柳と同一のものとみる（『中国神話』中島みどり訳）。おそらくは、ペルセウス－アンドロメダ型の神話とともに多頭の龍蛇の観念が日本に持ち込まれたのであろうか。縄文・弥生時代の造形からは多頭の龍・蛇は発見されていない。

頭と尾が八つに分かれ、丘や谷をはいわたる大蛇が「年毎に」襲ってくるというのは、いかにも、いくつもの谷間を流れくだり、支流に分岐する河川の氾濫《はんらん》を彷彿とさせる。この点でも、洪水の神である相柳に似ている。田のヒメと解釈できる「櫛名田比売」という名前も水田を潰滅《かいめつ》させる洪水であることを強く印象づける。一種の洪水神話と読めるのである。大河の濁流を象徴する破壊の蛇が日本にもいたのであり、それを退治することで出雲世界に秩序をもたらしたということからは、マルドゥクによるティアマト退治が想起されよう。

スサノオによる八俣大蛇の退治の神話は、世界各地にみられた龍退治に共通するものである。そして、ティアマト退治をはじめ、一般的に龍退治の神話が政治的な意味をもっていたように、八俣大蛇の退治の神話もまた政治的な神話と解釈できる。私は龍を政治化された蛇であるとのべたが、八俣大蛇も、政治化された蛇としての龍であるといえよう。

三輪山の蛇

八俣大蛇の政治的な性格をふかく探るためにも、大和の三輪山の蛇の伝承を見ておかねばならない。それを書き残してくれたのは『日本書紀』崇神《すじん》紀、崇神天皇は「初《はつ》国知《くにし》らしし天皇」とも称されるように、三世紀来から四世紀はじめにかけて土着の三輪氏らを抑え、三輪山山麓を中心に大和の王権「崇神王朝」を確立した最初の歴史的な天皇と考えられている。

その崇神紀によると、崇神天皇の大叔母《おば》にあたる倭迹迹日百襲姫命《やまとととびももそひめのみこと》は三輪山の神・大物主大神《おおものぬしのおおかみ》の妻となったが、大神がヒメを訪ねるのは夜だけである。そこでヒメは大神にその美しい容姿をみせてほしいと懇願する。大神はそれに答えて、「それでは私は、明朝あなたの櫛笥《くしげ》（化粧道具を入れておく箱）にはいっていよう。でも私の姿に驚かないでほしい」という。

その答えに、ヒメは内心おかしいと思い、夜の明けるのをまって櫛笥を開いてみると、そこには美しい「小蛇《こおろち》」がいた。長さといい、太さといい、着物の紐のようだった。見るなりヒメは驚き叫ぶと、大神は恥じて、すぐに人の姿となった。そして、「お前はこらえることなく、私に恥をかかせた。私が帰ってしまえば、お前も恥を見ることになろう」といって、大空を踏んで、御諸山《みもろのやま》（三輪山）に登ってしまった。ヤマトトトビヒメは、天を仰ぎみて後悔し、急に腰を下ろした。そのとき、箸がホトを衝き、ヒメは命をおとした。そこでヒメは大市《おおち》（奈良県桜井市の北部）に葬られた。そのために、時の人は、その墓を名づけて箸墓とよんだ。

くだって雄略紀《ゆうりやく》には、三輪山の蛇の記事が見える。あるとき天皇は、側近のなかで力持ちであった蜾蠃《すがる》に、三輪山の神の姿を見たいので捉えてくるよう命ずる。

スガルは答えて、「試みに行って捉えてきましょう」と申した。そうして、三諸《みもろの》岳《おか》（三輪山）に登り、「大蛇《おろち》」をとらえて、天皇に示した。天皇は斎戒をしなかった。大蛇は雷鳴をとどろかせ、目をかがやかせた。天皇は恐れて、目をおおって見ず、殿中に隠れた。（そして蛇を）天皇は岳に放させた。そこで、あらためて、（スガルに）名を賜り、雷《いかずち》とした。

崇神紀では「小蛇」であったが、ここでは「大蛇」である。「小蛇」にしても「大蛇」にしても、三輪山の神であるオオモノヌシが「蛇」であるというのはなにを意味するのか。

水の山としての三輪山

三輪山の山麓は縄文集落も確認される大和地方ではもっとも古くからひらけた土地である。三輪山山麓の弥生・古墳時代の遺跡から出土する遺物のなかには鏡、剣、玉のほか、脱穀用の臼《うす》と杵、箕《み》などを模した器物がふくまれていた。三輪山は、飛鳥・

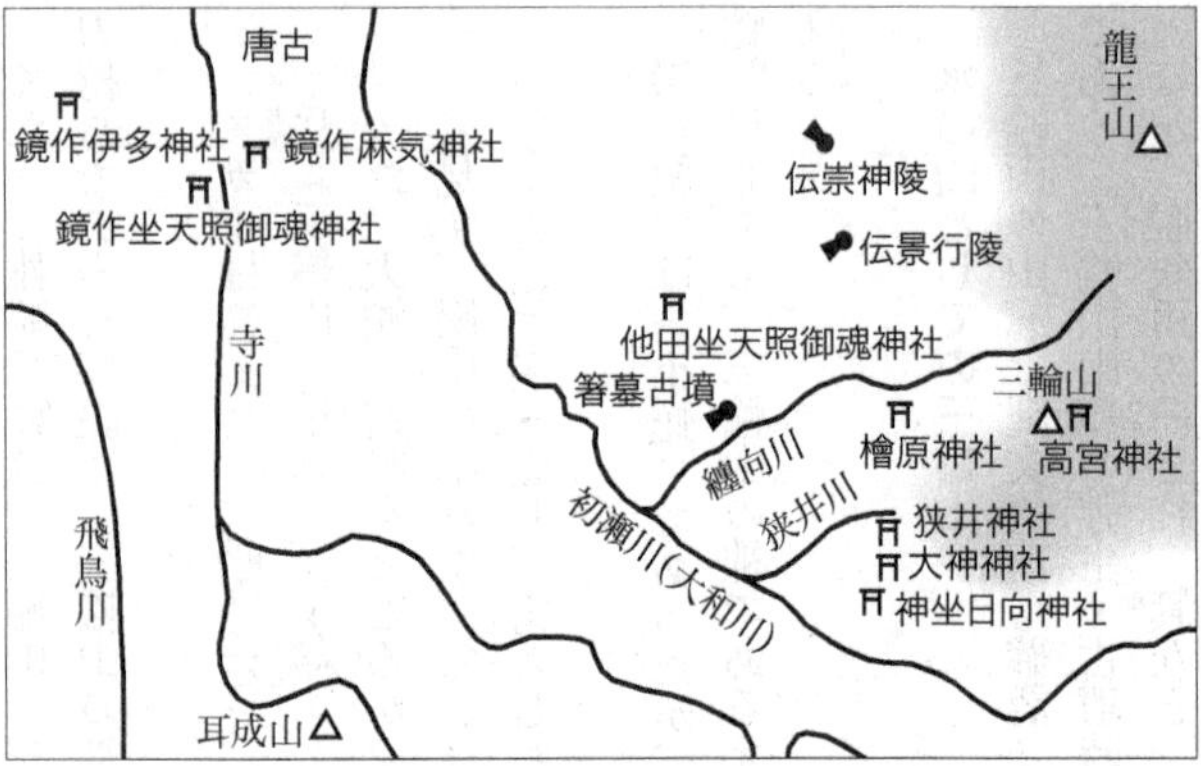

図72　三輪山付近

奈良時代には、神々の天降る「神奈備《かんなび》の山」とか「味酒《うまさけ》の三輪山」とよばれる酒の山とみられ、この山を祀る大神《おおみわ》神社がつくられるが、これらの出土物からも、三輪山は、古くからの信仰の山であり、そこでは豊饒の儀式がおこなわれていたことがうかがえる。崇神紀には、皇子である活目尊《いくめのみこと》が「みずから御諸山《みもろのやま》(三輪山)の嶺《みね》に登って、縄を四方に張りわたし、粟《あわ》を食べる雀《すずめ》を追い払う」夢をみたとの記事がのる。水稲以前あるいは水稲が導入されてからも栽培されていたであろうアワのための鳥追いの儀式にかんする話であろう。

記・紀のなかに三輪山で雨乞いがなされたという記事を捜せない。しかし、大和平野を潤す初瀬《はせ》川の水源と考えられていた三輪山で雨乞いのおこなわれていた可能性は大きい。吉田東伍《よしだとうご》によれば、三輪は「水曲」の意味であるという（『大日本地名辭書』）。後の書物であるが『延喜式《えんぎしき》』神名帳には、祈雨神祭にあずかる神社として三輪山の大神神社の名があげられている。数ある祈雨の神社のひとつであるにしても、このことは古代における三輪山の性格を物語ろう。事実、江戸時代までは旱天がつづき、他の方法では効験が現われなかったときには頂上の沼地にある高宮《こうのみや》神社で祈雨祭が挙行されていたのである。

豊饒の龍・蛇

これらを総合すると、三輪山の「小蛇」と「大蛇」は、雨と豊饒のシンボルとして縄文式土器に象られていた蛇との関係が浮上してくる。三輪山の蛇は弥生時代にも生きながらえた豊饒の蛇であると推察されるのである。

蛇が雨を呼ぶ生き物であると考えられていたことは記・紀からも読みとれる。雷は雨の原因であるが、いま引用した雄略紀の記事でも「大蛇」を「雷」とみなしているのである。八俣大蛇の説話でも、書紀の本文は、オロチの尾からとりだされた剣の呼び名について、「一書にいう」と注記し、「もとの名は天叢雲剣《あまのむらくものつるぎ》。大蛇の居る上にはいつも雲気があったので、そう名づけたのであろう」と、蛇のうえには雨を降らす雲がただよっているとのべているのである。

記・紀は、三輪山の蛇について、「小蛇」と「大蛇」と記すだけで、それらの姿形を具体的にのべていない。しかし、雄略紀の「大蛇」もまた八俣大蛇とおなじように「目をかがやかせ」ていた。それに、「大蛇」は「雷」であった。『山海経』にもあったように、中国では雷は龍であると考えられていたのであるから、「大蛇」は龍に近いものとして意識されていたのではなかろうか。

崇神紀では櫛笥に収まるような「小蛇」であった。この点についても前にものべる機会があったように、中国の龍も体は伸縮自在、小蛇にもなれるのである。龍と蛇とは相互に変容可能であるのだ。

八俣大蛇と三輪山の蛇をむすぶ糸

記・紀に登場する、出雲の蛇と大和の蛇。どちらも龍とよぶことのできる蛇ではあった。しかし、登場する場所もその役柄も異なる。ふたつの蛇は別のものであるのか、あるいは、それらを結ぶ糸があるのか。それを探るには、記・紀の全体的な構想を検討する必要がある。

私は、スサノオによる八俣大蛇退治からオオクニヌシがアマテラスの孫神ニニギノミコトに国を譲るまでの、いわゆる出雲神話は、じつは大和を中心に起こった権力の交替劇の記憶を、出雲に舞台を借りて表現した神話である、と理解している。とくに出雲という地が神話の舞台に選ばれたのは、出雲と大和とのあいだにはなんらかの政治的な関係が存在していたかもしれないが、その現実的な関係だけからでなく、出雲が大和からみて日の出の地である伊勢とは対蹠《たいしょ》的な日没の方向に位置していることを重視する方位意識のためであり、また、出雲という空間的に遠い地の事件として描くことで事件の時間的な遠さを表現するという神話のレトリックのためであったとみるのである（拙著『古代日本人の宇宙観』）。

さらにいまみた蛇に重なる雲のもつシンボル性に着目すれば、「出雲」はその地名からも大蛇退治の舞台にふさわしかったということも、理由に加えることができよう。地名はシンボルとして機能するのだ。

じつは、『出雲国風土記』にはスサノオは登場するのだが、八俣大蛇退治の話はどこにも触れられていない。このような重大な話が出雲の地で語りつがれたものであれば、不自然である。出雲以外の地で語られていたものとみねばならず、その場所がじつは大和であった、と私はよみとるのである。

記・紀の神話の成立をこのように理解すると、出雲の「肥《ひ》の河」の「大蛇」を大和の三輪山の「大蛇」と別のものと見ることはできなくなる。高天原からくだったスサノオによって八俣大蛇が退治されるという話は、一種の洪水神話であるとともに、大和に侵入した天の信仰をもつ新勢力が蛇を信仰していた大和の三輪山を中心とする旧勢力を打ち倒したという歴史を伝える神話であるとも読まれねばならない。ヤマタノオロチはヤマトのオロチなのである。

大和の王権の歴史に即していえば、三輪山の蛇を信仰の対象としていた土着の三輪氏らを、祟神を頭領とする集団が支配、新しい王朝を築いたという歴史の記憶が、出雲を舞台に描かれたのが八俣大蛇の説話であると想像されるのである。構図は、ギリシア神話における外来の天の神ゼウスによる土着の大地的な龍の神テュポーン退治とおなじである。政治化された蛇としての龍にほかならない。

このようにみれば、ふたつの大蛇は同一のものということができる。ただ、祟神紀では雨をもたらしてくれる豊饒の「小蛇」と「大蛇」であったのにたいして、出雲神話では、洪水をひきおこす反豊饒の「大蛇」、高天原の神に敵対する反体制の「大蛇」として登場する。出雲の蛇は反豊饒と反体制の蛇であったために、八頭、八尾という異形の龍となってあらわれたといえよう。

河上と酒、櫛、箸

八俣大蛇の神話と大和とを結ぶ糸は八俣大蛇の神話のなかにも指摘できるのである。

そのひとつは、八俣大蛇の退治の舞台となった「河上」という地名である（『古事記』では「河上」であるが、書紀では「川上」と表記される）。「河（川）上」は大和の神話に頻出する地名であり、現実にも大和に存在していた地名だったのである。

たとえば、天の岩屋戸の神話で岩戸に隠れたアマテラスを呼び戻すために「堅石《かたしわ》」を取ったところは「天の安の河」の「河上」であった。「五十鈴《いすず》の川上」は、ニニギの天降りに同伴したアメノウズメやサルタヒコがくだったところであり、また、アマテラスがくだったところでもあり、アマテラスのために斎宮が建てられたところでもある。そして実際に、そこにはアマテラスが祭られているのである。

さらに、女帝皇極が四方を拝み雨乞いをしたのは「南淵《みなぶち》の河上」であり、そこは、『延喜式』神名帳に載る飛鳥川上坐宇須多岐比売命神社《あすかかわかみにいますうすたきひめのみこと》が鎮座する飛鳥川上流の稲渕《いなぶち》あたりと推定されている。これらの「河上」が奈良・平安時代に第一の雨乞いの神社であった丹生川上神社の「川上」に通うものであるのはいうまでもない。

そもそも「河上」という地名は、前出した記・紀や風土記の「泉」とともに水源の聖地をあらわすのであって、縄文人や弥生人が土器や銅鐸にほどこした渦巻文につながるシンボル的な地名である。世界的にみても、つねに水源は聖地であり、その造形的表現が渦巻文や雷文であったし、聖書の記す泉であり、仏教の無熱悩池であった。そして、泉の湧くエデンの園には蛇が棲み、無熱悩池には龍王が棲み、龍文が雷文をともなうように、八俣大蛇の退治の舞台には「河上」がふさわしかったのであろう。

もうひとつが八俣大蛇の退治に使われた酒である。この酒の話も大和の酒に呼応したものであるにちがいない。

三輪山は「味酒の三輪山」と称されるように酒の山とみられていた。

崇神紀には三輪山の酒をうたう歌が三首のるが、そのうちのひとつが、

　此の神酒《みき》は　我が神酒ならず　倭成《やまとな》す　大物主の　醸《か》みし神酒　幾久《いくひさ》　幾久

という、この大和をつくったオオモノヌシが醸造した酒を讃《たた》える歌である。崇神紀は、実際に酒を造ったのは、オオモノヌシの掌酒《さかびと》としてつかえていた活日《いくひ》であるとも記す。三輪山の山麓からは、醸造用具の祭器が出土しているのを考えても酒が三輪山の祭祀で重要視されていたと推察されるのである。しかも『古事記』応神《おうじん》記には、醸造法に長《た》けた須須許理《すすこり》という渡来人が天皇に酒を献上した、と記されているように、酒は比較的新しい食文化であった。なお、酒に酔わせて剣で討つという殺しの手口は、景行天皇やヤマトタケルの説話にも見られる。

スサノオに救われたクシナダヒメは、櫛名田比売と表記され、また、スサノオはクシナダヒメを「爪櫛」に姿を変えたのである。櫛の少女の説話ともいえるのであるが、櫛というのは三輪山の伝承にもあらわれる。小蛇に化けたオオモノヌシが入っていたのは、櫛などをしまう「櫛笥」であった。しかも、オオモノヌシは『延喜式』「出雲《いずもの》国造神賀詞《くにのみやつこのかむよごと》」では「大物主櫛𤭖玉命《おおものぬしくしみかたまのみこと》」と称されていた。

おなじような八俣大蛇と大和の三輪山とを結ぶ関係は「箸」についてもいえる。肥の河の河上から流れてきた「箸」はスサノオが大蛇と遭遇するきっかけとなったのではあるが、オオモノヌシの妻であるヤマトトトビモモソヒメがホトを突いて命をおとしたのも「箸」によってであった。

シンボルとしての河上

「河上」、酒、櫛、箸。これらは、八俣大蛇退治がもともとは大和の神話であることだけでなく、酒も櫛も箸も三輪山とふかく関わることを考慮すれば、肥の河の「河上」というのは、三輪山付近を流れ、大和平野を潤おす初瀬川の「河上」、つまり初瀬川の水源地と考えられていた三輪山の頂上の沼地や三輪山山麓の湧水地であったとはいえまいか。頂上には、雨乞いの神社である高宮《こうのみや》神社がまつられ、大神神社の北よりの狭《さい》井神社には、「薬井《くすりい》」とよばれる清泉があり、その水は狭井川からは初瀬川にそそぐ。

三輪山のすぐ北には、三輪山と高さのあまり変わらない龍王山《りゅうおうざん》とよばれる山がある。頂上に龍王がまつられていたのでこの名がつけられた。おそらくは、この山も水を恵む蛇の山であったので、仏教が伝来してから龍王がまつられるようになったのであろう。ここもまた「河上」であったかもしれない。

八俣大蛇は、この初瀬川の上流に棲み、洪水をひきおこした。同時に、蛇のオオモノヌシは、大和平野をうるおす。記・紀の神話は龍・蛇の両義的性格を語っているのでもある。

龍・蛇が棲む「河上」というシンボル的な地名はほかの土地にも広まったようである。福井県との県境にある岐阜県揖斐《いび》郡坂内《さかうち》村の川上《かわかみ》もそのひとつ。そこには、龍神伝説で有名な夜叉ヶ池《やしゃがいけ》がある。昔、美濃《みの》地方が大旱魃に見舞われたとき、神戸《ごうど》の娘が、夜叉ヶ池の龍神に嫁ぐことを条件に雨をめぐんでもらった。娘は約束にしたがって池に入ったのであるが、その後も、雨が欲しいときには、その池に、櫛、笄《こうがい》（髪をかきあげる道具）、紅、白粉《おしろい》などを供えたという。また、夜叉ヶ池から流れる揖斐川沿いの川上には夜叉龍《やしやりゆう》神社があり、そこに祈願しても雨がえられるともいう（高谷重夫『雨の神』）。

後であらためて紹介するが、私の生まれた町にも川上という集落があり、その近くでも、夜叉ヶ池の龍神伝説に類似の伝説が伝わっていた。

大物主神と大国主神

出雲神話はスサノオの子孫である大国主命が高天原の神ニニギノミコトに国を譲ることで完結する。日本神話のクライマックスである。

オオクニヌシは出雲大社にまつられている出雲固有の神なのではあるが、記・紀は、オオクニヌシを三輪山の神である大物主神と同一視する。八俣大蛇退治がもともとは大和の神話であることをしめす証拠のひとつでもあるが、三輪山の神を信仰していた土着の支配者が外部から進出した高天原の勢力に国を譲ったという神話がもとにあったからこそ、記・紀の編者はオオクニヌシとオオモノヌシを同一視したと想像されるのである。

われわれは八俣大蛇の神話を大和の神話とみたが、それでは、出雲には固有の蛇の神や龍は存在しなかったのか。とくに、蛇の神オオモノヌシと同一視されたオオクニヌシは蛇と関係がないのかどうか。

記・紀はオオクニヌシと蛇の関係についてはなにも語らない。しかし、オオクニヌシも龍・蛇の神であったらしい証拠は少なくないのである。

そのひとつは、出雲大社の古い「御神体」は本殿の後にひかえた八雲山《やくもやま》と考えられているが、その八雲山は古くは蛇山とよばれていた。出雲大社も本殿が建立される以前は、三輪山にむかう拝殿のみからなる大神神社とおなじく、蛇の山である八雲山を拝する神社であったのではなかろうか。

そしてもうひとつ。本殿内部、心御柱《しんのみはしら》の上に渡された梁《はり》には龍が描かれているのも、オオクニヌシが龍・蛇の神であることと無関係ではないだろう。大社に祀られている

「御神体」については、その正体が明らかにされていないのであるが、「雲陽秘事記《うんようひじき》」という記録によると、寛永《かんえい》一五（一六三八）年松江城主となった松平直政《まつだいらなおまさ》が出雲の国造の制止にもかかわらず大社の内殿を開かせ神体を確かめたところ、そこには九穴の大きな鮑《あわび》が置かれてあり、それは、たちまちにして一〇尋《ひろ》ばかりの大蛇になったという。鮑というのは剝製《はくせい》にされた蛇であったのであり、そのために、このような証言が残されたのではないか、と私は推測する。

さらにもうひとつ。旧暦一〇月の神有祭《かみあり》のとき、土地の人々は稲佐《いなさ》の浜に漂着した海蛇を「龍蛇さま」とよんで、出雲大社に奉納する。起源はさだかではないが、記録によると室町時代末期にすでにおこなわれていたという（千家尊統『出雲大社』）。この古い行事も大社の神体と関係がないとはいいがたい。おそらく、この祭りがもとになったのであろう、観世弥次郎《かんぜやじろう》によってつくられた謡曲『大社《おおやしろ》』にも「そもそもこれは、海龍王とは我のことなり。さても毎年龍宮より、黄金《こがね》の箱に小龍をいれ、神前にささげ申すなり。龍神すなわち現われて、現われて、波を払い、潮《うしお》を退け、汀《みぎわ》にあがり、御箱をすえ置き、神前を拝し渇仰せり」とある。

出雲の神オオクニヌシにも蛇の神の性格が認められるのである。

4　シンボルとしての蛇と龍

三輪山と銅鐸

三輪山の蛇の神は、縄文・弥生時代の豊饒の蛇にさかのぼることができた。この三輪山の蛇との関連で述べておかねばならないのは、私がシンボリックな蛇であるとみた銅鐸についてである。弥生時代にも三輪山は豊饒の山であり、水源の頂上には雨乞いの社《やしろ》もたてられたのであるが、弥生時代に製作された銅鐸もまた雨乞いの呪具であったと考えられたのである。そうであれば、三輪山でも銅鐸が使われていた可能性が浮かびあがる。

この点にかんして、大場磐雄は興味ある研究を残している。大場は銅鐸の出土分布を整理し、その多くがミワ（三輪、美和、弥和など）とカモ（鴨、加茂など）という名の土地やミワとカモにちなんだ名の神社が所在する土地から発掘されたことを明らかにした。そこから彼は、銅鐸というのは弥生時代後期に三輪山付近に勢力を有していた三輪氏と大和西南部・葛城《かつらぎ》地方を本居地とする鴨氏に特有な祭器であり、両氏族の拡大とともに銅鐸も各地に広まった、と推論した（「銅鐸私考」『神道史学』一巻一号、一九四九年）。

記・紀は、三輪氏（神氏《みわ》）も鴨氏も三輪山の神オオモノヌシの裔《すえ》と記す。オオモノヌシとイクタマヨリビメとのあいだに生まれた子の曾孫が大田田根子《おおたたねこ》、その子孫が三輪氏、鴨氏らであるというのである。したがって、銅鐸は蛇の神を祖先とする氏族の祭器であったというのが大場の見解であったといえる。これは、銅鐸をシンボリックな蛇であるとしたわれわれの主張にも符合する。

そうであれば、雨乞いの山であった可能性の大きい三輪山には銅鐸が埋設されている可能性も大きいのではなかろうか。『続日本紀』和銅《わどう》六（七一三）年には、三輪山の南に位置する宇陀《うだ》郡で高さ三尺、口径一尺の銅鐸が掘りだされ、献上されたとの記録が見え、明治時代には実際に、北の、天理《てんり》市石上《いそのかみ》町の丘陵地から二個の銅鐸が発掘されているが、これまで、三輪山付近からは一個も見つかっていない。それは、三輪山の山中の発掘は禁じられているからである、と私は考えているのであるが、私の考えの正否を確認することもいまのところできない。鴨都波《かもつば》神社など鴨氏に縁のふかい社がある葛城山の東南麓、御所《ごせ》市名柄《ながら》遺跡からは銅鐸が発見されている。鴨氏の勢力園とみられる北の北葛城郡上牧《かんまき》町からも掘り出された。

これらの銅鐸の鋳造に関係すると思われる遺構と遺物、とくに鋳型も、奈良、大阪、兵庫、京都から見つかっている。一九七七年、唐古《からこ》遺跡（磯城《しき》郡田《た》原本《わらもと》町）からは、土製と石製の銅鐸鋳型、青銅の原料を溶かすための坩堝《るつぼ》破片、鞴《ふいご》などが出土している。

唐古は、三輪山の山麓を流れる初瀬川沿いの集落、はるかに三輪山が望める場所である。

天の思想の移入

この銅鐸の製造と祭礼も、古墳時代に入ると忽然と跡を絶つ。この現象について三《み》品彰英《しなしようえい》は、初期農耕の地霊観念を核心とする「地的宗儀」から高天原を中核とする「天的宗儀」への転換の結果であると考えた。初期農耕の段階では、作物の生育にかんする基本観念は大地の生育力にたいする信仰に由来し、それに応ずる「地的宗儀」を構成していた。「埋められた銅器」である銅鐸はその宗儀の聖器であり呪具であった、とみるのである。やがて、記・紀の国譲りの神話が語るように、高天原系を自認する大和の王権の出現によって、「地霊・穀霊の依り代《よしろ》」である銅鐸の祭りは、天の神とくに日の神の祭りに移行した結果、廃棄されたというのである（「銅鐸小考」『三品彰英論文集・5』）。

「天的宗儀」の出現は三輪氏らの勢力を打ち倒して成立した「崇神王朝」の出現に呼応するものであろう。世界的にみれば、ユーラシア大陸全域に浸透した「天の思想」が、中国から朝鮮をへて日本にまでおよんだということである。この弥生時代から古墳時代にむかう時代におこった宗教改革によって、大陸から舶来するようになる銅鏡が新しい宗教の祭器となり、新しい王権のシンボルとなったとみることができる。銅鐸から銅鏡へ、そして蛇の信仰から太陽の信仰へ。王権は太陽と結びつき、銅鏡は最高のレガリアに位置づけられるようになる。このような「天」を奉ずる勢力が大地的な蛇を信仰していた土着の勢力を抑えて、新しい王権を築き、新しい宗教の流布する過程で生まれたのが、天の勢力によって、荒ぶる土着の大蛇を退治するという八俣大蛇の神話でもあろう。

灌漑と大和の王権

「崇神王朝」という強力な王権の経済的基礎は、巨大古墳の造営からも想像できる灌漑技術と鉄器を用いた農業技術の発達による稲作生産の増大にあった。古墳時代というのは、古墳だけでなく、多くの用水路が開かれ、溜池《ためいけ》がうがたれ、灌漑による水田の耕作が拡大した時代だったのである。周濠《しゅうごう》をともなう古墳にしても、権力を示威するためのものではあったが、周濠は水田灌漑用の水源として用いられていたと考えられている。

崇神紀六二年七月には、天皇が「農《なりわい》は天下《あめのした》の大本である。民《おおみたから》はこれをたのみとしていきているのだ。いま、河内の狭山《さやま》（大阪府南河内郡狭山町）の埴田《はにた》は水が足りない。このために、その国の百姓は、農事を怠っている。そこで、池や溝を多く開いて、民の業《なりわい》をひろめよ」との詔をしたとある。池と溝はそれぞれ溜池と用水路のこと。その年の一〇月には「依網池《よさみのいけ》」が、一一月には「苅坂池《かりさかのいけ》」「反折池《さかおりのいけ》」がつくられたとある。

つぎの垂仁《すいにん》紀三五年の条にも、河内国に「高石池《たかしのいけ》」「茅渟池《ちぬのいけ》」が、大和国には「狭《さ》城池《きのいけ》」「迹見池《とみのいけ》」が造られたとの記事がみられ、「この年、諸国に命令して、池と溝を数多く開いた。その数は八〇〇。農《なりわい》を大切なこととしたのである。これによって、百姓は富み豊かとなって、天下は太平であった」ともある。奈良平野、大阪平野をはじめこれまで「葦《あし》の原」だった多くの平地が国家的大事業として水田に開発されていたことを示している。

これらの事業は「崇神王朝」を倒した「応神《おうじん》・仁徳《にんとく》王朝」にもひきつがれる。そこでは渡来人の技術にもあずかったであろうことは、武内宿禰《たけしうちのすくね》が朝鮮からの渡来人の協力によって「韓人池《からひとのいけ》」を造ったという応神紀の記事からも推察できる。

大和の王権の確立にとって見逃せないのは鉄製の武器の発達による軍事力の強化である。鉄は生産技術だけでなく、軍事技術にとっても革命的であった。支配のイデオロギーである「天の思想」とともに、はるかヒッタイトを起源とする鉄の技術が東のはての島国にも伝えられた。

灌漑と龍退治（洪水の制御）と天の思想。メソポタミアや中国の大河流域に生まれた都市国家と似た状況を、規模は小さいながらも日本にも認めうるのである。

三輪山は太陽の山となる

大和は太陽を信仰する王権に支配されたが、三輪山の信仰が破棄され、消滅されたのではなかった。敗者の神でありながら、三輪山の神は土地の守り神として崇められつづけていたのである。記・紀が、出雲大社は敗者の神オオクニヌシのために建てられた、と書いているようにである。

崇神記にもつぎのような話がみられる。崇神天皇のとき、悪い病気が流行《はや》り、人はみな死に絶えてしまいそうになったことがあった。そのとき、天皇の夢のなかにオオモノヌシが現われて「いま流行っている病気は自分のしわざである。だが、オオタタネコに命じて、自分を祭らせるならば、神のたたりも収まり、国は穏やかになるだろう」と告げた。夢から覚めた天皇は、さっそくオオタタネコを捜しあて、このオオタタネコを祭主として三輪山にオオモノヌシを祭らせた。そのために、神の祟《たた》りも収まり、国はふたたび平穏になった。

そして実際に、三輪山の祭祀は「崇神王朝」以後もつづけられたのである。

しかし、崇神紀には、天照大神を天皇の「大殿の内」に祀ったとあるように、「天的宗儀」が重視されるようになり、その結果、三輪山は、太陽の山にその性格を変えた、と想像される。『延喜式』神名帳の大神神社とおなじ城上郡《しきのかみ》の部には、「神坐日向《みわにいますひむかい》神社」という名の神社が載る。現在では三輪山の麓《ふもと》、大神神社の近くに所在するが、旧平等院所蔵の古絵図によると、それは現在三輪山の頂上にある高宮《こうのみや》神社に当たるのであって、もとは大神神社がそうであるように西むきの神社であったという。つまり、人々が日の出を拝するような構造だったというのである。雨の神であった高宮神社も太陽の神の神社に変わるのである（山中智恵子『三輪山伝承』）。

前述したように、崇神紀には崇神天皇の皇子である活目尊《いくめのみこと》が三輪山で粟を食う雀を追う夢をみたのだが、そのとき兄の豊城尊《とよきのみこと》のほうは、夜明けに、「みずから御諸山（三輪山）に登り、東に向って、八回槍《やり》を突きだし、八回刀を撃った」という夢をみたとある。夜明けに東からのぼる太陽を拝む日向いの儀礼が、三輪山の頂上でおこなわれていたらしいことを推測させる記事である。

日向いの儀礼と天の岩屋戸の神話

私は、この日向いの儀礼が大嘗祭《だいじょうさい》に先立っておこなわれる「御禊《ごけい》」にとりいれられた、と考えている。「御禊」は河原に設けられた頓宮《とんぐう》（仮の宮）で挙行される禊《みそ》ぎと祓《はら》いの祭りである。頓宮は南・西・北を幕でめぐらされ、東だけを開放する形をとり、そのなかに置かれた新天皇のすわる座のまわりにも屏風《びょうぶ》がたてられ、東だけは開けられており、新天皇の座は東に向けられていた。日の出の方向、東を重視した祭りだった。

そして、大嘗祭が陰暦一一月の中の卯《う》の日におこなわれた、つまり太陽がもっとも衰え、復活する冬至のころであった点にも注目すべきである。太陽の復活と重ねられた王権の更新の儀式であったといえよう。この点で、太陽の復活の神話である天の岩屋戸の神話も、大嘗祭と関連すると予想される。この関連を具体的に示してくれるのが、大嘗祭の前日におこなわれる鎮魂祭《ちんこんさい》。天皇の魂の活力を再生させることを目的とする鎮魂祭は太陽をよびもどそうとする天の岩屋戸の神話にふかく関わる祭りとみられているのである（西郷信綱『古事記の世界』）。

このように理解すると、天の岩屋戸の神話もまた日向いの儀礼にさかのぼることができよう。夜明けにおこなわれる太陽の再生の儀式を拡大したのが、冬至におこなわれる太陽の復活の儀式であると解釈できるのである。そうであれば、「磐座《いわくら》」「磐境《いわさか》」とよばれる大石群のある三輪山が岩屋戸の場所であったとの推察にも導かれる。アマテラスを岩戸から連れ戻すために神々は「天の安の河原」に集い、そのさい「天の安の河」の「河上」から「天の堅石」を取ったとあるが、この石もまた、前にも触れたように、初瀬川の水源地とみられていた、三輪山にある大石を指していたのではないか。八俣大蛇退治の舞台も天の岩屋戸の神話の舞台も三輪山の頂上、あるいはその麓であったということである。

三輪山の麓、大神神社の近くの他田《おさだ》には、『延喜式』神名帳にも載る「他田坐天照御魂神社《おさだにいますあまてるみたまじんじゃ》」が存在していたが、この「天照」をまつる神社も天の岩屋戸の神話との関連でも注目される神社である。他田という地は敏達《びたつ》天皇の宮（訳語田幸玉宮《おさださきたまのみや》）が置かれたところであるが、敏達紀六（五七七）年には、日向儀礼に従事した専門集団であったろう「日祀部《ひまつりべ》」が置かれたとの記事がみえる。

銅鐸から銅鏡へ

「崇神王朝」は五世紀のはじめ、河内から大和に入った「応神・仁徳王朝」に交替、「応神・仁徳王朝」も六世紀には継体《けいたい》天皇に倒されたと考えられているのであるが、その間、王権と結合した太陽信仰は継承・強化され、「天照」の神は、天照大神として天皇家の祖先神に位置づけられるようになったと想像される。「天照」の神のシンボルである銅鏡の製造も盛んになったのであろう。『延喜式』神名帳・城下郡《しきのしも》には、「鏡作坐天照御魂神社《かがみつくりにいますあまてるみたま》」「鏡作麻気神社《かがみつくりまけ》」「鏡作伊多神社《かがみつくりいた》」の名も認められる。そのうち、「鏡作坐天照御魂神社」所在地は、銅鐸の鋳型が出土した唐古《からこ》遺跡にちかい。銅鐸の製造に従事していた技術者集団が銅鏡の製造に携わるようになったとも推定される。

崇神紀には、それまで宮中にまつられていたアマテラスを笠縫邑《かさぬいのむら》に移したとある。笠縫の場所は不詳であるが、有力な説であるのは、三輪山のふもと、初瀬川の支流の纏向《まきむく》川沿いにある檜原《ひばら》神社の地である。だからであろうか、檜原は「日原」とも表記された。

最終的には、アマテラスは、伊勢に至り、「御魂」である鏡を神体として伊勢の「五十鈴の宮」にまつられる。今日の伊勢神宮の内宮《ないくう》である。「五十鈴川の川上」は、アマテラスをはじめ、アメノウズメやサルタヒコが天くだった場所であるように、水の聖地だったのだが、アマテラスが祭られることでもっとも天的な場所、高天原のシンボルとなる。

伊勢と日向

アマテラスの社《やしろ》が大和を離れた伊勢の地に移された理由としては、伊勢が大和朝廷による東国経営の拠点であったということ、伊勢における土着の太陽信仰と結びつけられたとの見方がある（直木孝次郎『日本古代の氏族と天皇』）。このような伊勢の歴史も無視できないが、それとともに、伊勢が大和からみて東の極地であるという方位的関係も重視されねばならないと思う（出雲が神話では反大和の地とされたのに対応する）。もっとも早く太陽を迎える地に太陽の神は祀られるべきと考えられたのではなかろうか。

同時に、かつては蛇の山であった三輪山も天との結びつきが強調され、神々が天降る「神奈備山」と呼ばれるようになる。大和からみて日の出の方向、「東《ひむがし》」にある秀麗な三輪山は、大和における「日向」の山、天のシンボルとみられるようになるのである。

話がここまですすむと、ニニギがはるかな西の九州に天降ったということも理解しやすい。『古事記』によれば、ニニギは「筑紫《つくし》の日向《ひむか》のくじふる嶺」にくだり、その曾孫《そうそん》にあたる神武《じんむ》天皇が東征、畝傍《うねび》の橿原《かしはら》で即位するとの筋立てによって筑紫の「日向」と大和とはつながる。しかし、ニニギの天降りは、がんらいは大和の「日向」の神話であったのであり、それが九州にあった地名の「日向」と結びつけられて、九州を舞台とする神話に構成されたと推測されるのである。大和でかたられていた八俣大蛇の退治の神話が出雲の話とされたのとおなじような構想といえる。大和では、ニニギが大和の「日向」の嶺、つまり三輪山にくだったとの神話も語り伝えられていた、と私には読める（前掲、『古代日本人の宇宙観』）。

大和の王権の版図の拡大によって、記・紀の神話の舞台は、伊勢、出雲、九州にまでひろがった。だが、記・紀の神話の原形というのであれば、それは、三輪山とその周辺を舞台とするローカルな神話だったのである。

三輪山への想い

記・紀の時代の人びとにとって、三輪山は天の神とむすびついた日の出の山であったが、縄文時代いらいの蛇の信仰を受け継いだ豊饒の山、雨の山であるという記憶も残されていた。それが崇神紀の「小蛇」や雄略紀の「大蛇」の神話であったといえよう。

万葉の歌人・額田王《ぬかたのおおきみ》は、天智《てんじ》天皇の近江《おうみ》遷都にさいして、三輪山をつぎのように詠んでいた。

味酒《うまさけ》　三輪の山
青丹《あおに》よし　奈良の山の
山のまに　い隠るまで
道のくま　い積るまでに
つばらにも　見つつ行かむを
しばしばも　見さけむ山を
心なく　雲の　隠さふべしや（巻一・一七）

反歌
三輪山を　しかも隠すか
雲だにも　心あらなも
かくさふべしや（巻一・一八）

生まれ故郷の三輪山を奈良山の端に隠れるまで、道の曲りを幾度も重ねるまで、振り返りながら行きたいのに、雲が無情にも隠してよいものだろうか。雲でも心があるならばどうか隠さないでほしい――これほどまでに三輪山が額田王の心を捉えて離さなかったのはなぜなのか。

天智に召されて大和を去らねばならない額田王が大海人皇子《おおあまのみこ》（天武《てんむ》）への思慕を三輪山に託したのだと解釈した伊藤左千夫《いとうさちお》や島木赤彦《しまきあかひこ》にたいして、西郷信綱は、この三輪山への感情は額田王の個人的なものというよりも、当時の大和の貴族たちに共通の感情であったのではないかと主張する。「国つ神なる三輪の神は、古代貴族の心情のうちに生きており、そして一定の歴史的・社会的実体を背負っていたから、このときそれは詩的イメージとして作者の心にかたりかけることができたのである」（『萬葉私記』）。

ここでいう「歴史的・社会的実体」とは、いまわれわれが見てきた三輪山のもつ

「実体」に通ずるであろう。そうであれば、三輪山を隠す雲も、作者の眼によってとらえられた現実の風景でなくてもよい。三輪山が雨を呼ぶ蛇の山であるという、大和に育った額田王の心に息づいていた神話的な映像と読まれるべきである、と私もおもう。

アマテラスも蛇の神であった!

伊勢についても、三輪山と似たことがいえる。伊勢は高天原の地上への投影点、天のシンボル的な場所でありながら、そこにも蛇の影が見えかくれするのである。記・紀の神話の中心的な神でありながら、じつのところアマテラスの性格には不明なところが少なくない。ふつう女神と理解されているが、しかし、もともとアマテラスが女神であったかどうかはさだかでない。むしろ祖先神と見なされるようになる以前には男神であったかもしれないのだ。だから、アマテラスを天の岩屋戸から誘いだすために、女神のアメノウズメは、胸乳と陰部を露出するような踊りを演じたのではなかろうか。

それどころか、アマテラスは蛇の神であったとの伝承があるのである。伊勢には、斎宮《いつきのみや》が設けられ、そこには未婚の皇女から選ばれた斎王《いつきのみこ》がアマテラスに奉仕していたのだが、じつはこの斎王は蛇の男神であるアマテラスの后だったのであり、そのため、アマテラスは斎王のもとに夜ごと通い、朝になると斎宮の衾《ふすま》のしたには蛇の鱗《うろこ》が落ちていたともいうのである（筑紫申真『アマテラスの誕生』）。

三輪山のオオモノヌシの伝承とよく似た筋立ての話である。アマテラスも大和の新勢力によって尊崇された典型的な天の神でありながら、旧勢力の蛇の神の性格を残していたのである。アマテラスの祭られたのが五十鈴川の「川上」であったというのも、蛇の神にふさわしかった。

じつは雄略紀には、密通の嫌疑をかけられた伊勢の斎王が「五十鈴の河上」に鏡を埋め、その場で自害したが、その「河上」には蛇のような虹《にじ》がたったという話が載る。『日本書紀』も伊勢の「河上」と蛇との関係を暗示していたのである。

サルタヒコもまた蛇の神であった

前にものべたように、サルタヒコも「五十鈴の河上」にくだった神である。この神は「衢《ちまた》の神」としてニニギの天降りに道案内の役をになうのであって、そのため道の守り神である道祖神に結びつけられて考えられていた。

しかしここで問題にしたいのは、サルタヒコと伊勢に祀られた神であるアマテラスとの関係である。この点にかんして、山田宗睦《やまだむねむつ》は、アメノウズメのサルタヒコにたいする行為に注目する。アメノウズメは、アマテラスの天の岩屋戸隠れにさいして演じたと同様な、胸乳や陰部を露《あら》わにする仕草をサルタヒコの前でもおこなうのであって、そのことを根拠のひとつに、アマテラスとサルタヒコは同一の神格であると主張する（『道の神』）。

そうであれば、サルタヒコもまたがんらいは蛇の神であった可能性が浮かびあがってくる。むろん、「五十鈴の河上」にくだったことも、その眼が八俣大蛇や『捜神記』の大蛇のように、酸漿や鏡のようであったことも、サルタヒコが蛇であった理由にあげることができよう。

サルタヒコのもうひとつの特徴は長い鼻にあった。「その鼻は七咫《あた》」と記される鼻は男根の象徴とみられているのであって、この日本の神にも、ヘルメスやディオニュソスやシヴァ神とおなじように、蛇と男根との結合が認められるのである。そして、この特徴からも、サルタヒコが道祖神に結びつけられる。というのは、道祖神はしばしば男根の形でまつられるからである。この点でも、サルタヒコはヘルメスを想起させる。前章でのべる機会があったように、旅人の守り神であったヘルメスは、男根をつけた柱としてまつられ、また、擬人化されたときには、蛇が絡みついた杖《つえ》カドゥケウスを手にするのである。

蛇のシンボルとしての銅剣

銅鐸は蛇、銅鏡は太陽にむすびつけられるとすれば、銅鏡とともに天皇家のレガリアとなった銅剣にはどのような意味が考えられるか。

蛇の神オオモノヌシはオオクニヌシをはじめとして、いくつかの名でよばれていたが、八千矛《やちほこ》神もそのひとつであった。両刃《もろは》の剣である矛の神ともみられていたのである。蛇と剣との結びつきは、八俣大蛇が尾に剣を蔵していたことにもみられた、「草《くさ》薙剣《なぎのつるぎ》」である。紀の本文には、前出したように、「天叢雲剣《あまのむらくものつるぎ》」とも呼ぶとし、そこに「大蛇の居る上にはいつも雲気があったので、そう名づけたのであろう」と注記しているのも、蛇と剣との関係を物語っている。

剣と雲との関係を記す、この注記は同時に、草薙剣は雨の剣であったことをも暗々裡《り》に語っているのでもある。この草薙剣を伊勢神宮の祭主である倭姫命《やまとひめのみこと》から授けられたヤマトタケルが駿河《するが》の焼津《やいづ》で野火攻めにあったとき、この剣の「叢雲」がひとりでに抜けて、傍の草を薙《な》ぎ払い、そのためにヤマトタケルは難を逃れることができたとも伝えているのである。「叢雲」の降らした雨が野火を消してくれたということであろう。

剣と蛇との関係は風土記のなかにも見ることができる。『播磨《はりま》国風土記』讃容《さよ》郡中川《なかつがわ》の里の条によると、この土地の人である犬猪《いぬい》が土中から剣を掘り出し、その剣を鍛《か》冶《じ》師に焼かせたところ、この剣は蛇のように伸びたり縮んだりした。驚いた鍛冶師は仕事をとりやめ、犬猪はそれを朝廷に献上したという。

『常陸《ひたち》国風土記』行方《なめかた》郡には角をもつ荒ぶる蛇の「夜刀神《やとのかみ》」が見える。継体の時代、水田を開こうとした麻多智《またち》を夜刀神が仲間とともに妨害するが、麻多智は、妨害者たちを打ち殺しあるいは追い散らすとともに、夜刀神の領分を定め、祟りがないようにと夜刀神のために社を建てたという。そののちにも、壬生連麿《みぶのむらじまろ》が夜刀神をたち退かせて、池の堤をきずいた。出雲神話に通ずる話であるのだが、「夜刀神」という表記には、尾に剣をもつ八俣大蛇にも共通するシンボリズムが認められよう。

銅剣、銅矛、銅戈は雨乞いの呪具

剣にこのような蛇と雨とのシンボリズムが見いだされるとすれば、銅鐸とおなじ時期に、祭祀用に使用されたと考えられているが、しかし具体的な用途は不詳である謎の青銅器の、銅剣、銅矛、銅戈に注目しないわけにはいかない。

銅鐸が近畿圏を中心に見いだされるのにたいして、これらの青銅器は北九州、中国地方、四国西部から出土するという分布域のちがいはあっても、ほとんどおなじ時期に製造されはじめ、ほとんどおなじ時期に姿を消し、また、その埋設の場所や埋設の方法が共通するのである。一九八四、五年には、八俣大蛇の退治の舞台となった場所から遠くない荒神谷《こうじんだに》（島根県出雲市斐川《ひかわ》町神庭）の山の中腹から三五八本の銅剣と一六

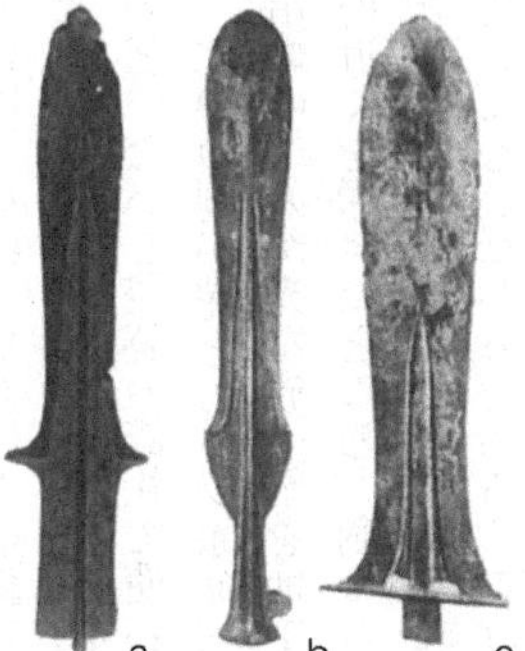
a.　　b.　　c.
図73　銅剣・銅矛・銅戈。
a. 広形銅剣、岡山県瑜珈山出土、
b. 広形銅矛、長崎県黒島出土、
c. 広形銅戈、福岡県糸田町出土
(『世界考古学大系・2』平凡社)

本の銅矛が、銅鐸六個とともに発掘され、謎が謎をよぶことになった。

弥生時代中期に朝鮮から伝来した細身の銅剣、銅矛、銅戈は、明らかに実用の武器であった。まもなく国内でも製造がはじまり、武器として使用されるとともに、権力者のシンボルとして墓に副葬されるようにもなる。しかし、弥生時代後期に製造され、地中に埋められた広形の銅剣、銅矛、銅戈については、実用の武器として利用されたとはとうてい考えられない。実用品としては、青銅の武器とおなじころ朝鮮から伝来した鉄製の武器にその位置を譲り、青銅製の武器は広形化し、もっぱら祭祀用につかわれたと考えられているのである。

具体的にどのような祭祀のためにつかわれたか。私は、銅鐸と同様、墓に副葬されず、似たような場所におなじような方法で埋設されていること、それに、なによりもいま議論したように銅剣が雨のシンボルであったことを考え合わせるならば、銅鐸とおなじ呪的な役割をになっていたと見る。銅剣、銅矛、銅戈も、雨乞いないし豊饒の儀礼で使われた呪具と推測するのである。

地中の剣が蛇とのシンボリズムは中国にもあった。『太平記』巻十三には、張花《ちょうか》と雷煥《らいかん》の二人が光を放つ剣を地中から掘り出し、それを天子に献上しようとしてある沢の近くを通ったところ、剣はひとりでに抜けでて水中に入り、雌雄二匹の龍となったという話を載せている。ここでは龍になっているが、それは、中国の『晋書《しんじょ》』から引用したものだからである。これら青銅器による豊饒の呪術も稲作文化と一緒に日本にもちこまれたのであろうか。

銅剣と男根

銅矛ということで思い浮かぶのは、イザナギ・イザナミが潮から塩をつくるようにしてオノゴロジマを造ったときに用いた「天の沼矛《ぬぼこ》」である。このくだりは、製塩法をモデルとした創世神話と解釈できる。しかし、「その沼矛を指し下ろして掻《か》き回す」というのは男女の交合を暗示し、「沼矛」には男根が隠喩されているのである。

そしてより端的に関係を示しているのは神武記の「丹塗矢《にぬりや》」の説話である。三輪山のオオモノヌシはセヤダタラヒメの麗しい容姿に心をうばわれ、赤い色を塗った矢に変身して、廁《かわや》（川の上に建てられていた）に流れくだり、セヤダタラヒメのホトを突いたという話である。この武器の矢のもつ意味は明らかであろう。なお、ヒメはこの矢をもちかえり、床においたところ、麗しい青年となり、ヒメは青年と結婚する。二人のあいだに生まれた、後に神武天皇の后となるホトタタライススキヒメである。ホトを嫌ってヒメタタライスケヨリヒメともよばれた。

矛や矢が男根のシンボルであるとすると、呪具としてつかわれていた銅剣、銅矛、銅戈もまた男根のシンボルであったと推測される。そうであれば、蛇と男根とはシンボリックに結びつけられていたといえる。世界的に見いだされる蛇と男根との関係が古代の日本にも認められるのである。

近畿圏の青銅の呪術が縄文農耕文化の蛇と渦巻文を継承したのにたいして、北九州と中国地方では、蛇と男根を受けついでいたのであろうか。

5　記・紀のなかの蛇と龍——タツとオカミとミツハ

中国の龍のその後

いままで見てきた龍ないし蛇は縄文時代いらいの蛇がもとになった龍・蛇である。弥生式土器や銅鏡に描かれていた中国伝来の龍はどうなったのか。

弥生時代以後も、日本には龍の造形が持ち込まれていた。すでにのべた銅鏡に鋳られた龍のほかにも、古墳に副葬された太刀、兜《かぶと》、鞍《くら》などの武具には龍で装飾されたものが多い。太刀で目立つのは、環形をした柄《つか》の頭部に透かし彫りされた龍で、その姿は漢代に完成したリアルな二匹の龍が体を巻き合う双龍形のものが一般的である。

飛鳥時代には、飛鳥の高松塚古墳で発見された、四方の守護神である青龍、白虎、朱雀、玄武の四神像が伝来する。飛鳥時代は仏教の龍が日本に入ってきた時代でもあるが、しかし、仏教の龍とはいっても中国化した仏教の龍であるから、それまでに伝わっていた龍と造形的には変わらぬ龍であった。奈良・薬師寺《やくしじ》金堂の本尊の台座に描かれている龍は、高松塚古墳の龍とほとんど変わりのないスタイルの龍である。早い時期の仏教の龍のひとつが、梵鐘《ぼんしょう》の頭部に鋳られた龍である。探幽が龍を描いた妙心寺には龍の飾りをもつ梵鐘も伝わる。これは記年銘のあるものとしては日本最古の梵鐘で、記年銘によると文武《もんむ》二(六九八)年に製作されたものである。

このように、記・紀の成立以前に中国固有の龍、中国化された仏教の龍が日本に伝えられていたにもかかわらず、記・紀のなかには「龍」と名のつく神は登場しないし、「龍」が主題となることもなかった。八俣大蛇も三輪山の蛇も龍的な蛇と解釈されるのであるが、「龍」とは記されない。

「龍」の語がつかわれることも少ない。そのひとつが書紀の雄略紀の「龍のごとく翥《と》ぶ」「龍のごとく驤《あが》り、虎のごとく視て、あまねく八維《やも》（方）を眺《み》る」という文であり、これは、六世紀に中国で成立した詩文選集『文選《もんぜん》』などからの借用である。くだって斉明紀《さいめい》には「空中に龍に乗れる者あり」とある。もうひとつが、書紀の神代紀の本文は、山幸彦《やまさちひこ》ホオリノミコトの妃トヨタマヒメが子のウガヤフキアエズノミコトを出産するときのようすを、「産むときに龍になりぬ」と記すところである。紀の一書では「八尋《ひろ》の熊鰐《わに》」、記は「八尋の和邇《わに》」とする。

龍の水神オカミとミツハ

「龍」の神は登場しないが、しかしそのかわり、雨乞いの神社であった丹生川上神社や貴船神社の祭神とされ、龍に近い神であったオカミの神とミツハの神が、記・紀の神統譜のなかに並んであらわれる。記では、イザナギの神が火の神であるカグツチを「十拳剣」で斬り殺したとき、その剣の柄についた血が指のあいだから漏れでて生まれたのが、「闇淤加美《くらおかみ》の神」「闇御津羽《くらみつは》神」である。紀のある一書では、「闇龗《くらおかみ》」「闇罔象《くらみつは》」と表記される。別の一書によると、イザナミの神がカグツチを産んだために死んだとき生まれたのは、「水神罔象女《みつはめ》」、イザナミの尿から生まれたのも「罔象女」である。のちに、淤迦美の神の娘の日河比売《ひかわひめ》は、スサノオの孫神と結婚して、深淵之水夜《ふかふちのみずや》礼花神《れはな》を生む。また、オオクニヌシの子孫の神統譜にも配偶神としてその名がみえる。

全体的に、剣と水とのシンボリックな関係が暗示されている。

中国で「龗《レイ》」が雨と龍に関係する文字であることは、字の構成からも明らかである。白川静《しらかわしずか》の『字統』によると、「霝《レイ》」は雨乞いの儀礼をあらわす文字であり、したがって龗は雨を呼ぶ龍となる。「罔象」については、『国語』魯語《ろご》下や『史記』孔子世家には「水の怪は龍罔象」ともあるように、罔象は水に棲む龍と考えられていた。ミツハメは「罔象女」とも書かれるから女神。オカミ、ミツハは男女一対の神と考えられていたともみられる。

日本人がオカミと呼んだ「龗」を雨乞いの神と考えていたことは、『万葉集』の藤原夫人の一首、

吾が岡の　おかみ（於可美）に言ひて
ふらしめし　雪のくだけし
そこにちりけむ　（巻二・一〇四）

からわかる。

この歌は、夫である天武天皇の「吾里に　大雪ふれり　大原の　古りにし里に　ふらまくは後」（巻二・一〇三）に答えたものである。雨ではないが、雪をオカミの神に

祈って降らした。藤原鎌足《かまたり》の娘である藤原夫人の住む大原の岡は、天武の宮居である飛鳥浄御原《きよみはら》宮の東、現在の小原《おおはら》と推定されている。当時、この岡にはオカミの神が祀られていたのであろうか。オカミを祀る神社が実際に存在していたであろうことは、『延喜式』神名帳に、「意加美《おかみ》神社」（河内国茨田郡、和泉国和泉郡、同国日根郡）、「太祁於賀美《たけおかみ》神社」（河内国石川郡）など多くの神社名が掲載されていることからも推察できる。

おなじく日本人がミツハを水の神とみていたことは、記・紀に「水神罔象女」との表記もあることからも疑いない。『延喜式』神名帳でミツハの名のつく神社は「弥都《みつ》波能売《はのめ》神社」（阿波《あわ》国美馬《みま》郡）の一社だけである。しかし、鴨氏の神社・鴨都波神社の「都波《つは》」は、もとは「弥都波《みつは》」であったとの説がある。阿波の弥都波能売神社は湧水の場所にたてられているが、葛城の鴨都波神社の境内の近くからも豊かな水が湧き出ている。

タツとオカミ・ミツハの相違

中国では龍の神であるオカミ、ミツハを、記・紀では「龍」の神とのべるところはない。記・紀の時代にタツと呼ばれる龍の観念が流布していたことは明らかである。この「龍」が、オカミやミツハ（メ）ではなくて、タツと読まれていたことは、『万葉集』に「多都能馬《たつのうま》」との表記が見られることからも疑いない。

龍の馬も（多都能馬母） 今も得てしか
青丹よし 奈良の都に
行きて来むため （巻五・八〇六）

「龍の馬」とは中国の「龍馬」の翻訳語。奈良の都へゆきたいので駿馬《しゅんめ》が欲しい、とうたう。

このタツはどのように理解され、オカミとミツハとはどう区別されていたのか。書紀の雄略紀と斉明紀の龍はいずれも空を飛ぶ龍である。『万葉集』の「龍馬」の「龍」も、「龍馬」が中国では「天馬」と同一視されていたように天駆ける龍である。オカミとミツハがすでにみたように水棲の龍であったのにたいして、タツは天空を飛翔する龍として認識されていたようである。この生態的なちがいのために、オカミとミツハはタツとは異種の生き物と理解されていたのではなかろうか。

記・紀の神々のなかに中国では王権のシンボルであった龍が取り入れられなかったのはなぜなのか。むずかしい問題なのであるが、記・紀の制作者たちの歴史意識と国家意識の反映ではなかったのかと私は思う。『古事記』『日本書紀』は日本の皇室の悠久性と中国や朝鮮にたいしての独自性を主張する書、つまり「(日本の) 古き事を記した」書であり「日本について書かれた紀」なのであり、そこには、中国の天子のシンボルであった龍はそぐわなかったのではないか。

ただ、トヨタマヒメが龍に化身したというのは別に考えねばならない。この龍には天空の龍のイメージは認めがたい。この点については、私は、中国あるいは朝鮮の伝承の混入とみる。トヨタマヒメは神話上の初代天皇神武の祖母に当たり、しかも神武の母となるタマヨリヒメもトヨタマヒメの妹であるから正体は龍であろう。この神武の母と祖母が龍であるという話には、母が龍と交わって生まれた漢の初代皇帝・劉邦、あるいは高句麗の始祖・朱蒙の母が龍神の河伯であったとの伝説や新羅の始祖赫居世が龍の子を妃にしたという伝承の影響が認められるのであり、そのため外来の「龍」が使われたと推察するのである。中国の「龍」を排除すべきであると考えていた人びとにとっては、海の神の娘であるトヨタマヒメをタツとするのには抵抗があったのであろう。だから、『古事記』や紀の一書では「龍」ではなく、「ワニ (鮫《さめ》のこと)」としているのである。

カミはヘミである！

天駆けるタツと水に棲むオカミとミツハ。大陸から導入された水の神「靇」や「罔象」はタツでなくてオカミ・ミツハと呼ばれたのである。しかし、日本にはがんらい中国の龍のような龍の観念は存在しなかった。日本にいたのは『和名抄《わみょうしょう》』や『名義《みょうぎ》抄《しょう》』も記すようにヘミやオロチやクチナワ（上代にはヘビとは呼ばれなかった）。そこで、タツ、オカミ、ミツハメという日本語にはどのような意味があったのだろうか。

これも難問である。霧の中の探索となるが、タツについては、「タツは起《た》つの義か」という『大言海《だいげんかい》』の説は、天の龍にふさわしいといえよう。ミツハも、「ハ」の意味は未詳ながら「水」の龍に当てられた理由は理解できる。仁徳紀に載る「大虬《みつち》」も同類のものといえよう。吉備《きび》の川島《かわしま》河の流れが二股《また》に分かれる淵《ふち》に棲む龍・蛇の仲間である。毒気で路《みち》行く人を殺すという悪さをしていたが、瓢《ひさご》を沈めることができなかったために殺されてしまう。ミツハメというのは雌のミツチといえよう。

オカミについては、オカミは「大神」の意であるという松岡静雄《まつおかしずお》の解釈がある（『日本古語大辞典・語法』）。オカミはオオカミの転訛《てんか》であるというのである。他方で、『常陸国風土記』（逸文）新治《にいはり》郡には「駅家あり。名を大神という。そう称するのは、大蛇が多くいるからである。それで駅家に名づけた。云々《うんぬん》」とある。大神とは大蛇であると記す。神は蛇である！　中国では、人間の魂をさす鬼《キ》にたいして神は自然の霊力を意味するのであるが、日本人はそれを蛇に当てていたとみることができるのである。

この二つの命題から帰結されるのは、オカミは大蛇であるということである。むろん、これは龍の神である「龗」の訓にもかなう。この結論によれば、『豊後《ぶんご》国風土記』直入《なおいり》郡球《く》覃《たみ》郷の条にみられる「蛇龗、於箇美《おかみ》と謂《い》う」という風土記のなかで唯一みられる「龗」についてのべたくだりは理解しやすい。「蛇龗」という表現は、オカミを蛇と同類視しているとみられるからである。

しかも、「龗」が龍であったとしても、それは水の龍であり、雨を呼ぶ龍である。そうであれば、それが日本人が以前から抱いていた水と豊饒の蛇によって理解され、同一視されたことは大いにありえたであろう。形態よりもその性格を介しての同一視――中国人がインドのナーガをみずからの龍と同一視したのとおなじ認識のしかたである。

このような観点からあらためて記・紀の「蛇」をみると、八俣大蛇も三輪山の蛇も、それは天を飛翔する龍ではなく水に棲む龍ではあるが、中国やインドにみた東方の龍の仲間に入れることができよう。

ところで、神が蛇であるとすれば、三輪氏を神氏とも表記するのも、三輪氏の蛇の信仰との関係を示すといえるし、大三輪神社が大神神社と表記されるのも、蛇の山であるからであるといえよう。さらに、オオモノヌシを、三輪山の蛇が語られる崇神記・崇神紀で大物主大神と記すのも、大いなる神というよりも「大蛇」の神であったからではなかろうか。アマテラスも伊勢の斎宮にまつわる伝承がつたえるように蛇の神であったから天照大神とよばれたのではなかったのか。アマテラスと同一の神格とみられたサルタヒコもみずから名乗るときには、「猿田彦大神」という。記・紀の重要な神々はもともとは蛇であったとみることができるのである。

柳田国男《やなぎたくにお》は、日本各地に伝わる三輪山伝承型の説話を比較検討することから「即ち曾て我々の天つ神は、紫電金線の光を以て降り臨み、龍蛇の形を以て此世に留まりたまふものと、考へられて居た時代があつたのである」(「雷神信仰の変遷」『妹の力』)、「即ち神が小蛇の形を以て人間に出現したまふと信じた時代が、曾てあった」(「一寸法師譚」『物語と語り物』)とのべていたが、新石器時代にはじまる世界的な蛇信仰から出発、記・紀の神々の性格を調べてきたわれわれもおなじ結論に到達したようである。

6 記・紀以後の蛇と龍

『今昔物語集』の蛇と龍

平安時代以降、仏教が隆盛するとともに仏教の龍が目立つようになる。もちろん、中国で中国化された龍ではあるが。たとえば平安時代末期に成立した『今昔物語集』、この仏教説話集にも龍の話は多くみられる。すでにあげた空海が善女龍王を勧請して雨乞いをしたという話もそのひとつであるが、空海との関連では、空海が修築したという満濃池《まんのう》を守る龍も登場する。

満濃池の龍はある日、小さな蛇となり堤にあがり体を温めていたところ、鳶《とび》の姿の天狗《てんぐ》にさらわれ、琵琶《びわ》湖の西にある比良山《ひらさん》の洞穴に連れ去られてしまう。そこには一滴の水もなく、どうにもできない。『爾雅翼』も記すように、水がなければ、龍もただの蛇でしかない。そこに運よく比叡山《ひえいざん》の僧が天狗にさらわれてくる。僧は水の入った瓶をもっていたのである。その水一滴で龍は神通力を回復、僧を比叡山に連れもどした後、都で荒法師の姿に化けて歩いていた天狗を足蹴《げ》にして、殺してしまったという。

『今昔物語集』に登場する龍の性格はさまざまである。旱魃のとき雨を降らしてくれた龍や「法華経」で善心を取り戻したような龍も登場する一方で、毒気で人畜を害したり、女性を姦《かん》したりする悪龍もみられる。その力も抜きんでているというわけでもない。もちろん水を失えば力も発揮できないし、力士と力較べで負けてしまう龍の話も載る。雨を恵んであげたのに殺されてしまう龍もいる。

仏教の龍とはいっても一様でない。欲もあれば、弱味もみせる。悪さもすれば善行もする人間臭い龍が多くみられる。龍と蛇の区別も曖昧《あいまい》である。龍と蛇は交換・変容可能であるといってよい。

義家の龍退治伝説

性格の多様性や龍と蛇の交換・変容可能性は、記・紀の龍・蛇にもみられたし、日本の民話や伝説で語り伝えられてきた龍・蛇の姿でもあった。土地の娘を見初めて妻に求める龍・蛇や村人に被害を与えては仕留められてしまう龍がいるかと思えば、田に水を引いてくれたり、雨を降らせてくれる龍にも出あうのである。

私が小・中学生のころ故郷（福島県　東白川郡塙町《ひがししらかわはなわまちとこよ》　常世中野雨谷《なかのあまや》）で聞いた伝説の龍は、悪さをしては、最後には退治されてしまう龍である。

現在では、福島県の南に発し、茨城県の北を流れる久慈川《くじ》の支流・渡瀬川《わたらせ》の沖積盆地に水田が開ける土地であるが、かつては、一帯（旧常世村。『和名抄』には常世郷《とこよ》として載る）は湖であって、そこには龍が棲み付近の村人を苦しめていた。その龍が潜んでいたのが渡瀬川の上流にある「江龍田《えりゅうだ》」である。奥州遠征《おうしゅう》のさい、この地を訪れ、龍のことを知った八幡太郎義家《はちまんたろうよしいえ》（源義家）は、まず現在の「釜淵《かまぶち》」のところを切り開いて湖を涸《か》らし、さっそく龍の退治にむかう。義家が龍をめがけて弓を張ったのが湖の東、隣村との境界にある「弓張堂山《ゆみはりどうさん》」。私はまだ見ていないが、現在でも義家が足を踏ん張ったときの足跡が残っているという。そしてその矢が雨のように降ったのが

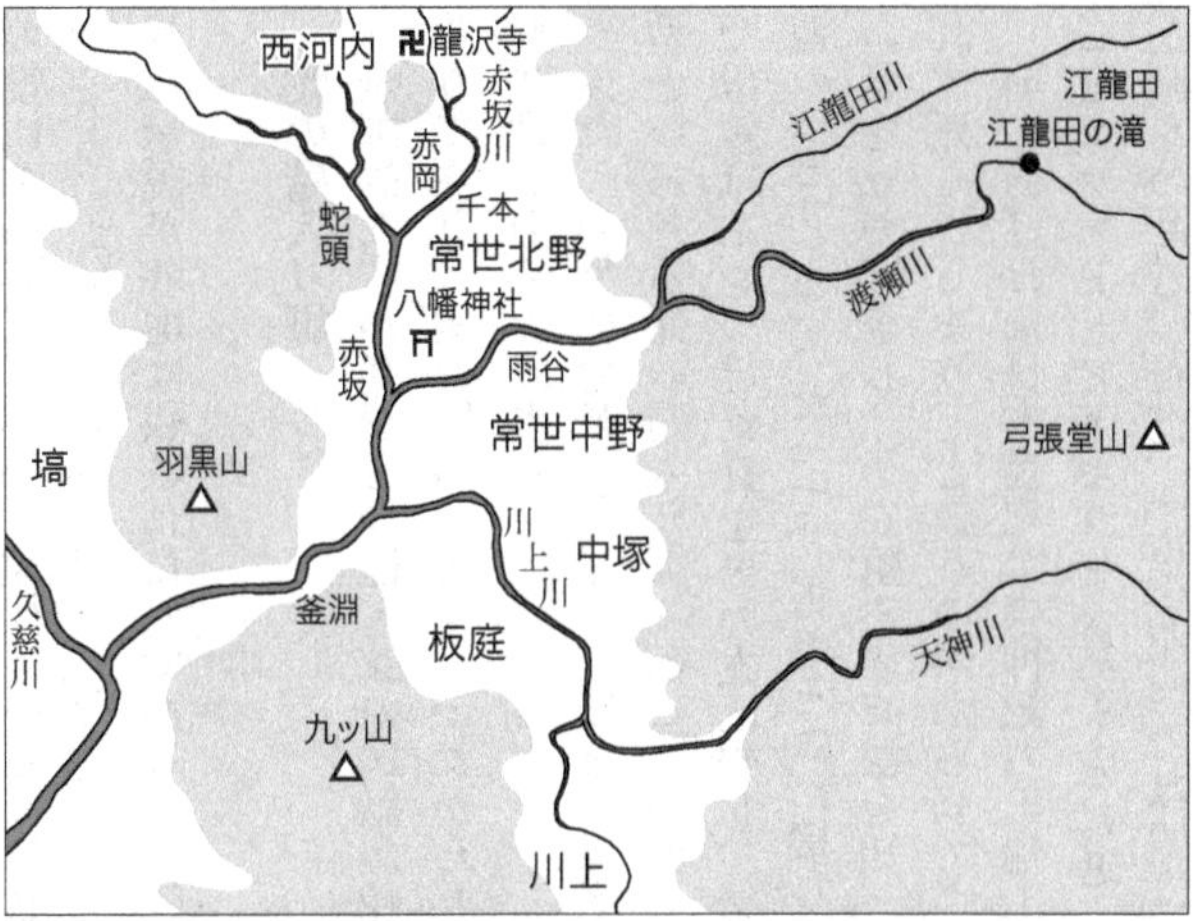

図74　義家伝説要図（旧常世村）

「雨谷《あまや》」、私の生まれたところである。千本目の矢が降ったところが、「雨谷」の北にある「千本《せんぼん》」。千一本目の矢が命中、龍の血が坂のように流れたのは、渡瀬川の下流にある「赤坂《あかさか》」、岡のようになったのがその北に位置する「赤岡《あかおか》」である。この龍の骨は、今でも龍沢寺《りゅうたくじ》（塙町西河内《にしごうど》龍ヶ沢《りゅうがさわ》）にあり、龍退治の功で義家がまつられたのが八幡《はちまん》神社（塙町常世《とこよ》北野《きたの》八幡）であるという。

　地名起源説話の形をとる、八俣大蛇退治のタイプの伝説である。八俣大蛇の退治は一種の洪水神話であったが、この義家の伝説も広い意味での洪水神話といえる。とくに排水伝説ともよばれることもある。前九年の役と後三年の役にさいして、奥州に遠征、のちには私財をもって部下をねぎらうなどした義家は、「天下第一の武士」といわれ、わけても東国での名声が高かった。その名声から生まれた伝説が各地に残されたのであるが、龍退治の伝説もそのひとつであった。

蛇の婿入り譚

全国的な広がりをもつ龍・蛇の民話が蛇の婿入り譚《たん》である。夜叉ヶ池の龍神伝説がそうであり、雨を降らしてもらったかわりに、娘は龍神の妻になるが、最後には龍・蛇の殺される話が多い。

ふたつの型に分類できるが、ひとつは糸をつかって蛇の棲み処《か》にたどりつく、苧環《おだまき》型といわれる蛇の婿入り譚。夜ごと娘のもとに通ってくる男の素性を確かめようとした母親は糸をつけた針を男の衣に刺し、翌朝その糸をたどって行くと洞穴（あるいは池のほとり）にいたって、男がそこに棲む蛇であることをつきとめる。そこで蛇たちの話を立ち聞きし、子を堕《お》ろす方法を知って娘の子を堕ろすが、蛇のほうは針に刺されて死んでしまう、というのがあら筋である。

前にあげた『日本書紀』崇神紀の三輪山伝承でもオオモノヌシが蛇の神となって夜ごとヤマトトトビモモソヒメのもとに通ってくるが、『古事記』崇神記もおなじような話をのせる。ただ、『古事記』では娘は活玉依毘売《いくたまよりびめ》。オオモノヌシはイクタマヨリビメのもとに通うようになり、まもなく娘は身ごもった。じつはそれまでは、男の正体は分からなかったのであったが、両親の教えにしたがって、ヒメは、麻糸を巻いたものの先に針をつけ、それを男の裾《すそ》に刺しておいた。麻糸は入り口の戸の鉤《かぎ》穴を通り、三輪山にまで達していたので、オオモノヌシであることが確かめられたと記している。苧環型の蛇の婿入り譚は、この『古事記』の三輪山伝承にさかのぼれよう。

もうひとつが、水乞い型と呼ばれているものである。娘を嫁にするとの約束で龍・蛇に水を引いてもらうが、娘は嫁入り道具に針と瓢簞《ふくべ》を持参して蛇の棲む池に行き、蛇にそれを沈めてほしい旨を告げる。蛇は沈めようとするが、針に刺さって死んでしまうという話である。瓢を沈めることができずに殺されてしまう、『日本書紀』仁徳紀のミツチと同根といえる民話である。

義家伝説の龍が住んでいた渡瀬川と合流する川上《かわかみ》川の地域、旧川上村では、この水乞い型の蛇の婿入り譚が語り伝えられていた。川上村には創建が室町時代にさかのぼれる八龍神社もあり、八俣大蛇の「河上」との関連でも興味ある土地なのである。『東白川郡のざっと昔』（「ざっと昔を聴く会」編）からその全文を引用しておこう。

その、毎日毎日、お天気があんまり良すぎて仕方ねえ、田に水がなくって。でね、「田に水回んねえ」

って、お父っ様（お父っ様が、つって、分がんねか？　お父さんがね）独り言、語ってんですよ。

「誰か、ほの水、まあ雨を降らせてくれる人があれば」

その家《うち》に娘があったそうですね。ほじ《(それで)》

「娘を嫁にくれてやんだけっど」

そしたら、今度《こんだ》、蛇が出てきたそうですね。で

「雨が降れてやる《(雨を降らしてやる)》」

ってね。そんじ、今度、ま、くれてやんね、とも言わんなくてね。娘にいったら、

娘が、

「ほんだ《(それでは)》、そうゆうことなら行ぎます」

って訳で。ほんじ、ま、婚礼の日には立派なお侍様になって来なさるんですね。

聟さんな《(に)》って。

そいて、娘をくれやんに、娘は、ついてく《(ついて行く)》んですね。その人の後をね。そして、どんどん、どんどん山の中へ入って行ったら、そんじゃあ、行ぐどきに、千なり瓢《ひさご》に千、針千本入れてっていう、あれだったのね。瓢簞、それに針を入れてね、千の瓢に針入れて、千いれてね。そして、今度《こんだ》、どんどん、どんどん、山奥へ入ったら、沼があったとね。沼、沼が。その沼に、こう、藤の花がこう咲いて垂れ

下がってたんですとね。

「その藤の花を取ってくれ」と。

「くれ」

って、言わって。お嫁さんがね。そうすると、これが、この沼が自分の棲み家《や》だって訳だね、その蛇はね。ほんで、

「その藤の花、取ってもらって入る」

っちゅう（と言う）。そのとき、今度《こんだ》、だんだん、だんだん蛇が、こう、ギリリギリリと、元から、こう、何《なん》て言うかなぁ、ないようにして、引っつ上がっつするわね、まわり回ってね。ほったらば、それ裏さ上ってってったら、今度、蛇も、こう、落ちたそうですね。裏の方、細いとこ行ったら。そのときに、ほら、その娘は、その瓢を投げたんですと、池さ。沼へ。すと、（すると）そのなかの針が出てね、そっと（そうすると）蛇が死んだって話ですね。

（伝承者・塙町大字田代字森ノ前　鈴木フチ）

蛇の婿入り譚の龍・蛇の多くは、騙《だま》されては殺されてしまう人間的な龍・蛇である。水不足で困っている農民を助けても、最後には殺されてしまう。権力の龍からはほど遠い、哀れなお人好《よ》しの龍・蛇である。

それにしても、人間はなぜこのように残酷・無慈悲になれるのだろうか。それが、

人間の知恵というものなのだろうか。

土着の蛇と外来の龍の共存と融合

民話や伝説の龍は姿はまちまち。典型的な中国の龍よりもむしろ蛇に近い姿の龍が多い。そもそも龍と蛇との区別は曖昧だった。龍・蛇の棲むという池や淵は全国にかぞえきれないほど存在するのであるが、蛇ヶ池、蛇ヶ淵という名の池や淵がある一方で、龍ヶ池、龍ヶ淵という名の池や淵も存在するのである。龍ヶ池や龍ヶ淵の話でも登場するのは蛇の場合も多い。夜叉ヶ池の龍神伝説では、陸《おか》では蛇であったのが、池にもどると龍となる。とくに、蛇が天に昇るときにはたいてい龍に変身する。

塙の義家の龍退治の伝説は語られる集落によって細部には変化があって、そのいくつかは『東白川郡のざっと昔』に紹介されている（私が教えられた内容の話は採録されていない）。それによると、龍の棲んでいたのは「江龍田」でなくて、渡瀬川に合流する赤坂川沿いの「蛇頭《じやがしら》」とされる話もある。龍ではなく大蛇とも考えられていたのである。神泉苑の龍王についても、『古事談』では「龍」、『御遺告』や『今昔物語集』では「蛇」とあるのも、インドのナーガが蛇であることのためというよりも、日本の龍・蛇の曖昧な観念を反映しているのかもしれない。

熊野詣《くまのもうで》の途中にひと夜の宿を借りた若い僧安珍《あんちん》を見初めた宿の娘・清姫《きよひめ》が蛇の姿と

図75　『道成寺縁起絵巻』の蛇（道成寺、部分図。『続日本絵巻大成・13』中央公論社）

なって安珍のあとを追うという道成寺《どうじょうじ》説話の粗形となる『今昔物語集』の話には、「五尋ばかりの毒蛇」とある。大蛇なのであるが、室町時代につくられた『道成寺縁起絵巻』をみると、足のない蛇でありながら、頭は龍に描かれている（図75）。

　このように日本の龍が複雑な性格と形態を示すのは、縄文時代いらい豊饒の蛇の信仰が広く浸透していた日本の地に中国の龍が持ち込まれたからであり、日本の蛇は外来の龍に駆逐されなかったからである。八俣大蛇がそうであったように、日本の蛇に中国の龍を混血して多頭の蛇となったり、龍頭蛇身の怪獣が考えられたりした。記・紀でもそうであったが、伝説や民話でも龍を大蛇として語ることが多い。近世でも、オロチは大型の蛇であるし、蛇をヘビとよばずにジャというときには、龍の性格をもった蛇、あるいは霊力を有する蛇を意味していたようである。

図76　平家納経・経箱の龍。厳島神社所蔵、1164年ごろ（京都国立博物館編『平家納経』光琳社）

龍のイメージが明確になる

もちろん、大陸からは中国の龍らしい龍の造形が舶来し、日本でも龍らしい龍の彫像や図像が製作されていた。武具の装飾だけではなく、仏教の興隆によって、仏法の龍は広く普及、寺院建築や仏具の装飾につかわれ、絵画に描かれるようになる（図76）。『石山寺《いしやまでら》縁起』の僧歴海の雨乞いの場面では池の中から出現する青、白、赤等の色彩豊かな龍がみられ、『北野《きたの》天神《てんじん》縁起絵巻』にも地獄で亡者を苦しめる多くの龍が描かれている。室町時代には、南宋の陳容《ちんよう》や牧谿《もっけい》らによって描かれた龍の水墨画が日本に伝わり、狩野派の絵師たちもそれを学ぶ。そのようにして、蛇とは異種である龍のイメージはしだいに明確になった。いまでも、名古屋の徳川《とくがわ》美術館は陳容の

「龍図」（巻頭図2）を、京都の大徳寺は牧谿の「龍虎図」を所蔵する。

江戸時代になると龍にかんする著述もあらわれる。十八世紀のはじめに刊行された寺島良安《てらじまりょうあん》の『和漢三才図会《わかんさんさいずえ》』は中国・明の王圻《おうき》が著わした『三才図会』を範とし、和漢の書物を参考にして書かれた図入りの百科事典であるが、そこには「龍」も項目にたてられているのである。ここで良安は、手足のないものが蛇であるのにたいして、四足をもつものを龍と定義、九種の動物からなるという九似説や春分には天に昇り、秋分には降って淵に入るといった龍の性質などを紹介する。それとともに、龍と蛇はもともとは同一の類の動物であるとものべ、龍と蛇をトカゲ、イモリ、ヤモリなどとおなじ部でとりあげる。良安でさえも龍を実在の動物と考えていたといえよう。しかも、龍をとくに聖獣視していない。「龍は淫《みだ》らな性格でどこでも交む」とものべているのである。

日本の朝廷と龍

中国からは中国の伝統的な龍の造形が日本に移入され、天皇は雨乞いの責任者である「雨帝」とみられ、またつぎにのべるように七世紀末から八世紀にかけて、中国の四神の観念が大和朝廷に取り入れられたのではあるが、天皇が龍とみなされることはなかった。朝廷においても中国の龍の思想を全面的に受容したのではなかったのである。日本の龍の性格を考えるときに注目される点である。

『続日本紀』大宝元（七〇一）年一月一日には、その日おこなわれた朝賀の儀式の様子について、「（大極殿の）正門に烏形幢《うぎょうどう》を立て、左側には日像・青龍・朱雀の幡《ばん》、右側には月像・玄武・白虎の幡を立て、蕃夷《ばんい》の国の使者が左右に並んだ」、という記事がみえる。幢も幡も布製のはたのこと。この記事は文武天皇の元旦《がんたん》における朝賀の儀式についてのべたものであるが、その他、即位式などの儀式でも、ここに記されているように、大極殿の前庭の中央部に太陽に住むという三本足の烏の旗である烏形幢が立てられ、その東西には、日像、月像の幡が並び、さらにその東側には青龍と朱雀の幡が、西側には白虎と玄武の幡がすえられたのである。

おなじく『続日本紀』和銅元（七〇八）年によると、元明《げんめい》天皇は、平城京遷都にさいして、「まさにいま平城の地は（青龍・朱雀・白虎・玄武の）四つの動物が河図《かと》に相応じ、三つの山が鎮めをなしているところである。亀甲《きっこう》や筮竹《ぜいちく》による占いも、ともによい結果であって、都邑《とゆう》を建てるべきである」と詔をしたという。平城京の土地は、四方を守護する青龍、白虎、朱雀、玄武にふさわしい場所という意味で、「四神相応」の地である、つまり、東に流水、西に大道、南に汚地（水たまり）、北に丘陵のある土地だというのである。東の流れとはなにに当たるのか、などの疑問点は残るが、八世紀のはじめまでには四神の思想がとりいれられていたのは明らかである。墓室壁面に四神像（朱雀は欠落）が描かれていた高松塚古墳も七世紀末から八世紀はじめに造られたと推定されている。

この四神の思想はその後も継承されたといってよい。朝賀や即位の儀式には四神の旗が立てられたし、平安宮の大極殿の東西の楼は蒼龍楼《しょうりゅうろう》、白虎楼と呼ばれていた。都城の造営における四神相応の観念もそうである。平安京も「山河襟帯《きんたい》（襟《えり》や帯で取り囲まれているようにように山河によってかこまれていること）、自然に城を作る」といわれているように四神相応の地であった。東には鴨《かも》川が流れ、西は山陽《さんよう》・山陰道《さんいんどう》に通じ、南は巨《お》椋《ぐら》池に臨み、北には船岡山《ふなおかやま》が立つのである。平清盛《たいらのきよもり》の福原《ふくはら》遷都のときにも、『平家物語』都遷《みやこうつり》によれば、福原は、「この地の体を見るに、左青龍、右白虎、前朱雀、後玄武、四神相応の地」だった。

天皇は龍を避けた

このように龍は他の四神とともに天皇、あるいは朝廷・都城の守護神として重視されていたのであるが、中国の皇帝のように龍が天皇のシンボルとみられなかった。そのため、天皇は、中国の皇帝が着たような、はなやかな龍の衣を身につけることはない。天皇がふつうに着用した朝服の文様は、平安時代には桐、竹、鳳凰であり、その後、麒麟《きりん》が加えられるが、龍は使われなかった。即位式では中国式の礼服「袞冕《こんべん》十二章」を身にまとう。この衣の両袖《そで》には龍の文様が認められるが、そのほかにも日、月、星辰《せいしん》、雉《きじ》、虎、猿、水藻、火、粉米、斧《おの》、黻《ふつ》（亞の形）の文様も使われているのである。

京都御所には絵画が多い。襖《ふすま》、屏風、杉戸などに描かれた障屏画が御所の部屋をうめている。画題にも、虎、熊、鹿、猿、兎、それに鳳凰や鶴など多くの動物がとりあげられているのだが、しかし、龍の絵はみあたらない。龍がみられるのは御所の門の破風にほられた透かし彫りのなかだけである。御所は宮殿の内裏、天皇の私的な住まいであるにしても、紫禁城とは趣をいちじるしく異にする。

天皇の「世」を指定するための元号についてもいえる。日本でも中国にならって飛鳥時代の孝徳《こうとく》天皇の「大化《たいか》」いらい、初期には中断もあったが、今日まで元号が用いられてきた。多くは祥瑞《しょうずい》をあらわす用語が採用され、そのなかには、白雉《はくち》、白鳳《はくほう》、朱鳥《しゅちょう》、霊亀《れいき》、宝亀《ほうき》もみられたのだが、日本では、龍の文字は一度もつかわれなかった。中国では、黄龍、青龍、黒龍、飛龍、神龍、景龍、龍昇、龍飛、龍朔、龍紀、龍徳など多数の龍の元号が見られるにもかかわらずである。

もちろん、雨を呼ぶには龍に頼らねばならない。貴船神社や丹生川上神社のオカミやミツハの神に雨を祈願していた。また、そのために平安京を造営したさいに、平安宮の辰巳《たつみ》（東南）には龍の棲む神泉苑を設けたのだが、宮中には龍を入れなかったの

図77　首里城正殿の龍柱。左は北側、右は南側（首里城復元期成会+那覇出版社編集部『首里城』那覇出版社）

である。

琉球《りゅうきゅう》王朝の首里《しゅり》城は京都御所とは異なり龍の王城であった。**図77**のように、正殿の前には、石造の龍柱が阿吽《あうん》の形で左右にむきあって立ち、二本の柱には五色の雲をともなう黄金の龍が描かれ、破風にも五色の雲と黄金の龍が浮き彫りされる。屋根にも、正面と棟の両脇に龍頭がすえられている。御差床《うさすか》という国王の御座所を中心に構成される正殿の内部を飾るのも、龍と雲。御差床の前には黄金の龍柱が立ち、柱や額木を飾るのも黄金の龍と五色の雲。紫禁城・太和殿の小型版のようである。

たしかに首里城は山城、宮殿群の配置には紫禁城のような整然とした対称性はみられない。正殿は西向きである。中国をそっくり模倣したのではない。しかし、龍の装飾は中国伝来のもの、正殿に登る途中には一五二三年に明から持ち込まれた「龍樋《りゅうひ》」とよばれる龍頭の樋口から水が湧き出ている。この水は龍淵橋《りゅうえんきょう》をくぐり、龍潭《りゅうたん》という広い池に流れこむ。ここでは、中国の使者を歓待するために、龍舟の宴《うたげ》が催されたという(首里城復元期成会+那覇出版社編集部『首里城』)。

京都御所と首里城のちがいは、日本の皇室と琉球の王家の、中国との関係の差によるものであろう。日本で龍が避けられたのには、記・紀から中国の龍が排されたのとおなじ事情があったと思われる。多くの点で中国を模倣しながら、天皇支配の独自性と正当性を主張しようとしたゆえに、天皇のシンボルに中国の龍はふさわしくなかったのではなかろうか。

むろん、歴史的にも、大和の王権が、蛇を信仰していた旧勢力に対して、太陽と鏡を権力のシンボルとして出発していたという歴史も見落されてはならない。土着の蛇と同類とみなされる龍は受け容《い》れがたかったのではなかろうか。その結果、龍は力のシンボルではあっても天皇の権威のシンボルとみなされることはなかったのである。日本の龍が人間的であった理由のひとつともいえよう。

7　河童と天狗

河童は龍の裔である

唐突のようであるが、人間化した龍・蛇が人間の生活により近づき人間の姿で考えられるようになったのが河童《かっぱ》であった、と私は考えている。

この日本独特な水神あるいは水怪は、室町時代に出現、江戸時代に全国に広まって、村々の川や沼に、そして日本人の心のなかに棲みついた。姿形は土地によって異なるところもあるが、その大きさは、ふつう幼児ほど。貝原益軒《かいばらえきけん》も一七〇九年に出版した『大和本草《やまとほんぞう》』で、「予いまだこの物の有るを見ざる」と注記しながらも「五、六歳の小児の如き」とのべていた。背には甲羅がありしばしば鱗をもつ。頭には水をたたえた皿が見られる。形態からいえば、龍や蛇からはほど遠く、猿の仲間と思われなくもない。そのためでもあろう、西日本の一部では猿猴《えんこう》と呼ばれていたのである。『日葡辞書《にっぽじしょ》』も、「カワラゥ（河郎、河童）」を「猿に似た一種の獣で、川の中に棲み、人間とおなじような手足をもっているもの」と説明していた。亀や川獺《カワウソ》の仲間ともみえる河童も少なくない。

しかし、私が注目するのは性格上の近縁性である。河童も、龍と同様、水に棲み、頭部に水をたたえ、その水を失えば無力の河童と化す。陸に上がった河童である。龍は力の源泉である水を含んだ「博山《はくさん》」をもち、その水を失うと「螻蟻《ろうぎ》にも裁せられる」のであるが、直海龍が益軒の『大和本草』を増訂した『広《こう》大和本草』には、「頭上に一盆を戴《いただ》く。水を受くること、三五升、ただ水を得れば、勇猛なるも、水を失えばすなわち猛力の気無し」とある。

村の娘を娶《めと》るかわりに、旱魃のとき雨を恵んでくれた龍にも似て、河童も女性に言い寄ったり、厠で女性の尻《しり》を撫《な》でたりするといった悪さをするが、田に水を引いてくれるなどして人びとに喜ばれもする。『今昔物語集』にも相撲をとる龍がみられたが、河童も一般に相撲好き。金属を嫌うのも龍に共通する。キュウリは好物であるが瓢《ひさご》は苦手。肥後《ひご》天草《あまくさ》郡中田《なかだ》村には、河童の頭領が瓢を沈めることができずに土地の氏神に降参、それ以後河童はそこに住まなくなり、人びとは安心して泳げるようになったとの話が伝承されているが、同旨の話は仁徳紀に「大虬《みつち》」のこととして載っていたのである（石川純一郎『新版河童の世界』）。

蛇の婿《むこ》入り譚でも蛇は瓢簞《ひょうたん》を沈めるのに失敗したが、この蛇の婿入りに相当する河童の婿入り譚もある。もっとよく知られているのは、沼や川の河童が近くに放牧されている馬を水の中に引き込むという「河童駒引」の伝説であろう。それが全国各地に見られることは柳田国男が『山島民譚集《さんとうみんたんしゅう》』で紹介しているとおりである。実際には、

「駒引き」に失敗して、詫証文《わび》を書かされたり、そのさい片腕を引き抜かれてそれを返してもらうために骨つぎ薬などを贈って許してもらうような話として伝えられている。これに対応する蛇の話も『今昔物語集』に載る。それによると、ある相撲取りがふかい淵の川岸で大蛇に足に巻きつかれ、水中に引きずり込まれそうになったが、足をふんばると、大蛇の尾がちぎれたという。

河童の性格は、日本の伝説・民話にあらわれる龍・蛇の性格にかぎりなく近い。形態的にも、甲羅にある鱗にしても、また鋭い鉤爪《かぎづめ》をもつという手足の指にしても、龍・蛇の痕跡《こんせき》とみることができる。

東北北部では河童をメドチといい、能登《のと》半島ではミズシとよんでいた。これらは『和漢三才図会』に認められるミズチとおなじであろう。「蛟龍」をミズチと訓《よ》んでいるのであって、「龍の属で蛟に似る」と説明しているのである。江戸時代にもミズチは龍の仲間と考えられていたのであって、このことも、河童が、龍・蛇の類であるとみられていた証拠とみることができよう。しかも、このミズチは仁徳紀の「大虬《みつち》」と同根の呼称と考えられる（前掲、『新版河童の世界』）。

そして、河童＝龍説にとっても心強いのは河童の駒引きにかんする石田英一郎の研究である。石田は柳田国男の日本における「河童駒引」についての研究を引き継ぎ、その類語が朝鮮半島からヨーロッパの諸地域に存在することを明らかにするとともに、

「河童駒引」というのは、馬が水中の龍と交って駿馬＝龍馬を産むという、ユーラシア大陸各地に分布する伝説の変形であると結論しているのである。龍が日本では河童となるのである（前掲、『河童駒引考』）。

河童は人間化した龍である

おそらく、関東から東北地方にかけて使われたカッパという呼称は、中国・黄河の神である「河伯《かはく》」の転訛であろう。もちろん「河伯」は龍の神であった。河童の一族は黄河から渡来したとの伝承も残されている。河童の異称は多く、「水虎《すいこ》」もそのひとつである。『本草綱目』によると、「水虎」というのは全身が硬い鱗の甲羅で覆われた子ども姿の妖怪であり、日本の河童の容貌《ようぼう》にも通ずるところがある。『大和本草』も、河童は「水虎」と「同類別種なるべし」と記している。

これらの呼称からは、中国の神や妖怪《ようかい》の影響のあったのはたしかであるが、威厳や気取りのない人間的な河童というのは、中国化されなかった、古くから日本の自然と日本人の心のなかに生きつづけた水の龍・蛇の本性を継承していたのだとみるべきであろう。江戸時代の庶民に受け継がれた健康な精神の所産であり、探幽の龍のような権力の龍にたいする風刺でありパロディーであったともいえる。

井原西鶴《いはらさいかく》に代表される浮世草紙が仏教・儒教によって排された物欲・性欲を肯定す

る人間を積極的にとりあげ、浮世絵師が遊女の絵や閨房《けいぼう》のありさまを描いていた江戸の文学や芸術に通う文化といってよい。そして、河童は喜多川歌麿《きたがわうたまろ》の師匠である鳥山《とりやま》石燕《せきえん》の『画図百鬼夜行』や葛飾北斎《かつしかほくさい》の『北斎漫画』をはじめ多くの浮世絵師によってとりあげられ、それは、河童の普及とイメージの定着化に貢献することになる。幕末にはますます人間化、戯画化された河童が目につくようになる。江戸時代の日本人は、龍・蛇をもとに河童というトリックスターを創り出していたのである。

図78　鳥山石燕『画図百鬼夜行』の河童（国立国会図書館所蔵）

それは、古代の日本人が三輪山の蛇をオオモノヌシという擬人的な神に擬していたのにも比較できよう。そしてオオモノヌシも、女性の尻を撫でるのが好きな河童と似て、矢に化けてセヤダタラヒメのホトを狙うのである。さらに、オオモノヌシの協力者であり、分身ともいえるのがスクナヒコナであったことが想起されよう。この神も、河童とおなじく、小さな神であり、海のかなたから渡来したと考えられていた。それになによりも、河童とおなじく、国造りにつとめる働き者だったのである。

天狗像の変遷

川の神である河童をとりあげるならば、山の妖怪・天狗《てんぐ》についても触れるべきであろう。河童が水の中に棲むのにたいして、天狗は深い山に棲み、空を駆けめぐりもする。山の守護者として、山を汚す者を懲《こ》らしめるが、なかには山をくだり里人をかどわかしたり、暴力を働くなど、慢心の振舞いを重ねる悪党の天狗もいた。ふつう大天狗とよばれる天狗は、赤ら顔で鼻は高く、高下駄《げた》を履き、羽団扇《はうちわ》を手にした山伏姿の人間と考えられていた。しかし、奈良時代の天狗は、人間の姿でありながら、トビやタカに似て、鋭いくちばしと翼をつけ、眼を金色に光らして、空中を飛ぶ鳶《とび》天狗であった**(図79右)**。満濃池の蛇に身を変えていた龍をさらった比良山の鳶天狗もそのような天狗である。

「天狗」という呼称も中国の「天狗《てんこう》」に由来する。『史記』天官書は「天狗は状《かたち》が大流星のようで、声がする。それが下って地上に止《とど》まるときには狗（犬のこと）に似ている」と記す。天にあっては流星であるが、地上では犬の類の動物とみられていた不思議な存在である。『山海経』西山経は天狗を「その状は狸の如く、白い首《かしら》」の獣と

図79　天狗。右▶聖をさらう天狗『天狗草紙・伝三井寺巻』（『日本絵巻物全集・第27巻』角川書店）
左▶白狐に乗った天狗（『仏像図彙』）

のべている。『日本書紀』舒明《じょめい》紀にも、星が流れ、雷鳴に似た音がしたのを、僧旻《そうみん》法師は「天狗」であるとのべたという記事が認められるが、そこで「天狗」は「あまつきつね」と訓まれている。書紀では、「天狗」は中国的な意味で理解されていたといえる。タヌキやキツネの格好をした天狗はいないが、白狐《びゃっこ》に乗った天狗像は多い（図79左）。

　奈良時代には、この不思議な「天狗」は仏教の聖鳥である迦楼羅《かるら》（ガルダ）と習合、鳥の天狗＝鳶天狗ができあがる。タカの翼と嘴《くちばし》と脚と爪をもつ金色の鳥である迦楼羅は龍・蛇と敵対関係にあり、蛇を好んで食べることから、鳶天狗が満濃池の蛇をさらったという伝承も生まれたのである。『山海経』の付図にも、犬に似た「天狗」が蛇をくわえている図がのる。中国でも天狗と蛇とは敵対の関係にあったようである。

河童よりも早く人間化した鳶天狗は、鎌倉《かまくら》時代になるとより現実の人間に近づく。武士の台頭によって天狗は山伏（山武士）と結びつけられて考えられるようにもなった。天狗が山伏に憑《つ》いているとか、天狗が化けて山伏の姿になっているのではないかとみられもする。大天狗である（和歌森太郎『山伏』）。市中では一般に評判は悪かった。『愚管抄《ぐかんしょう》』が不可測な事件を「偏《ひとえ》に天狗の所為なりと思えり」と書くように、社会秩序を乱すものと考えられていたのであった。

しかしながら、山や里の生活者には、天狗は山の自然を乱すものを制裁し、山の自然を守ってくれるとも考えられていた。山に住む天狗は、怖がられもしたが、尊崇もされていたのである。

天狗は山に棲む河童

河童と天狗は、その原型である蛇と迦楼羅にさかのぼれば、宿敵の関係にあったが、日本では河童と天狗はそれぞれ川と山とをナワバリとして棲み分けていたといえよう。しかし、河童は春から秋までの稲の時期を里で暮らすが、収穫が終わると、ふかい山にもどり、冬のあいだはそこで過ごすとも考えられていた（柳田国男『山の人生』）。山の河童は山童《やまわろ》ともよばれたが、それが天狗でもあるといい、逆に、天狗が水辺にくだると河童に姿を変えるともみられていた。たしかに天狗のとがった嘴は河童の嘴に似ている。天狗の指も河童とおなじように先を尖らしていたのであり、琵琶湖・竹生島《ちくぶしま》の宝厳寺《ほうごんじ》には天狗の爪がある。竹生島には天狗をまつる天狗社もあり、満濃池の龍をさらった比良山の天狗たちは、この島を拠点にして、琵琶湖上を我が物顔に飛び回っていたという。

河童の詫証文はよく知られているが、伊豆《いず》・伊東《いとう》の妙照寺には天城《あまぎ》山の天狗が書き残した詫証文が伝わり、いまでは同地の仏現寺《ぶつげんじ》の寺宝となっている。河童と同様、天狗も相撲好き、だから「天狗の相撲取り場」といった場所は全国各地にある（知切光歳『天狗の研究』）。

この河童の変身した天狗は山にあって、山を荒らすものを懲らしめて、水田を潤す水源の守り神となる。河童と天狗は川を介して結ばれていた水の神にほかならない。河童と天狗のそれぞれの祖先である龍と迦楼羅はがんらい敵対の関係にあったのだが、仏教では、どちらも仏法を守護する八部衆となったのに似てもいる。

吉野・大峯山《おおみねさん》の天狗も京都・鞍馬山《くらまやま》の天狗も名高い天狗である。前者は、役行者《えんのぎょうじゃ》の眷属《けんぞく》として知られ、後者は、牛若丸《うしわかまる》時代の義経《よしつね》が剣術を習ったという伝説でも有名である。天狗が山に棲む水の神であるということから、吉野の天狗と鞍馬の天狗はそれぞれ吉野川や鴨川の水源の守り神でもあったのであり、雨の神社である丹生川上神社や貴船神社とも無関係ではなかったと考えられる。天狗は水の龍（オカミ、ミツハ）と近い場所で稲作のための水を守っていたのである。

第5章　龍と宇宙論

龍《りゅう》の観念は、権力のシンボルであれ、反権力のシンボルであれ、中央集権的な国家権力と不可分のものとして生まれたのである。政治化された蛇、それが龍であった。

　中央集権的な国家を特徴づけるのは龍だけではもちろんない。最古の龍を誕生させたシュメール人は、最初に青銅器や文字や暦などの文明を手にした民族であったが、最初の宇宙論もまたシュメールの粘土板の文書に読みとることができるのである。龍も宇宙論もシュメールにはじまる。龍と宇宙論との関係——この問題が私を龍の探求に導いたのである。龍の誕生と歴史の探索にメドがついたいま、議論の出発点にもどり、龍が宇宙論にどう関わるのかについてあらためて考えたい。

　古代の宇宙論の核心は天と地である。天と地という垂直的な構造の宇宙論は国家権力のイデオロギーとして機能、国家権力は「天」と結びつけて考えられていたのである。ギリシアの貴族は、天の神であるゼウスから生まれた英雄の子孫とみなされていたし、中国の皇帝は「天の子」であった。記・紀の神話も、天皇を高天原の神アマテラスの末裔《まつえい》——「日の皇子《みこ》」であると主張する。

　この天と地の生成の場面で活躍したのが龍であった。すでにバビロニアの神話や旧約聖書についてはみてきたことであるが、あらためて、龍が宇宙の生成にどのような役割を演じていたのかを、日本を含む東西両世界について調べてみたい。

　この宇宙の探求は、人類の歴史のなかで龍のはたしたきわめて重要な一面を明らかにしてくれるであろう。宇宙の生成では主役であった龍は宇宙論の舞台からしだいに姿を消すことになるが、龍の始原的属性であった「水」は、宇宙の原質として宇宙論を基礎づけるのである。そして、この水の宇宙論は、ギリシア、中国、インドの哲学的・科学的宇宙論と自然学をうみだした。なかでも、ギリシアの水の宇宙論は、現代の科学文明の淵源《えんげん》ともなるのである。

1　龍と水の宇宙論——西方世界

龍退治による天地創造

宇宙論もシュメールでの調査からはじまるのだが、しかし、いまから五千年前の古代人の思想を読みとるのは容易でない。円筒印章に彫られた図像から理解できたシュメールの龍とはちがって、宇宙の構造や生成について描いた図像は発掘されていない。われわれは、粘土板文書の断片から、シュメール人の宇宙像を復原せねばならない。それでも、シュメール人が宇宙をどう考えていたか、その輪郭は明らかにされている。

宇宙の基本的な構造は天と大地、それに天と地のあいだにある大気からなる。ただし、天と地と大気はたんなる物理的な存在ではない。それぞれは、天の神アンと大地の神キ、そして大気と嵐の神エンリルとも考えられていた。擬人的な宇宙の構造論コスモグラフィーである。そして、第3章でのべたように、「天」は牡牛《おうし》とも考えられ、シュメールの支配者はその王権をみずからの宇宙論の「天」によって権威づけていたのである。そこで名をあげておいた豊饒《ほうじょう》の女神イナンナはアンあるいはエンリルの娘である。

つぎのような宇宙の生成をかたる神話も伝えられている。宇宙ははじめのとき、「原初の海」が存在していた。そこに天と地との合体した「宇宙山」が生まれる。この「宇宙山」は、天アンと大地キの子である大気と嵐の神エンリルによって分離され、この世界が形成された（前掲、*Sumerian Mythology*）。

シュメールの宇宙論のなかで重要なもう一柱の神がエンキである。知恵の神ともみられるこの神はがんらい水の神であった。大地キに湛《たた》えられた生命と生産の水であることから大地の神エン・キと呼ばれ、治水や灌漑《かんがい》に当たる知恵の神ともなった。

第2章では、シュメールには蛇から進化した龍とそれを退治する神話が伝えられていることをのべた。しかし、龍退治の神話と宇宙の生成との関係をしるす文書は見つかっていない。龍と宇宙論との関係を明瞭《めいりょう》に読みとれるのはバビロニアの「エヌマ・エリシュ」であった。系譜上エンキの子とされた英雄神マルドゥクは、天の神の命によって龍と水の神であるティアマトを退治、二つに裂いて（水の）天と（水の）地を形成したのである。龍は宇宙の原質、始原ととらえられていたのである。

マルドゥクがティアマトの退治のために授けられた武器は嵐と雷。マルドゥクは嵐の神エンリルの性格をあわせもつのであって、そのため、この龍の退治による宇宙の創造の物語はもともとシュメールのエンリルについての物語であったといわれている（H・フランクフォートほか『古代オリエントの神話と思想』山室静＋田中明訳）。そうだとすると、**図15・16**（56頁）でみたシュメールの円筒印章に彫られた龍退治あるいは蛇退治の図像はエンリルによる宇宙の創造を表わしているのかもしれない。

天地の創造につづいてマルドゥクは、黄道十二宮に天の神々を割り当て、月の神、太陽神の行動を規定する。さらに、山、川、泉などの地上的事物は、龍ティアマトの屍《しかばね》の残りの部分からつくられた。マルドゥクは、天地・万物の創造者であり、世界秩序の支配者と位置づけられたのである。

バビロニアの宇宙生成論コスモゴニーをかたる神話は「エヌマ・エリシュ」だけでない。たとえばペルシア湾岸、ウルの近くにあった都市のエリドゥには、一面が水であった世界のはじまりのときマルドゥクは筏《いかだ》をつくって水に浮かべ、その上に葦《あし》の小屋を建てたが、やがてそれは大地となった、という水に浮かぶ大地の生成をかたる神話が伝えられていた。龍とは関係のない宇宙論も存在していたのであるが、この宇宙論でも水との関わりはふかい（G. S. Kirk, J. E. Raven & M. Schofield, *The Presocratic Philosophers*）。

深淵ヌンにはじまる宇宙論

エジプトの聖蛇ウラエウスや悪蛇アペプがエジプトの宇宙論に直接関与することはない。蛇や龍を殺して宇宙を創造するというような神話は伝えられていない。宇宙論の主役は、神話化されたナイル河である深淵ヌンなのである。そこにはアペプが棲《す》むが、アペプを殺して天地をつくるといった宇宙論は見いだせない。

宇宙の構造論コスモグラフィーについていえば、基本的にはメソポタミアとおなじく天と地からなる。大地ゲブはエリドゥの宇宙論と同様、深淵ヌンの上に浮かんでいる円盤と考えられていた。天は四本の柱で支えられるという神話もあるが、広く認められていたのは、大気の神シュウが、両手で支えているという考えである。

ヌンは宇宙生成の始原でもあった。たとえば下エジプトのヘリオポリスに伝えられた宇宙の生成論コスモゴニーはつぎのような神話であった。ヌンから最初に生まれたのが、太陽神ラーと同一視されるアトゥム。このアトゥムの子として生まれたのが大気の神シュウとその妹のテフヌトであり、この二神から天の女神ヌトと大地の男神ゲブが誕生する。しかし、ヌトとゲブは抱擁しつづけたまま、そこで父のシュウは二人を離し、天と地を形成する。シュウの役割はメソポタミアのエンリルに通う。

聖書の神と龍

龍を殺して天と地を形成するというメソポタミアの龍の宇宙論をひきついだのが、聖書の宇宙論であった。前にも引用したが、「詩篇」七四章では、龍のレヴィアタンが頭を砕かれ、それによって泉と流れが開かれ、光と太陽が設けられ、地の境が定められ、夏と冬が分けられたのである。

むろん、聖書の正統的な宇宙論は、神エロヒームが「淵」や「水」からなる混沌《こんとん》の世界から、天地、日月、動植物、人間を創造したという「創世記」第一章に提示されている宇宙論である。「創世記」第一章では、神はヤーウェでなく、エロヒームと呼ばれている。このエロヒームが世界を「無」から創造したというのは、神の全能性と絶対性を強調しようとするアウグスティヌスにはじまる解釈なのであって、神は水を材料として天地・万物を創造したと理解するのがすなおな読みかたであるとおもう。神によって創造された水の天と水の大地が「淵」や「水」と無関係というのはあまりにも不自然な解釈である。じじつ、キリスト教の内部でも「無からの創造」は不可能であり、神は混沌の物質に形をあたえることで世界を作りあげたという、ギリシア的な見解も唱えられていたのである。

前述のとおり、聖書の「淵」テホームは語源的にバビロニアの龍のティアマトを源流とする。そこは、龍の棲みそうな、かぎりなく深い水の淵なのである。神も水を必要としたのである。

ユダヤ人の宇宙論の独自なところは、宇宙の生成方法、あるいはヤーウェやエロヒームの性格、神の超越的な能力にあった。ヤーウェあるいはエロヒームにはバビロニアの英雄神マルドゥクの影を認めることができるのであるが、宇宙の創造にさいしてみずからの手をくだすことはない。「言《ことば》」だけで宇宙を創造する神に変貌《へんぼう》しているのである。

この創造にさいして神から発せられた「ことば」を強調するのが、新約聖書の「ヨハネによる福音書」であった。それは、つぎのようにはじまる。


はじめに言《ことば》があった。言は神とともにあった。言は神であった。この言ははじめに神とともにあった。すべてのものはこれによってできた。できたもののうち一つとしてこれによらないものはなかった。


「創世記」の神による天地の創造を「ことば」ロゴスに焦点をあて叙述する。ここでは、龍はもちろん水についても語られない。

このヨハネによる「創世記」の解釈は、「創世記」の創造神を否定するグノーシス派を意識したものであり、ギリシア哲学のロゴスを援用することで聖書の神の絶対性を擁護、グノーシス派の聖書批判に反論しているのである。「ヨハネによる福音書」はそのあとで、「そして言は肉体となりわたしたちのうちに宿った」とのべ、歴史的キリストを認めないグノーシス派を論駁《ろんばく》しているのである。

豊饒の呪術《じゅじゅつ》に生きた農民の関心は自然の力と秩序にむけられ、そこには蛇の神をはじめとする多神教的な神話世界が構想された。しかしいまや、その全自然を創造・支配する一個の神が出現する。秩序の原理が唯一の神、あるいは神の「ことば」となるのである。

ギリシア人は龍の生命力を受けついだ

聖書の宇宙論はヨーロッパの宗教だけでなく、科学を含むヨーロッパ文化全体に影響をおよぼした。だが、現代を支配する科学の源流というのであれば、それはギリシアの自然哲学にさかのぼれるのである。そして、ギリシアの宇宙論と自然哲学の祖とされるのがミレトスのタレス。その宇宙論も水の宇宙論であった。

水に浮かぶ大地というコスモグラフィーと、水から世界は生成されたというコスモゴニー。水を始原アルケーとする水一元論の宇宙論であり自然哲学であった。一神教の宗教が生まれなかったギリシアでは一元論の哲学が出現していたのである。

タレスが水の宇宙論を唱えた理由について、アリストテレスは『形而上学《けいじじょうがく》』のなかで生殖や栄養に水分が不可欠であるからとのべ、近代では、J・バーネットが水が氷にも蒸気にも変化しうるという水の物理的性質に結びつけて考えていた（『初期ギリシア哲学』西川亮訳）。しかし、メソポタミアやエジプトの神話の研究が進んだ今日では、タレスの宇宙論は「エヌマ・エリシュ」やエリドゥの神話的な水の宇宙論あるいはヌンの神話的な宇宙論の影響のもとに生まれたと見られている（前掲、*The Presocratic Philosophers*）。

当時地中海貿易の中心地であったミレトスは、メソポタミアやエジプトの文物を手にすることができ、外国の人間と接することのできたポリスであった。タレスについていえば、ギリシア人とともに地中海貿易を支配していたフェニキア人の血を引く人間であるとの伝承やエジプトを訪問したとの伝承が残されているのである。

タレスより以前、イオニアとアイオリスの境界近くで生まれたと伝えられるホメロスは、『イーリアス』のなかで、「万物を生成するオケアノス」「大地をめぐるオケアノス」という大洋オケアノスの宇宙論をかたっていた。オケアノスはウラノスとガイアの子、姉妹のテテュスを妻として多くの子どもをもうける擬人的な神であるが、ホメロスは自然的・地理的な概念としても考えている。

したがって、タレスの宇宙論にメソポタミアやエジプトの影響が認められるとしても、タレスの発想の起点には民族の神話が伝えるオケアノスがあったとみるべきであろう。ただそうではあっても、オケアノスという観念自体がギリシア固有のものではなく、バビロニアあるいはエジプト起源であることも心にとめおかねばならない。

タレスとタレスを継承したギリシアの宇宙論・自然哲学とくにアナクシマンドロスの「無限なもの」やデモクリトスの「原子」に代表される前ソクラテス期の自然哲学の特質は、自然はみずから運動・変化するという物活論的な自然観に立脚している点にある。この点において、自然は自然を超越した神によって創造され、支配されるという「創世記」の自然観とするどく対立する。

しかしその一方で、タレスの水の物活論は、オリエントの宇宙観・自然観に底流していた蛇と龍で象徴される水の生命力を受け継いだとみることができよう。ヘブライ人が龍を倒したマルドゥクの権力と威力を引きつぎ、超越的な神を創造したと考えられるが、前ソクラテス期のギリシアの哲学者たちは龍のもつ生命力を継承していたということができる。

龍の生命力をとりいれたといっても、タレスの宇宙論はもとより、ホメロスの宇宙論でも龍はなんの役割も担わない。英雄に退治されるドラコーンたちが、天地や万物の形成にかかわることはない。オケアノスについても、それが龍であるとも、そこに龍が棲むとものべていないのである。

オルペウス教の宇宙論の龍

ただ、タレスとおなじころギリシア本土と南イタリアのギリシア植民市に広まったオルペウス教の宇宙論には、龍が顕《あら》わな姿を見せていたようである。ディオニュソスの信仰を母胎に生まれ、魂の転生と不死、浄化による魂の救済を説くオルペウス教徒自身によって語られた宇宙論をわれわれは手にしていないのだが、ずっと後、新プラトン主義者たちが引用するオルペウス教の宇宙論のなかにオルペウス教の龍が認められる。たとえば、後二世紀後半、アテナイのアテナゴラスは、

というのは、水は、彼（オルペウス）によれば、すべての物の始原であり、その水から泥がつくられ、水と泥との両者から生き物の龍が産みだされた。龍は生えでるライオンの頭をもち、その中央部にはヘラクレスともクロノスとも呼ばれた神の顔がつけられていた。ヘラクレスは巨大な卵を産み落としたが、それは完全に満たされていたのだけれども、産んだものの重みのため圧し潰され、二つに割れた。それによって上の部分は天《ウラノス》に、下の部分は大地《ゲー》になった。

と記していた（前掲、*The Presocratic Philosophers*）。

このようにオルペウス教の宇宙論はオリュンポスの神話と混淆《こんこう》した形で語られるの

で、オルペウス教の宇宙論の原形を再現するのは難しい。それでも、水を始原としながらも、水についで龍が見られるのは、オルペウス教独自のものと考えられるのである。そこにはオルペウス教の母胎となったディオニュソス信仰にみられる豊饒の蛇とのつながりを認めることができるかもしれない。

ホメロス、ヘシオドス以前にさかのぼれば、ギリシアの地でも蛇の宇宙論が存在していた。ギリシア先住民のペラスゴイ人のあいだでは、「天地と万物は大蛇と宇宙という名の卵から躍りでた」という宇宙の生成についての神話が伝えられていたのである（R・グレーヴス『ギリシア神話』高杉一郎訳）。「天地」や「宇宙」というのはオリュンポスの神話による潤色であろうが、ギリシアの先住民のあいだでは、新石器時代以来の蛇の信仰にもとづく動植物と人間の出現を説く神話が語られていたことをうかがわせる。国家権力の出現以前の、農民によって語られていたコスモゴニーといってよいであろう。そうであれば、オルペウス教の龍のコスモゴニーは、ディオニュソスの信仰とともに、土着のコスモゴニーを受けついだものであるともみることができる。

ミッドガルドの蛇とオケアノス

ギリシアを離れて、北欧のゲルマン人の神話『エッダ』を見ると、そこでも蛇の宇宙論に出あう。ミッドガルドといわれる円形の大地の周囲には大洋が横たわり、その

図80　ミッドガルドの蛇。舟上の人物はトールとヒュミル（E.トンヌラ＋G.ロート＋F.ギラン『ゲルマン、ケルトの神話』みすず書房）

大洋には巨大な蛇が棲み大地をとり巻いているのである。ミッドガルドの蛇である。蛇とはいっても、大洋のなかで嵐を吹き上げ、毒気を吐く巨大な蛇は龍のイメージである。

この蛇と闘うのが嵐の神のトール、ギリシア神話のゼウスに相当する。あるときトールは、蛇を退治しようと巨人ヒュミルと舟ででかける。蛇はトールの釣り糸の餌に食いつくが、恐怖に駆られたヒュミルは釣り糸を切ってしまい、それで蛇に逃げられてしまう（図80）。最後の決戦は、世界の終わり、「神々の黄昏《たそがれ》」のとき。トールは槌《つち》で怪物の頭を打ち砕き、倒すが、トールも怪物の毒気によって死ぬ。相打ちである。

ゲルマン人の神は不死の存在でない、ギリシアの神とくらべても人間的である。しかし、ギリシアとのつながりも否定できない。とくに、宇宙論についてもそうである。『エッダ』は、大地のまわりをめぐる大洋という観念に加えて、大地の上方には天界ムースペルスヘイムが、下方には地下世界ニフルヘイムが存在するとも語る。ミッドガルドというのはムースペルスヘイムとニフルヘイムとの「中間にある家」のことなのである。この北欧の宇宙論は天ウラノス、オケアノスをめぐる大地ガイア、地下世界タルタロスからなるギリシアの宇宙論によく似ているのであって、それゆえ、ギリシアの影響が考えられているのである（E・トンヌラ＋G・ロート＋F・ギラン『ゲルマン、ケルトの神話』清水茂訳）。

ミッドガルドの蛇が棲む大洋はホメロスのオケアノスにさかのぼれる可能性があるということであり、そうであれば、ホメロスはなにものべていないが、ギリシアの神話的な大洋オケアノスにも龍・蛇が棲んでいた、あるいはオケアノスは龍・蛇であった可能性にも導かれることになる。実際ギリシア神話でもオケアノスの長子である河の神アケロオスは下半身が蛇である魚の神であると伝えられているのである。

西方の宇宙論は反権力のシンボルであった龍にはじまった。権力のシンボルと見なされ、宇宙の比喩《ひゆ》とされた牛や馬は、宇宙論の発達にはほとんど寄与をしなかった。龍にしても龍そのものは宇宙論から排除され、龍の始原的な属性である水に置き換えられる。いわば脱龍化の歴史でもあったのだが、水の宇宙論には、農耕の民が乞《こ》い求めた豊饒の水と蛇にもさかのぼれる龍の生命力が流れていたのである。

るようになる。

宇宙の表現としての庭園

近代の宇宙論では、水さえもが特別な役割を演ずることはない。宇宙は幾何学的な構造をもち、回転する歯車からなる時計に喩《たと》えられる、機械仕掛けの世界と考えられるようになる。

ヨーロッパでこの新しい宇宙論が誕生する時代、直線と円とから構成される整形式とよばれる庭園が流行していた。庭もまた幾何学的であることが好まれた。その代表的な庭園が太陽王ルイ十四世によって十七世紀の後半に造成されたヴェルサイユ宮苑である。徹底して調和と均整を強調するこの整形式庭園は、政治秩序と権力の象徴であると同時に、この時代の宇宙観を反映したものでもあった。同心円状の、天球を象《かたど》った庭園もつくられていた。

ヨーロッパの庭園によく見かける日時計も宇宙的な庭にふさわしい。太陽の運行を写し、時を刻む日時計は実用のためよりも天の象徴として据えられたのであった。そして、ヨーロッパの庭園に欠かせないのが池や噴水、大地の象徴である水は幾何学的に構成されて、庭園の主役をになう。

しかも、ヴェルサイユ宮苑には龍の彫像のおかれた「龍の池」が設けられているように、龍の像や龍の噴水も人気をよんでいた。最初期の宇宙論にあらわれた龍が、人工の泉である噴水とともにまったく新しい宇宙論が登場する時代に、庭の宇宙のなかに姿を見せるのである。

２　龍と水の宇宙論――東方世界

天地の創造神である伏羲と女媧

メソポタミアやイスラエルでは龍を退治、それによって宇宙を創造したのであったが、中国で龍の退治は神話の主要なテーマとはならなかった。だからであろう、中国の宇宙論における龍・蛇の役割はまったく別であった。マルドゥクやヤーウェのように龍を退治して世界を創造するのではなく、龍・蛇である神が宇宙創造の主体、創造者と考えられていたのである。

男性神の伏羲《ふくぎ》と一対の神であった人面蛇身の女性神・女媧《じょか》がそうである。後漢の『風俗通義《ふうぞくつうぎ》』によると、女媧は、黄土を手でこねて人間をひとりずつ造りはじめたが、それでは手間がかかりすぎるので、後には、縄を泥の中でひきまわし、それを引き上げたとき雫《しずく》となって落ちた泥から人間を生みだした、という。『淮南子』覧冥訓によれば、あるとき天を支える柱が折れて天の水が流出、大洪水となって地上は終末的な混乱におちいったとき、柱を補修して天と地をもとにもどしたのも女媧であった。禹の治水の神話と共通する説話である。

伏羲と女媧はおそらく独立の神であったのだが、漢代までに二神は夫妻の神とみなされ、**図13**（49頁）で見たように、二蛇交合の形で図像化されるようになる。この図像で、伏羲が矩《さしがね》を、女媧が規《ぶんまわし》（コンパス）を手にするのは、中国の伝説的なコスモグラフィーでは、天は丸く、大地は正方形であるという天円地方の宇宙論に対応する。規は円形の天の創造のために、矩は方形である大地の創造のための道具なのである。したがって、この図像表現からは、女媧は伏羲とともに、人間と天地の創造の神とみなされていたといえる。

盤古も龍の神

天地と万物の生成との関係がはっきりと語られているのは巨人・盤古《ばんこ》の神話である。暗黒の卵から生まれた盤古が成長するとともに、天は高まり、一万八千年たってその高さは九万里におよぶ。やがて盤古にも死がおとずれるが、そのとき、盤古が、吐き出した息は風と雲、声は雷鳴となり、左眼は太陽に、右眼は月となり、手足と体は大地の四極と五方の名山に変り、血は河川に、筋は道に、肉は田畠《たはた》に、髪と鬚《ひげ》は天上の星々に、皮膚と毛は草花樹木に、歯、骨、骨髄などは金属、石、珠、玉となり、汗は旱天《かんてん》の天露となった（袁珂《えんか》『中国古代神話』伊藤敬一訳）。

この盤古神話を伝える『三五歴記《さんごれきき》』や『述異記』では盤古が龍・蛇の神であるとは

のべられていない。しかし、袁珂は、その性格から、『山海経』にあらわれる人面蛇身の神・燭龍《しょくりゅう》神に相当すると考えている。『山海経』大荒北経によると燭龍神の身の丈は一千里、眼を開くと世界には光が満ちあふれ、閉じれば闇の夜が大地に訪れる。「息を吹けば、暗雲がたれこめて雪が舞い、冬になる。息を吐くと、たちどころに日がかっかと照って、石も焼けんばかりに暑くなり、夏となる。一呼吸すると万里の巣まで大風が吹くのである」。盤古は宇宙論的な龍の神だったというのである。

じつは伏義の古い時代の性格はよくわかっていないのであるが、盤古が人面蛇身の神であったとすると、伏義は盤古と同一神であった可能性が大きい。語源的に伏義と盤古は同根であるとの説もある（前掲、『中国神話』）。とすれば、伏義と女媧とは、がんらいは天と地を創造した神と人類を創造した神の組み合わせであったといえる。

中国哲学の水

龍の宇宙論につづいて、水の宇宙論があらわれるという点では、西方世界に共通する。

最初の中国の宇宙論者ともいえる老子《ろうし》は、『老子』のなかで天地万物の始原と根源は「道」であるとし、その「道」について、「淵《えん》として万物の宗《そう》に似たり」とか「湛《たん》として存する或《あ》るに似たり」とのべる。「道」を淵や湛えられた水に譬《たと》えるのである。

あるいは、

上善は水の若《ごと》し、水善く万物を利して争はず。衆人の悪《にく》む所に処《よ》る。故に道に幾《ちか》し。

とものべていた。最高の善は水に似ている。水は万物に恵みを与えて他と争わず、他の嫌うところに身を置いているからだ。だから、水は道に近い、というのである。『荘子《そうし》』によると、孔子は老子を龍のような人物であると讃《たた》えたというが、老子には、龍の宇宙論はみとめられない。水の比喩が使われた「道」の宇宙論であった。

中国の宇宙論は天と地とともに方位を重視する宇宙論であり、この方位の宇宙性を基礎づけるのが五行説であった。東南西北と中央はそれぞれ五行の木火金水土に対応、色では青赤白黒黄に割り当てられる。漢代以降、五行説は、その象徴性が強調され、物質的元素論というよりも自然界・人間界全体を象徴的・相関的に説明する原理とみなされるようになる。そこで水が特別視されることはなく、色では黒、方位では北、季節では冬に対応するひとつのシンボル的要素とみられてきた。

しかし、五行説についての最古の記述といえる戦国時代の『書経《しょきょう》』洪範《こうはん》篇には、一は水と曰《な》（為）す。二は火と曰す。三は木と曰す。四は金と曰す。五は地と曰す。

とある。水を第一とし、火・木・金・土とつづく五行説である。それは、木・火・土・金・水の順序である五行相生《そうしょう》説や木・土・水・火・金の順序である五行相剋《そうこく》説といった、のちに中国人のあいだに定着する五行説よりも古く成立していたのであり、後者のふたつはどちらも循環的な五行であるのにたいして、これは宇宙の生成の順序を示す五行説と考えられているのである。つまり、中国でも、五行説の成立期、あるいはそれ以前には、水を始原とするコスモゴニーが存在していたことをしめしている（J・ニーダム『中国の科学と文明・2』吉川忠夫ほか訳）。

龍・蛇と水とのふかい関係を想起すれば、中国の水の宇宙論も、伏義・女媧神話に見られた蛇の神話的なコスモゴニーの流れをくむと考えられよう。五行説で水に対応するのは方位では北、四神では玄武。玄武は大地を象徴する亀に巻きつく蛇で表わされてもいる。

そして、この水の宇宙論は、「道」から「万物」の生成を唱えた老子や「気」を存在と生の原理とする哲学を説いた荘子をはじめとする哲学的なコスモゴニーを準備したともみることができる。アナクシマンドロスの「無限なもの」やデモクリトスの

「原子」を始原アルケーとする、自然哲学の先駆けとなったタレスの宇宙論と同様の役割である。

風水説と龍

これらの哲学的な宇宙論は龍とは無縁であった。しかし、深い水の淵《ふち》に潜んでいた龍は不死身である。漢代に民衆のあいだに根を下ろした一種の宇宙論であり、今日でも土地の吉凶を判断するのに使われている風水説では龍が生きているのである。大地にも人体と同様に気の流れがあり、後三世紀末に書かれた『葬経《そうけい》』によると、その「気は風に乗って散じ、水により止まる」ことから、風水とよばれたという。また、大地の起伏とそれにともなう自然の「気」の流れは龍の体にも擬せられるのであって、「龍脈」と称された。山脈のはじまるところは「起龍」、突出した小高い丘は「龍脳」、ゆるやかな窪地《くぼち》は「龍穴」と呼ばれ、この「龍穴」にはもっとも「気」が集中するという。そのため、「龍穴」は、人間の居住するにも死者の埋葬にも理想の地とみられ、宮殿や寺院や墓がつくられたのである。

実際に風水先生が重視したのは水の流れであった。龍が休み、水を飲む場所ともみられていたのである。だから、背後に山を控え、前方は水に囲まれているところが、人間の居住に適した空間と考えられていたのである（山本斌『中国の民間伝承』）。

風水説に龍があらわれるのは、龍が宇宙論的に水のシンボルであったからにほかならない。宇宙の始原が水から「気」と考えられるようになっても、シンボルとしての龍はなお生命を失っていない。

『リグ・ヴェーダ』の「宇宙開闢《かいびゃく》の歌」

インドにも、世界は巨人の体から創造されたという説が唱えられていた。『リグ・ヴェーダ』に伝えられている「原人プルシャの歌」である。千頭、千眼、千足をもち、身の上部の四分の三が天、下の四分の一が大地であるという巨人を犠牲にして神々が祭祀《さいし》をおこなったとき、巨人から馬、牛、山羊《やぎ》、羊などが生まれ、意（思考器官）から月が、眼から太陽が、口からインドラとアグニが、気息から風が、臍《へそ》から空気が、頭から天界が、両足から大地が、耳から方位が生じたという。また、その口はバラモン（司祭者）に、両腕はクシャトリア（戦士）に、両腿《もも》はヴァイシャ（庶民）に、両足はシュードラ（隷民）になったともいう。

宇宙を人間と同一視する原人プルシャの創造神話は中国の盤古神話と共通する宇宙観がみられるが、しかし、原人プルシャは龍や蛇とは考えられていない。インドラによる悪龍アヒ殺しの歌も、マルドゥクによるティアマトの殺害の神話に見られたように宇宙の生成の神話として解釈されることはない。雨の原因を語る神話なのである。

しかし、水の宇宙論というのであればインドにも存在する。『リグ・ヴェーダ』の「宇宙開闢の歌」は、

一　そのとき（世界のはじまりのとき）には、無もなく、有もなかった。空界もなく、その上の天もなかった。なにものかが動きはじめた。どこでか、誰の庇護の下にか。深く測ることのできない水は存在していたのか。
二　そのとき、死も不死もなかった。夜と昼のしるし（太陽や月や星々）もなかった。あの唯一物は、風もないのにみずからの力で呼吸していた。これよりほかの何も存在しなかった。
三　世界のはじまりのとき、暗黒は暗黒におおわれた。この一切はしるしのない水波だった。空虚におおわれて現われつつあるもの、あの唯一物は、熱の力によって生まれでた。

と、うたう。

世界は「深く測ることのできない水」「水波」と「暗黒」からはじまり、そこに出現した「唯一物」から世界は生まれる。この宇宙論が成立したのは『リグ・ヴェーダ』の最終期、ヴェーダ哲学の到達点に位置づけることができる。

ここには原質としての水とともに、有と無、光と闇、始原の「唯一物」についての思索がみとめられる点にも注目されるべきである。ここからは、自然界の本体としてのブラフマンと個々の人間の本体としてのアートマンとを同一視するウパニシャッド哲学や地・水・火・風の四要素を根本原理とするローカーヤタの哲学は遠くない。もっとも、ウパニシャッドから全インド哲学・宗教史に底流する梵我一如《ぼんがいちにょ》の思想は、宇宙と人間を同一視する原人プルシャの宇宙観・人間観にもさかのぼれよう。

ヤスパースの枢軸時代

蛇の呪術は、東西世界で蛇と龍の宇宙論を産み、そして水一元論の宇宙論が形成された。多様な現象世界を水によって統一的に説明しようとする自然観が、イスラエル、ギリシア、中国、インドなど空間的に遠く隔たった土地に、時間的にはあまり隔たらない時期に誕生したのである。水の宇宙論の同時的な出現、それはヤスパースが強調した「枢軸時代」に先行する人類の歴史のひとつの到達点であったとみることができよう。

かつてヤスパースは、イスラエルにおけるエレミアや第二イザヤらの預言者たち、ギリシアにおけるパルメニデスやプラトンらの哲学者たち、中国における諸子百家たち、インドにおける釈迦とウパニシャッドの哲学者たちの同時的な出現を、人類の知的歴史の転換点ととらえ、それを「枢軸時代」と呼んでいた。それらの地で人間は共通して、全体としての存在と、人間自身ならびに人間の限界を意識し、また、世界の恐ろしさと自己の無力さを経験、そこに、人間は根本的な問いを発するとともに、その問の深淵を前にして解脱《げだつ》と救済への念願に駆られたというのである（K・ヤスパース『歴史の起源と目標』重田英世訳）。

この同時的、同質的な哲学と宗教の出現をどう説明すべきか。ヤスパースが今までのところ方法論的に論議可能である唯一の答であるとするのは、アルフレッド・ウェーバーの仮説——前二千年紀、馬車と騎馬を有した民族がユーラシアを移動、それによってヨーロッパ・中国、インドの文化が同化されたという考えである。しかし、ヤスパースはこの仮説によっては十分な説明はできず、同時的かつ同質的な哲学と宗教を生んだ先行条件を形成したにすぎないとのべるとともに、ヤスパース自身は、「この突如の精神の破開の事実は、あらゆる角度から眺められ、いろいろな面で心に刻み込まれ、その意義を心にとめて解釈さるべきであり、かくしてそれはさしあたり、近づくほどにいよいよ増大していく謎としての印象を与えるに至る」と吐露していた。

しかし、全地球的な広がりをみせた蛇の呪術を基礎にして神話的な水の宇宙論が発生、それが哲学的な水の宇宙論に発展するとともにそこから「創世記」の宇宙論、「無限なもの」や「原子」をアルケーとする自然哲学、「道」や「気」の宇宙論、ブラフマン＝アートマンの哲学の誕生をたどってきたわれわれには、けっして「いよいよ増大していく謎」ではないようにみえる。むろん、そこでは神話的な水の宇宙論から哲学的な宇宙論や自然哲学への転換がいかになしてなされたかが問われるべきであろうが、この点にかんしては、ギリシアと中国を中心に以前に議論したことがある。したがって繰りかえしを避けるが、簡単にいえば、都市文明の成立と商工業の発達によって促された合理的な思考の所産と理解せねばならない（拙著『科学と科学者の条件』）。

しかし、都市文明の成立と商工業の発達には、アルフレッド・ウェーバーの主張するようにユーラシアの各地に都市文明を運んだ馬車の民族が果たした役割はきわめて大きかった、と私も思う。馬は宇宙のシンボルともなったが、馬車はユーラシアに政治的な新秩序を形成するための最強の軍事力であり、物と人の交流のためにもっとも効率的な輸送手段であった。人間の移動は思想の移動でもあった。これらの問題についても、私は別のところでとりあげた（前掲、『車の誕生』）。

マヤの宇宙論と水

ここまで議論がすすむと、龍については東方の龍の仲間に入れることのできた新大陸の宇宙論にも触れないわけにはいかない。とくに興味がもたれるのは、「太陽のピラミッド」や神殿を建設、天文学や暦法を有していたマヤ文明である。とくに、「太陽のピラミッド」は、メソポタミアのジグラト、エジプトのピラミッド、インドのストゥパ、中国の天壇などと同様な意味をもつ地上に建てられた天のシンボルである。

マヤ人の思想を伝える資料は少なく、その資料も断片的なものである。そのために、マヤ人の宇宙論の全容を復原するのは容易でないのだが、それでも、はっきりしていることがいくつかある（M・D・コウ『マヤ』寺田和夫＋加藤泰建訳）。

それによると、天は十三層からなり、大地は方形である。また、その各方位には特定の色が配された。東は赤、北は白、西は黒、南は黄、そして中央は緑である。新大陸の蛇の神は中国の龍に類似していたが、宇宙の構造論コスモグラフィーもまたよく似ていたのである。マヤ人は、この点ではインド人に似て宇宙は創造と破壊がひとつのサイクルとなってくりかえされるのであって、この宇宙もやがて破壊され、そして新たな生成のときを迎えると考えた。

マヤの歴史と神話を記した「ポポル・ヴフ」は、宇宙の生成論コスモゴニーについて、つぎのように記している。世界の始まりに存在したのは暗黒の水。神々はまず陸地を創造、そこを樹木で覆い、川を流し、動物でみたす。ついで、人間に似た動物をつくるが、それに満足できない。そこで、それらを滅ぼすために、雨を送って、大地を暗黒の水でみたしてしまう。そして、神はトウモロコシの粥《かゆ》から人類の祖先を創造、それと同時に、黎明《れいめい》とともに明けの明星《みょうじょう》が現われ、太陽が昇る。

宇宙のはじまりは水、降雨も重要な意味をもつ。しかし、蛇の神である雨神チャクは登場はしない。残念ながら、資料のうえからは、宇宙の創造に蛇がどう関係するのかは明らかでない。しかし、旧大陸と同様、新大陸にも水にはじまるコスモゴニーが存在していた。水のコスモゴニーの広がりは全地球的だったのである。

洪水神話

世界が水とともにはじまるのに対応して、世界は水とともに終末をむかえるという神話が世界の各地にみられる。洪水神話である。いまみたマヤの「ポポル・ヴフ」でも、神々は、人間の誕生の前に、大地を水でおおってしまうのであった。

最古の水のコスモゴニーが伝えられているバビロニアの叙事詩「ギルガメシュ」にも洪水神話が記されていた。永遠の生命を得るために、地の果てに住む老人のウトナピシュティムを訪ねたギルガメシュは、老人からつぎのような話を聞かされる。

エンリルを中心とする神々は大洪水をひきおこすことを決定するが、知恵の神であるエンキは、ウトナピシュティムに幅と長さのひとしい方舟《はこぶね》をつくり、それに乗りこむよう警告した。やがて大洪水が地上を襲う。警告にしたがって方舟を建造、それに乗りこんだウトナピシュティムの家族と家畜は、七日七夜、水の上をただよい、やがてある山にのりあげる。そこで、鳩と燕《つばめ》を放すと、舞い戻ってきた。まだ水が引かなかったのである。つぎに鳥を放すと帰ってこなかった。水が引いたのである。こうしてウトナピシュティムの家族と家畜は救われるが、もともと粘土からつくられた、ほかのすべての人間は粘土になってしまう。

このバビロニアの洪水神話はシュメールにさかのぼれる。ウトナピシュティムに相当するジウスドゥラの物語がそれである。それを記する粘土板文書は破損が多く、細部は不明なのであるが、「永遠につづく生命」を意味するジウスドゥラという名をもつ人間は、七日七夜にわたる洪水を舟で漂うが、やがて太陽が顔を出し、太陽の昇る地ディルムンに住まわされる、という話である。

メソポタミアの神話をひきついだのが、よく知られている旧約聖書「創世記」のノアの方舟の物語である。神とともに歩んだ義人のノアは、神の命をうけて方舟をつくり、彼と彼の家族と家畜は、人間の罪にたいする神の審判としての大洪水から救われ、洪水後の新しい世界の祖となる。宗教的な倫理性が付与されるのは聖書独自のものであるが、洪水の到来の告示、船の構造、家畜を同船させる点、方舟が山に漂着したこと、鳥を放して洪水が収まったかどうかを探ったことなど、「ギルガメシュ」の洪水伝説との共通性はあきらかである。

メソポタミアの洪水神話の影響はギリシアにもおよぶ。雨の神でもあったゼウスは、堕落した青銅時代の人間を大洪水で滅ぼそうとしたが、デウカリオンは父のプロメテウスの忠告にしたがって方舟をつくり、妻のピュラーとともに難をのがれ生き残った。そしてデウカリオンの投げた石は男の人間となり、ピュラーの投げた石は女の人間となる。

インドでも、人祖マヌだけが大洪水ののちにも生き残り、子孫を生んだと語られていた。マヌは救った魚の予言によって大洪水がおこるのを知り、船をつくったために助かったのである。すでにのべる機会のあったように、中国にも女媧や夏の王・禹によって治められる洪水神話が伝えられていた。

洪水伝説というのは一種の創世神話といってよい。水のコスモゴニーの繰り返しであり、変形である。「創世記」のノアの方舟の物語でも、「大いなる淵の源は、ことごとく破れ、天の窓が開けて」雨が地に降り注ぎ、大洪水がもたらされた。神によって天と地に分けられた水が溢《あふ》れ、世界は原初の混沌に帰したのである。しかし、ノアと彼の家族と家畜のことを思い起こした神は風を地に吹かせ、水を退けた。「淵の源と、天の窓とは閉ざされて」雨は止み、天と地の水の秩序は回復したのである。

日本には洪水のために少数のものをのぞいて絶滅してしまうというような神話や伝説は伝わらない。それでも、八俣大蛇退治は一種の洪水伝説と解釈できたし、私の故郷に伝わる義家伝説も、龍の退治の物語であるとともに、湖の水を排除して豊かな水田を開いたという排水伝説、広い意味での洪水伝説に含めることができる。

3　闇と光と龍

「創世記」の闇

原初の世界を支配していたのは水だけではなかった。マヤのコスモゴニーにあっては暗黒の水が大地を覆うていたのだが、旧大陸の水のコスモゴニーでも多くの場合に原初は暗黒であった。闇から光への宇宙論を含んでいたのである。

「創世記」第一章。そこでは神エロヒームによる創造以前、「闇が淵の面に」あったのである。しかも神の第一日目の仕事は、この闇から光を創造、それによって昼と夜を分けることであった。「神は『光あれ』といわれた。すると光があった。神はその光を見て、良しとされた。神はその光と闇とを分けられた。神は光を昼と名づけ、闇を夜と名づけられた。夕となり、また朝となった」。水からの天と地の形成というのは、それにつづく第二日目の仕事である。

はじめに闇そして光ありきである。そして、光の創造は現実に大地を照らす太陽や月の創造にも先行する。太陽と月の創造は第四日目、光に遅れての天体の出現というのは、黎明の訪れののちに金星や太陽があらわれるというマヤの宇宙論にも語られており、それは、実際にもそうである天体現象を反映した宇宙の生成論であるといえよう。

他方で、聖書は、地下世界は暗黒の世界であると考えられていた。たとえば、「ヨブ記」第一〇章には、そこは死者の往く場所であり、「これは暗き地で、闇に等しく、暗黒で秩序なく、光も闇のようだ」との描写が見いだされる。それにたいして天は光の世界。空間的にも明暗二元論の宇宙論である。

それに神は闇から光を創造しただけでない、神そのものが光でもあった。前に引用した「ヨハネによる福音書」の文は、「この言《ことば》に命があった。そしてこの命は人の光であった」とつづく。神の権能である「ことば」は光なのである。おそらくはおなじ著者による「ヨハネの第一の手紙」第一章には「神は光であり、神には闇がない」とある。「神の子」であるイエス・キリストについても、「ヨハネによる福音書」（第八章）は「わたしは世の光である。わたしに従ってくるものは、闇のうちを歩くことがなく、命の光をもつであろう」とイエスが語ったと記す。

ギリシア神話の闇

ギリシア神話にもよく似た闇から光へのコスモゴニーが認められる。ホメロスは、「そこから万物の生成した」オケアノスをとくに暗黒の神とは考えていない。しかし、ヘシオドスの『神統記』は闇から光への宇宙論を、

カオスから　幽冥《エレボス》と暗い夜《ニユクス》が生じた
つぎに夜から　澄明《アイテル》と昼日《ヘメレ》が生じた
夜が幽冥と情愛の契りして身重となり　生みたもうたのである。

と神統譜の形でかたる。『神統記』の中心的な主題は、原初のカオスからの大地ガイア、天ウラノスの出現とゼウスまでつながる宇宙と神々の生成にあるのだが、その系譜とは独立に、カオスからの闇そして光の生成がのべられるのである。

ヘシオドスも、闇から光へのコスモゴニーを説く一方で、地上世界を光、地下世界を闇とみていた。天ウラノスは大地とのあいだに生んだティタンたちを「みな大地の奥処に隠してしまい、光（の世界）のなかに上ってこさせなかった」とかたるのである。その後、光の世界のゼウスは、闇の世界のティタンと熾烈《しれつ》な闘いをくりひろげることになる。空間的にも光と闇の二元的な宇宙構造論コスモグラフィーが抱懐されていたといえよう。

「創世記」では超越的な神の言葉によってなされた光の出現が、『神統記』では、自然の擬人化、それらの生殖的関係によって説明される。神による創造ではなく、進化的なコスモゴニーではあるという差異はあっても、宇宙の生成のごく初期に、しかも太陽の出現に先立って光の発生を説くなど共通点のほうが目立つ。『神統記』でも、「創世記」と同様、太陽と月の誕生は光の出現の後、天と地の子であるヒュペリオンとテイアの子としてである。

オルペウス教にも闇の始原性が認められる。たとえばアリストパネスの『鳥』は、オルペウス教的な宇宙の生成論を語るくだりのなかで、

はじめにカオスと夜と暗い幽冥《エレボス》とそれから広いタルタロスとがあった。そして大地と空《アエル》と天はまだなかった。その幽冥の涯しない懐ろのなかで、先ず最初に、黒い翼をもつ夜が卵を生んだ。そのなかから、月満ちて、ひかり輝くエロスが、渦巻く風にも似て、背を黄金の翼で光らしながら生まれでた。

とのべる（前掲、*The Presocratic Philosophers*）。ヘシオドスの神話の影響は明らかなのであるが、前に引用したアテナイのアテナゴラスの例でもそうであるように、「卵」があらわれるのはオルペウス教のコスモゴニーの特徴である。

暗黒の怪獣

これら、「創世記」、『神統記』、オルペウス教に共通する闇から光へのコスモゴニー

の起源はどうみるべきなのか。

われわれの眼はまず、イスラエルやギリシアとの関係の深かったメソポタミアとエジプトに向けられるべきであろう。とくにイスラエルとギリシアの宇宙論の源泉とみられた「エヌマ・エリシュ」に当たらねばならない。だが、「エヌマ・エリシュ」では、宇宙のはじまりが闇であるといった表現はみとめられない。ティアマトも凶暴さが強調されても、闇の怪獣とはのべられていないのである。

しかしながら、「エヌマ・エリシュ」の変形といえる神話が前三世紀にバビロンの神官ベロッソスの著わした「バビロニア誌」によって伝えられており、それによると、世界のはじまりは「暗黒と水」であった。そこで、マルドゥクにあたる主は、ティアマトの別名であるオモルカを二分して天と地を形成する。ここでオモルカは「水」とみなされている。しかし、一方で、ベロッソスは、オモルカを「暗黒」とも呼び、主は「暗黒」を二分して天地を形成したとも記しているのである。

ティアマトはじつは暗黒の怪獣であったと推測されるのである。そのことからA・ハイデルは、ベロッソスのいう原初の「暗黒と水」とは、「エヌマ・エリシュ」のティアマトのことであり、いいかえればティアマトというのは闇のなかに広がる原初の水の擬人化である、と結論する（A. Heidel, *The Babylonian Genesis*）。

原初の宇宙の闇はバビロニアにもさかのぼれた。とくに、「創世記」の「淵」テホームはティアマトと同根のヘブライ語であるのだから、「闇が淵の面にあり」というのは、宇宙の原初は闇のティアマトであるというのと起源的に同一であると推定される。そして、「創世記」第一日目の神のことばによる光の創造というのは、闇のティアマトに対する太陽神マルドゥクの勝利が対応するとみることができよう。

ティアマト＝オモルカにみられる闇の龍。世界のはじまりは龍であり、かつ闇であるとの主張なのであるが、龍の暗黒的な性格は、西方の龍の一般的な特性だった。

ギリシア神話の龍エキドナも「大地の奥処」、つまり暗黒の世界に棲む「大蛇」であった。「ヨハネの黙示録」の「赤い龍」は、「光の子」に敵対する「闇の子」の比喩であり、大天使ミカエルによって暗い地獄に閉じ込められる。ジークフリートに退治されるファーブニルは奥深い洞窟《どうくつ》を棲み処《か》とし、聖ゲオルギウスに殺される龍は深い湖に棲んでいた。総じて龍は闇の生き物であるとみられていた。じっさい、ラファエロも、聖ゲオルギウスに退治されるドラゴンを暗い洞窟にすむ黒い体表の怪獣に描いている。

日本神話の龍オカミとミツハはそれぞれ暗淤《くらお》加美《かみ》神・暗龗《くらおかみ》と暗御《くらみ》津羽《つは》神・暗罔象《くらみつは》という名でよばれていた。したがって、水棲《すいせい》の龍は日本でも暗黒の生き物と考えられていたのである。

深淵ヌンの闇と太陽信仰

エジプト人も、世界のはじまりに果てしなく広がっていた深淵ヌンは闇の海であったと想像していた。ヌンは測り知れない深淵と無限と暗闇、そして不可視・空気で特徴づけられているのである。したがってヌンに棲み、太陽神ラーの航行を妨害する悪蛇アペプもティアマトとおなじく闇の怪獣であったとみることができる。

このヌンの闇はエジプト人の太陽信仰に対応する。第一王朝以前に下エジプトで勢力をもっていた太陽信仰は、王朝の統一によって、上エジプトにも広まる。王は太陽神ラーの子孫とみられ、またラーと同一視さえされた。この太陽の支配する光の世界はかぎりない暗黒の世界から生まれたと考えたのである。ヘリオポリスの神話ではヌンから太陽神ラーと同格の神であったアトゥムが生まれたのであり、ヘルモポリスには、ヌンを表わす池の中に光の出現を示す「炎の島」があったという（J・チェルニー『エジプトの神々』吉成薫＋吉成美登里訳）。

オリエント世界の水のコスモゴニーはいずれも同時に闇のコスモゴニーだったのである。したがって、水のコスモゴニーの伝播《でんぱ》についての議論は闇のコスモゴニーにもそのまま適用できるようにおもわれる。メソポタミア、エジプトの闇のコスモゴニーは水のコスモゴニーとともにイスラエルへ、そしてギリシアへ伝わったのだ、と。

しかし、なぜ古代のメソポタミア人やエジプト人は世界のはじまりを暗黒と考えたのか。それを考えるためにも、より広い地域における闇のコスモゴニーを調べねばならない。

東方の闇

中国でもっともよく知られた創造神の盤古が、半人半蛇の伏羲と同一の神であったらしいことについてはすでにのべた。盤古も龍・蛇の神であった可能性があるというのである。だからであろう、人びとは旱魃《かんばつ》におそわれたとき、盤古にも雨を祈ったのである。一方で、盤古は暗い混沌の卵から生まれたと考えられていたし、袁珂が盤古とおなじ神であるとみた燭龍神は、その眼を開くと光明の昼がもたらされる（前掲、『中国古代神話』）。龍・蛇と水と闇のシンボリズム、闇から光への宇宙論は中国の神話にも認められるのである。

龍もあらわれない老子の哲学でも、「道」は水に喩えられるとともに「玄」「玄のまた玄」とされていた。玄は黒のこと、暗い深みをいう。「道」は暗黒というのである。水・火・木・金・土という順序でかんがえられる古い宇宙生成の五行説でも、水は黒に対応するのであるから闇にはじまるコスモゴニーでもあった。

ここで、水から火へというのは、陰から陽へにも相応しよう。したがって、中国の思想史を貫く、陰と陽の二元論も、闇から光へのコスモゴニーとその起源をおなじくすると推察できる。だから、「陰陽」と陽ではなくて陰を先とするのではなかろうか。

水のコスモゴニーとの関連であげたインドの『リグ・ヴェーダ』の「宇宙開闢の歌」では、水の始原性とともに、「世界のはじまりのとき、暗黒は暗黒におおわれた」「夜と昼のしるし（太陽や月や星々）もなかった」とうたっていた。原初は水であり、闇であった。

一方で、おなじヴェーダのなかの「暁紅の女神ウシャスの歌」や「太陽神スーリアの歌」には、光の神を讃える歌が数多く認められるが、それは闇からの解放の喜びをうたう讃歌《さんか》にほかならない。「インドラの歌」でも、インドラは、悪蛇アヒ＝ヴリトラを切り殺して慈雨をもたらしたとき、同時に世界に光をもたらしたとうたわれる。

インドラよ、おまえが蛇たちのあいだで初めに生まれたものを打ち殺し、それから幻力使いの幻力をも挫いたとき、そのとき太陽・天界・暁紅を生みだしつつ、その後おまえは敵を見いださなかった。

「創世記」第一章を思い起こさせる神話であるが、直接には、水と暗黒からの宇宙の生成を哲学的に説明する「宇宙開闢の歌」の原形であったとみることができよう。「宇宙開闢の歌」ではインドラのような創造神や悪蛇は排除され、水と暗黒という無機的な始原からの自立的な宇宙の生成が説かれるのである。

マオリ族・ディンカ族・アイヌ

闇から光への宇宙論は東西両世界に普遍的であるように見える。しかし、これまでに調査の対象とされたのは、東西の、いわゆる古代文明と新大陸のマヤ文明の神話あるいは哲学的宇宙論であった。他の地域ではどうなのか。

たとえば、ニュージーランドのマオリ族。このポリネシア系の民族の創世神話でも宇宙のはじまりは暗黒であった。その暗黒のなかで、長い期間抱擁しつづけていた天ランギと地の神パパが、二人のあいだに生まれた子どものひとりによって離されて天と地が形づくられ、光明がもたらされたという（G. Grey, *Polymesian Mythology*）。

アフリカ・ヴィクトリア湖の北に住むディンカ族のあいだでも、おなじような神話が語られていた。悠久の過去から大地は存在していたが、いまだ光はあらわれず、原初の果て知らぬ闇の深みのなかで相接する天地は見分けることができない。この闇のなかで、神ニアリクは最初にひとりの男アルーを創造、闇にいることがわかるように眼を与えた。そのアルーが斧《おの》をつかって、この世が見える小さな隙間から天地を分割、光明をもたらしたという神話である（阿部年晴『アフリカの創世神話』）。

闇からの天地の分離と光の創造。どちらも、メソポタミアやエジプト、そしてイスラエルにも見られる天地創造と共通する神話である。

じつは、記・紀の天の岩屋戸の神話も一種の闇から光へのコスモゴニーと解釈できるのであって、これについては後述しよう。ここでは、アイヌの口承叙事詩『ユーカラ』で語られてきた、太陽の再生の神話を紹介しておきたい。アイヌの英雄神アイヌラックルは人間に禍《わざわい》をなす龍・蛇を懲らしめ、退治する神でもあるが、日の神を囚《とら》えた魔神を殺し、地上に光明をもたらしてもくれた。『ユーカラ』の「大伝」はつぎのようにかたる。

狐の魔神は日の神を六重に重ねた岩の箱のなかに閉じ込め、それを六重の岩の柵《さく》でかこみ、さらにそのまわりには六重の木と金の柵をめぐらした。その結果、人の世はまっ暗闇となり、命を失う人間も少なくなかった。多くの神が日の神を救おうとするが、うまくいかない。そこで、アイヌラックルがよびだされる。アイヌラックルと魔神の戦いは夏六年冬六年におよぶが、ついに魔神は切り殺され、冥府《めいふ》に追放されて、囚われていた日の神は救出される。そうして、日の神はふたたび人の世を照らしはじめた（金田一京助採集ならびに訳『ユーカラ』）。

夜明けの祭りと宇宙の創造

旧大陸の古代都市文明だけでなく、新大陸のマヤ文明、ニュージーランド、アフリカ中央部、日本にまで広がりをみせる闇のコスモゴニーを伝播・影響によって説明するのはむずかしい。水のコスモゴニーの全世界的な分布を、農耕文化の拡大に伴い世界各地に広がった祈雨呪術に由来すると考えたのだが、暗黒を水の呪術と結びつける理由は認めがたい。

そうであれば、どこに起源を求めたらよいのか。さきに結論をのべれば、闇のコスモゴニーは地域や民族を問わずあらゆる古代人に共通して抱かれていた夜明けの印象を起源とする――闇の神話は、人類に普遍的な心性をもとに生まれた、と私は考えるのである。

マヤの神話が、宇宙のはじまりを、黎明とともに明けの明星があらわれ、太陽がのぼるという夜明けの情景によって語るのもそのためである。それは『リグ・ヴェーダ』にも認められよう。宇宙の最初の光は漆黒の夜空に差しこんでくる光とみられていたのである。ディンカ族の神話「ピニ・アシ・バク」は文字通りには、「世界は分離した」であるが、実際には「夜が明けた」という意味で用いられているという。夜明けは世界のはじまりと重ねて考えられていたのである（前掲、『アフリカの創世神話』）。

夜明け＝世界のはじまりの儀式化ともいえるのが、たとえば、バビロンの新年祭である。この祭りは、主マルドゥクをまつるバビロンのエ・サギラ神殿を中心に、ニサンの月（バビロニア暦の正月、現在の太陽暦の三、四月）の第一日から第一二日まで、夜が明ける一、二ベール前（一ベールは二時間）からとりおこなわれた夜明けの儀式である。この夜明けの儀式の目的は、王権の更新、きたるべき一年の安泰と繁栄を祈願することにあったのだが、その第四日目には、龍ティアマトの退治を主題とする宇宙の創世神話「エヌマ・エリシュ」が読誦《どくしよう》され、それにのっとった聖劇が演ぜられた。夜明けと王権の更新と宇宙の開闢は同質のものであるとみられていたのである。

M・エリアーデも、宗教的な儀式というのは一般的に原初のときにおこなわれた世界の創造の反復であるとのべる（『永遠回帰の神話』堀一郎訳）。このバビロンの新年祭も世界の創造を反復するところの儀式にほかならない。しかし私が強調したいのは、その儀式が夜明けの儀式であるという点である。

キリスト教をみてもそうである。復活祭は宇宙の再創造を象徴する祭りであるが、この祭りも、夜を徹して行なわれ、早朝には戸外に出て日の出を迎える。新しい世の出現、イエス・キリストの降誕を祝うクリスマスも夜から朝にかけての祭り。司祭はこの日には、深夜、早朝、午前にミサをあげる。ここでもイエスは光の神である。

日本の世代わりの儀式であり、ニニギの天降《あまくだ》りという宇宙論的な神話の原型ともみられる大嘗祭《だいじようさい》のクライマックスは亥《い》の刻（午後九時）に執りおこなわれる「宵の御饌《みけ》」と寅《とら》の刻（午前三時）にくりかえされる「暁の御饌」である。

新年の祭りと世界の創造

宇宙の歴史は大いなる一日、宇宙の始まりは一日の始まりと考えられていたといえよう。一方、これらの儀式がとりおこなわれた時期の多くは、光の季節がはじまる冬至や春分の時期が選ばれた。クリスマスや大嘗祭は冬至と重なり、バビロンの新年祭や復活祭は春分のころに当たる。すべて「新年の祭り」にほかならない。天地創造や開闢は太陽の復活する冬至や春分ともおなじ位相で捉《とら》えられていたのである。宇宙の歴史は大いなる一年、宇宙の始まりは一年の始まりでもあった。

他方で、バビロンの新年祭の原形は、バビロニアの農業の祭り、春におこなわれた予祝の祭りにあり、クリスマスも農業の祭りを受けついだ祭りであった。イエスの誕生の期日を伝える記録はなく、一二月二四日の夜が選ばれたのは、クリスマスが当時ヨーロッパ各地で行なわれていた収穫祭がもとになったものであって、その収穫祭が冬至のころの祭りだったからである。ローマ人の代表的な収穫祭というのはギリシアのディオニュソスの祭りを引きついだサトゥルナリアであり、これも冬至のころの祭りであった。春分の日の後の満月のつぎにくる日曜日と決められている復活祭はユダヤ教の過越《すぎこし》の祭りを継承したものである。この過越の祭りの起源は、春の農事の祭りにあり、ニサンの月（ユダヤ暦でも正月）におこなわれた。

冬至のころに挙行される大嘗祭にしても、その原形は農民によってとりおこなわれていた収穫の祭りであった。バビロンの新年祭がそうであるように、農業の祭りが王権の祭りに変容したものにほかならない。

このような点からみれば、闇のコスモゴニーも農耕文化と無関係とはいえない。たしかに、夜明けとともに田畑にでかけて耕作につとめねばならなかった農民にとっては夜明けというのは鮮烈なものであったろうが、しかし、それは農民だけでなかったはずである。むしろ、夜には野獣に襲われる危険に晒《さら》されていた農耕以前の狩猟の民にとってこそ夜の闇は最大の恐怖であり、夜明けはより鮮烈であったにちがいない。

闇にたいする先天的な恐怖

しかも、闇の恐怖の問題は蛇の恐怖の問題によく似ているのである。人間と類人猿にたいしておこなわれた実験から、闇の恐怖もまた先天的なものであるといわねばならないのである。このことについても、カール・セーガンはその理由をつぎのように説明する。恐龍が地上を跳梁《ちようりよう》・跋扈《ばつこ》していた時代、昼間は、肉食の恐龍を避けて身を潜め夜間しか行動できなかった哺乳《ほにゆう》類が恐龍の絶滅後にもっとも警戒しなければならなかったのは、夜間に襲う肉食獣である。この危険な夜についての生物学的な記憶のゆえに、人間を含む霊長類は闇を恐れるのである（前掲、『エデンの恐竜』）。

　そうであれば、夜明けにたいする鮮烈な印象と強い待望というのは、生物学的な祖先にも所有されていたであろう闇の恐怖心を淵源とするのである。このように考えると、闇の龍ティアマト＝オモルカを殺害するという神話は、恐怖の闇からの解放の喜びに源流する神話であったとも解釈できよう。もちろん洪水の恐怖の反映でもあるが。豊饒や多産への願望にねざす龍や水のコスモゴニー。死の夜から生の朝への待望にさかのぼれる闇のコスモゴニー。神話の宇宙論は、天地や万物の起源を説明するだけでない。そこには、人間の原初的・根源的な「生きること」の意味がこめられていたのである。神話の生命力はなによりもこの点にあるのだ。

神々の黄昏と光の勝利

世界は暗黒にはじまるのであれば、世界の終末もまた暗黒であろう。

それをよく示しているのが、北欧神話『エッダ』の「神々の黄昏《たそがれ》」とよばれる終末である。神々と巨人たちとの最後の戦いの日が近づくと、不吉な現象に見舞われる。太陽は勢いを失い、何年ものあいだ暗い冬に覆われ、雪のつむじ風があらゆる場所を襲う。夜明けとともにはじまった世界は、黄昏のときをむかえたのである。

そして、怒りにかられたミッドガルドの蛇も巨大な尾で波をたたきながら近づく。その波は、巨人たちをのせた船を運んでくる。神々の戦いのはじまりである。戦場はヴィグリッドの野。神々の先頭に立つのはゲルマン人の主神オーディンとトール。死闘のなかでオーディンは狼のフェンリールとの戦いで命をおとし、トールは、前にものべたように、ミッドガルドの蛇と相討ちして死ぬ。こうして神々が地上から姿を消すとともに、全世界は火におそわれ、すべての海と河は洪水となり、大地は暗黒の大海のなかに没してしまう。

しかし、世界は新たなはじまりをみせる。オーディンやトールの息子たちによってふたたび神々の世が創造され、焼け残った世界樹の幹のなかに閉じ込められていた男女ふたりから新しい人類が生まれる。新しい太陽も天に輝きはじめる。

キリスト教では、「ヨハネの黙示録」がそうであった。世界の終わりのときに出現するのは、キリストつまり「光の子」に敵対、世界を恐怖の淵に陥れた「闇の子」の「赤い龍」だったのである。

「創世記」から「ヨハネの黙示録」までの聖書の正典は、ひとつの宇宙論であり、人類史でもあるのだが、それは、神による闇からの光の創造にはじまり、闇の終末で終わる。しかし、終末は世界の終わりではなく、キリストの支配する新しい世界の到来が啓示されていた。「闇の子」の「赤い龍」を大天使ミカエルが殺害するというのは、闇のテホーム＝ティアマトによる創造のくりかえし、聖書も『エッダ』とおなじく、闇にはじまった世界は、闇の終末の到来ののち、ふたたび新世界の誕生が期されていたのである。前節でみた水のコスモゴニーと洪水神話とに似た関係にあるといえよう。

4　日本の龍と宇宙論

記・紀の宇宙——垂直的構造

世界の宇宙論の歴史を念頭におきながら、わが日本神話の宇宙論を見ておきたい。世界的な広がりをもつ水と闇のコスモゴニー、メソポタミアやイスラエルや中国にみられた龍のコスモゴニーの議論を踏まえるとき、日本の神話はどのように読めるのか。『古事記』と『日本書紀』におさめられた神話は、天皇を頂点とする中央集権体制のイデオロギーの書である。日本の神話でも、全ユーラシアに共通のものとなった「天」の思想が基調となる。天＝「高天原」と天皇家とを関係づけ、天皇家の統治権を明らかにすることに最大の目的があった。だから、神話のクライマックスは、オオクニヌシから国を譲られたアマテラスの孫神ニニギノミコトが天降り、地上に君臨するというところにあった。

その神話の主舞台は、アマテラスの居する天＝「高天原」とオオクニヌシの支配していた大地＝「葦原《あしはら》の中つ国」である。「葦原の中つ国」の地下には暗黒と死の世界である「黄泉《よみ》の国」が考えられていた。宇宙は、天と大地と地下を基軸とする、垂直的な世界である。

この垂直的な記・紀の宇宙論は、律令制とともに中国から学んだものである。「中つ国」「黄泉」は漢語の借用であり、福永光司《ふくながみつじ》によると「高天原」にしてもそのころ中国で盛んであった道教で聖地の意味で用いられていた「高天」や「皇天原」にもとづくものなのである（『道教と古代日本』）。

当時の日本人が蓋天説《がいてんせつ》や渾天説《こんてんせつ》といった高度な宇宙論を受け容《い》れていた形跡は認められないのであるが、天と地からなるという宇宙の基本的な観念は早くから大和の王権に行き渡っていたとおもわれる。聖徳太子《しょうとくたいし》の十七条憲法にも「君《きみ》をば天《あめ》とす。臣《やつこらま》をば地《つち》とす。天は覆ひ地は載《の》す」との表現がみられるのである。

記・紀の宇宙——水平的構造

そして、垂直的な宇宙構造に加えて、記・紀のなかには水平的な宇宙の広がりが読みとれるのである。この水平的宇宙のシンボルが伊勢と出雲であった。

伊勢神宮が造営されたのは、大和の王権の版図が急速に拡大した天武の時代、大和からみて葦原の中つ国の東端、日の出の地に、三輪の「日向神社」や「天照神社」を原形とするアマテラスの社《やしろ》が建立されたのである。じつは記・紀の編纂《へんさん》がはじまるのも天武の時代なのであるから、伊勢神宮についてのべる記・紀の記事は「現代」の話であったといえる。おなじころ、大和のはるか西、日没の地である出雲には葦原の中つ国の支配者であったオオクニヌシを祀《まつ》る出雲大社が造営された。

高天原のアマテラスは伊勢に、葦原の中つ国のオオクニヌシは出雲にまつられる。天と地にたいして伊勢と出雲を東から西に結ぶ水平の宇宙軸が認識されてもいたのである。この東西の二元的な世界を特徴づけるのは、日の出の明と日没の暗である。陰と陽の思想も読みとれよう（前掲、『古事記の世界』）。

この東西の宇宙軸上、東の海のかなたには垂仁《すいにん》天皇のためにタジマモリが「時じくの香《かく》の木《こ》の実（橘《たちばな》のこと）」を手に入れてきた豊饒と不死の世界「常世《とこよ》の国」が横たわると書紀は記し、位置についての記述は認められないが、西の海のかなたには祖先たちの故郷「妣《はは》の国」が想像されていたようである。

「常世の国」は、記・紀以前の人びとにとっては折口信夫《おりくちしのぶ》が「海岸の村でてんでに考えて居た祖霊の駐屯地であった」とのべているように、けっして東方と定まったものではなかった。「常夜」との表記もあるように、古くは暗と死の世界であったとも思われるのであるが、中国の神仙思想の影響のもとに、そのイメージを変容させ、東方の海上に位置づけられるようになったと推察される。折口が「われわれの祖先たちの恋慕した魂のふる郷」という「妣の国」の場合には、その意味を変えることなく、日没の地であり、敗者オオクニヌシがまつられる死の世界でもある出雲に結びつけられたのは自然である（前掲、『古代日本人の宇宙観』）。

日本神話の宇宙構造論コスモグラフィーは日本的表現が採られているのだが、そこには、天地の観念、陰陽説、神仙説などの中国の宇宙思想、とくに道教の観念が浸透していた。「常世の国」や「妣の国」という、日本人によって古くから抱《いだ》かれていたであろう神話的世界は、陰陽説と神仙説の観点で理解され、記・紀の宇宙論のなかに組み込まれたのである。このように中国の影響が濃厚なのではあるが、しかしここに龍はもちろん蛇も姿を見せることはない。

記・紀の宇宙生成論

同様のことは、記・紀の冒頭に載る宇宙の創世神話についてもいえる。日本的な表現でありながら、道教の影響が読みとれるのである。

天地が生まれる前の、原初の状態について、記は、「国稚《わか》く浮きし脂の如くして、海月《くらげ》なす漂える時」、紀の本文は、「洲壌《くにつち》の浮れ漂えること、譬えば游魚《あそぶいお》の水上に浮けるが猶《ごと》し」と記す。そこから、水辺に生える「葦牙《あしかび》（アシの芽）」が成長するように天地は形成され、海水から「塩」が製造されるようにしてオノゴロ島がつくられ、このオノゴロ島でイザナギ、イザナミは柱のまわりを回わりながらまぐわい、本州、四国、九州をはじめとする島々を生む。

この多重的な構成をもつ記・紀の宇宙生成論コスモゴニーは、全体としてみるとき、水的なコスモゴニーということができる。しかし、「海月」や「魚」のような水の動物が比喩につかわれているが、龍や蛇はその影さえ認めがたい。多重的といってもそこに闇から光へのコスモゴニーも見いだすことができないのである。

この水的なコスモゴニーである記・紀の創世神話は、水田や海辺など日本的な情景を思わせる。しかし、この神話もまた道教の思想と概念をもとにして構成したものなのである。福永光司は宇宙創世の神話で用いられている「葦牙」「浮きし脂」「海月」は、それぞれ道教の錬金術の材料であった黄色の結晶物、脂状の物質、水銀のことであると解釈する（前掲、『道教と日本』）。

それだけでなく「游魚」「塩」も、ここには例文をあげなかったが、書紀の一書の創世神話でつかわれる「雲」なども道教の錬金術からの借用と考えられるのである。イザナギ・イザナミによる国生みには道教の房中術の影響が色濃い。コスモグラフィーもそうであったが、コスモゴニーにも道教の思想が浸透しているのである（拙稿「記・紀創世神話の自然――道教的・錬金術的コスモゴニー」『日本人の自然観』伊東俊太郎編）。

ヨーロッパの錬金術ではカドゥケウスやウロボロスが原理的なシンボルであったが、中国の錬金術でも、龍は生成の原理とみられていた。記・紀の編者にも影響を与えたとおもわれる中国の錬金術書『周易参同契《しゅうえきさんどうけい》』では、錬金術の基本的な金属である水銀と鉛を、それぞれ青龍と白虎に喩えているのである。しかし、中国の錬金術の影響をうけた記・紀の創世神話にも龍は顔をみせない。

日本の宇宙論にも龍がいた

記・紀のコスモゴニーは、隋《ずい》・唐時代の中国でブームとなっていた道教を色濃く反映した宇宙論であった。大陸から伝来した当時としては最新の思想をとりいれた現代的な宇宙論であったといえよう。そうであるならば、それ以前には記・紀のコスモゴニーとはちがうコスモゴニーが存在していたと想像でき、その日本神話の原宇宙論のひとつが八俣大蛇退治であった、と私は考えているのである。

記・紀では、国譲り神話の前段に組み入れられて、それは、前章にのべたように、大和における蛇を信仰していた旧勢力に対する新勢力の勝利を語る神話となるが、より古くは、洪水を象徴する龍・蛇を討ち取り、豊饒の水田を拓いたという創世神話ではなかったか。おそらくは、大和の地でも大蛇退治の創世神話が語り継がれ、それに関連する祭儀がおこなわれていたのではなかろうか。

おなじように、私は、天の岩屋戸の神話も、古い闇から光への宇宙論を下地にした神話であったと考えている。

この神話ではスサノオの狼藉《ろうぜき》のためにアマテラスが天の岩屋戸に隠れた結果、

高天の原みな暗く、葦原の中つ国ことごとに闇し。これによりて常夜《とこよ》往き。

と世界は暗黒となるが、アメノウズメら八《や》百万《およろず》の神々の努力でアマテラスを連れ出し、それによって、

高天の原も葦原の中つ国も、みずから照り明りき。

というのである。この神話は、大嘗祭の前日に挙行される鎮魂祭の神話化であるとみられている。鎮魂祭が冬至の時期の祭りであることを考えれば、天の岩屋戸の神話も衰えた太陽の再生、復活を祈願する神話と解釈できるのであるが、しかし同時に、夜明けに太陽を拝する日向いの儀礼との関連も否定できない。「天の安の河の河上の堅石」をとることよりもはやく、神々が最初におこなったのは、「常世の長鳴鳥《ながなきどり》を集めて鳴かしめ」ること、すなわち、鶏にトキをつかせることであったことに着目すると、起源的には夜明けの印象から生まれた原初的な闇から光へのコスモゴニーであったと推察したくなる。

しかし、記・紀の作者は、八俣大蛇の神話も天の岩屋戸の神話も宇宙の創世の神話としてはとりあげずに、スサノオの物語のなかに挿話として組み入れたのである。記・紀の神話が、そののち日本人の心をとらえることがなかった大きな理由もこの点にあるのではなかろうか。記・紀の神話は、水と蛇のコスモゴニーも闇から光への宇宙論も捨てた、つまり人間の始原的な心性にねざす神話の生命力を失った政治の神話だったのである。もしも、記・紀が八俣大蛇と天の岩屋戸の神話にもとづく宇宙の創世から語られはじめた神話であったならば、もっと人びとに感動をあたえる神話であったろうし、ギリシア神話がそうであったように、日本の文学や思想の源泉にもなりえたのではなかろうか。

仏教の隆盛とともに記・紀の宇宙論は顧みられなくなる。平安中期以降、多くの日本人の支持をえたのは阿弥陀《あみだ》浄土の宇宙論であった。人びとは死後には西のかなたに想像された極楽の世界に住生することを切望するようになるのである。

この浄土思想が日本人の心をとらえたのは、浄土思想の教義そのものだけでは説明できないと思う。記・紀のコスモグラフィーでは形ばかりに組み入れられた、しかし、じつは記・紀以前の日本人の理想郷であった「常世の国」や「妣の国」への憧《あこが》れがその後も日本人の心の深層を流れていたからではなかったか。落日とともにこの世は闇となりながら、太陽の仏ともいえる阿弥陀の光に照らされつづける光明の浄土。この外来の宇宙思想に触発されて、古い日本人の宇宙が蘇《よみがえ》ったのである。

さて宇宙の龍はどこにいったか。仏教の伝来とともに、中国の龍に同化し、仏法の守護神としての龍らしい龍が日本のいたるところに姿を見せる。探幽が描いた龍に類する無数の龍が、仏教寺院、はては神社にも描かれ、彫られるようになるのである。しかし、龍の造形は氾濫《はんらん》してもその龍に宇宙性や生命力を感じることはできない。かつて新しい画風を築いた狩野派の絵師たちにしても、封建秩序に組み込まれ、幕府権力の保護下におかれるとともに桃山《ももやま》時代にみられた豪放さ、創造性は影をひそめる。師の画風にならう、因襲に堕した龍が描かれ、彫られつづけたのである。

横山大観の龍

龍が宇宙性と生命力を付与されるのは、皮肉にも、生命ある動物としての実在がはっきりと否定され、それによってその象徴性が強く意識されたときであった。そのような龍を描いた画家といえば、まっ先に思い浮かぶのは、横山大観である。「朦朧《もうろう》体」という斬新な画法によって、狩野派に代表される江戸時代いらいの日本画を一変させた大観は、龍の表現においても新境地を開いたのである。

大観は、東京美術学校の助教授を辞し、師の岡倉天心《おかくらてんしん》らとともに日本美術院を創立した一八九八年ごろ水墨画の「龍」を描いたことが知られているが、象徴性を強く打

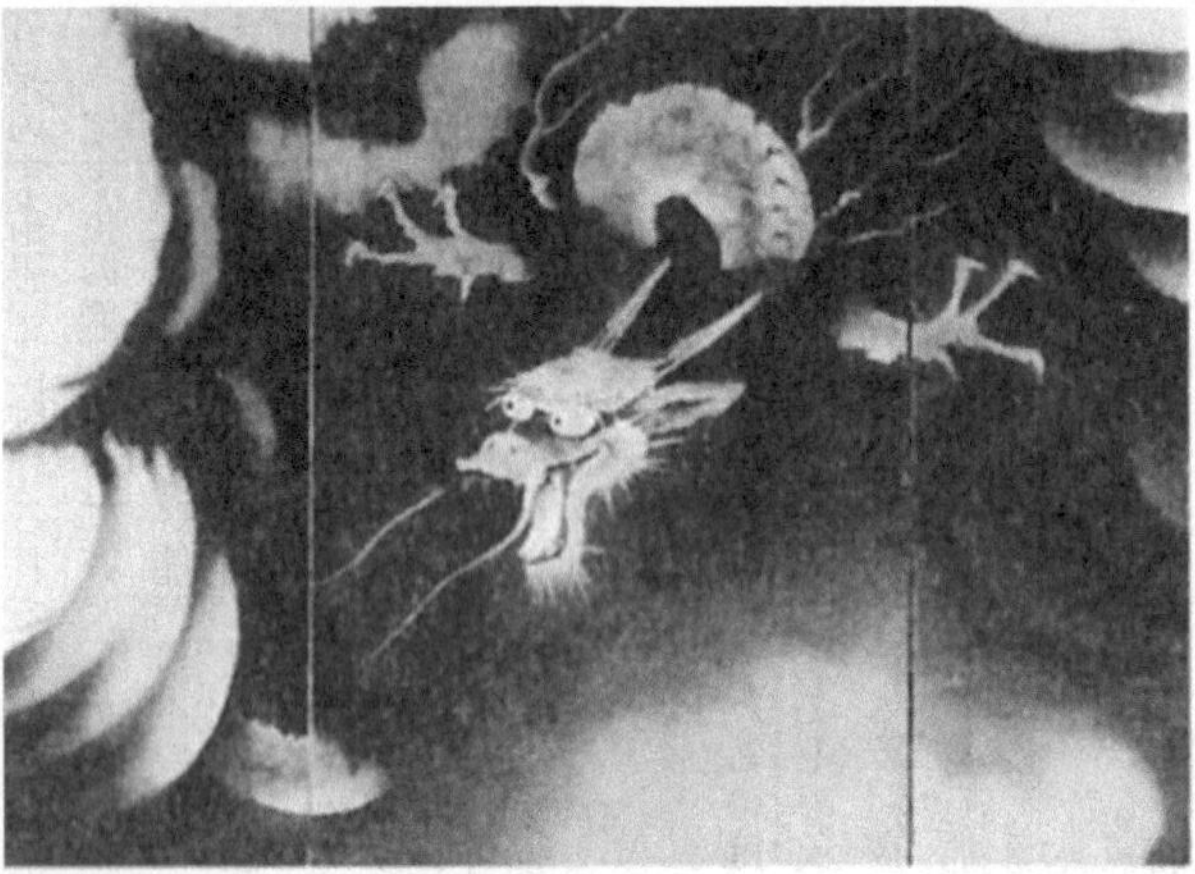

図81　横山大観「龍蛟躍四溟」の龍。部分（『アサヒグラフ別冊・横山大観』朝日新聞社）

ち出した龍というのであれば、一九〇四年、三六歳のとき、天心に随《したが》い菱田《ひしだ》春草《しゅんそう》らと渡米したあいだに描かれ展覧会に出品された水墨画「双龍争珠《そうりゅうそうしゅ》」である。二匹の龍が一個の珠を争う図であるが、この龍は松の枯れ枝によって、また珠は太陽で表現される。龍と珠のテーマを藉《か》りて、大自然の精髄を描出しようとした作品であるといえよう。おなじ構図の彩色画は、翌年イギリスに渡ったときにも描いている。これよりもよく知られている大観の龍図は、一九三六年改組第一回帝国美術院展に出品された、六曲一双の屏風《びょうぶ》画「龍蛟《りゅうこう》躍四溟《しめいにおどる》」である（図81）。右には天の暗雲から一匹の龍が躍り出、海岸の岩場には老いた白龍がうずくまり、左には、洞窟の中を龍が飛遊する。龍を主題に、天・地・大海の神秘性、宇宙性を漂わせる。

しかしながら、龍の宇宙性と水の龍の生命力が積極的に描出された作品としては、それよりも前、一九二三年に成った「生々流転《せいせいるてん》」をあげなければならないだろう。長さが四〇メートルを超える水墨画の絵巻である。雲煙の立ちこめる山中に発した水は、滝となって落ち、猿が遊ぶ渓谷をくだり、樵夫《しょうふ》の渡る木橋の下をくぐり、松林を見ながら山また山を過ぎて、やがて両岸にのどかな農村の風景が広がる河となって、大海に流れ込む。そこは海辺での漁や岩場に佇《たたず》む鵜《う》の情景、大海はつづき、やがて大海は怒濤《どとう》となり、怒濤は龍となって天に上昇する。

龍が、水の龍として、大自然の流転のなかにその姿を見せるのである。記・紀の神話には見られない龍と水のコスモゴニー、老荘的自然といえよう。中国から渡来した権威・権力の龍がその本来の棲み処である大自然に戻され、そこにいきづく。

第6章　われわれの時代と龍

蛇と龍《りゅう》は、共存の関係であれ、敵対の関係であれ、人間と深く関わる存在でありつづけた。わけても日本の龍・蛇は、縄文時代いらい最近まで、日本の自然と日本人の心の深部に潜んでいたのである。

その龍・蛇も高度成長の時代に突入するとともに姿を消していった。「龍ヶ池」や「蛇ヶ淵《ふち》」といった地名は残っていても、そこに龍や蛇が棲《す》んでいるとはだれも考えない。龍・蛇の伝説を想い起こす人も、龍・蛇に雨を祈る人もいない。工業化と開発の波は、河川や湖沼を現実の蛇さえもが生存できないまでに汚染し、自然との共存のもとに成り立っていた農業の崩壊は、われわれのまわりの自然からもわれわれの心からも龍・蛇を追いやってしまった。朱鷺《とき》をはじめとして、こんにち六〇〇種以上の動物がすでに絶滅あるいは絶滅の危機に瀕《ひん》しているのであるが、われわれの龍・蛇もまたおなじような運命にあるのである。

日本の龍の末裔《まつえい》であるとみた河童《かっぱ》も姿を消してしまった。日本の農業が生みだした日本的な水の神であった河童も、高度成長とともにいなくなってしまった。川が汚れては河童は棲めないし、その川で遊ぶ子どもがいなければ、河童も悪戯《いたずら》ができない。

工業化と開発。それは古代の都市文明の現代版である。都市国家のバビロニアは龍のティアマトを殺す神話をうみだしたが、工業国日本では、祖先たちによってながく信仰されてきた龍・蛇と河童を葬ってしまうのである。

工業化と開発というのは、もちろんヨーロッパに生まれた科学文明の到達点ともいえよう。さらにさかのぼれば、古代文明が行きついたギリシアの水の宇宙論の到達点でもある。このギリシアの水の宇宙論も龍・蛇の宇宙論を淵源とするのであるが、その水の宇宙論から生まれた科学文明が日本に生きつづけた豊饒《ほうじょう》の龍・蛇、そして河童を駆逐する。

龍・蛇の歴史をさぐってきたわれわれは、この龍・蛇の運命をどう受け止めねばならないのか。きびしい問いではあるが、それを避けるわけにはいかないのである。

1　日本の農業と龍

灌漑農業と古代の都市文明

人間と自然との関係において、農耕文明は狩猟・採集生活と決定的に異なる。道具を使う人間は狩猟・採集時代には草食かつ肉食動物として自然の生態系の一部にすぎなかったのだが、農耕を営む人間は、自然の生態を積極的に変化させるところの、自然の支配者となるのである。

自然の支配者とはいえ、しかし人間は自然を支配しつくせないこともまた認識をしていた。だから、新石器時代の農民は穀物の豊かなみのりを蛇にも祈願せねばならなかったのである。

強力な自然の支配者として最初に立ちあらわれたのが、ティグリスとユーフラテス河の大規模な灌漑《かんがい》農業を経済の基盤として生まれたメソポタミア文明であった。シュメール人が南メソポタミアの支配者となるよりもはるかに早い前五〇〇〇年ごろには、灌漑による農耕がはじめられていたと考えられている。

暴れ川であった両河を治め、用水路を設けて、耕地に水を引くというのは、それまでに人類が経験したことのない、自然の大きな改造であったのはたしかである。しかし、それを自然の破壊というのは適切でない。この灌漑農耕によって、ウバイド期とよばれる千五百年におよぶ安定した農業社会が維持できたのである。

メソポタミアの自然の破壊の直接の原因は、灌漑農耕そのものではなく、そこに生まれた都市文明であった。この都市文明は家具や牛・馬車などの用材用として、あるいは陶器の製作、金属の精錬、レンガの製造のための燃料用に森林の樹木を大量に伐採する。その結果、メソポタミア周辺の山地は保水能力を低下させ、それによって惹《ひ》き起こされる洪水によって肥沃《ひよく》な耕地の表土は流出し、かつては豊かなムギの耕地であった平野は不毛な砂漠と化してしまう。

メソポタミアの周辺地域で行なわれていた牧畜も砂漠化の一因であった。牧畜のために幼木さえもが食べ尽され、そのために山地の表土さえ失われたのである。これもまた、洪水の原因となった。

国家権力と龍

人類最初の都市文明——端的にいえば木工、窯業、金属加工、レンガ製造といった古代の工業文明をもたらしたのは、牧畜民の軍事力を背景にして出現したシュメールの都市国家であった。その国家権力に対立するものとしてシュメール人がつくりだしたのが、龍と龍退治の神話であったのだが、その文明は自然を破壊、みずからの文明をも退治してしまうのである。その後メソポタミアの中部・北部で栄えたバビロニアもアッシリアもやがて衰亡する。

この最初の都市文明にみられた自然の破壊と文明の衰退は、インド、中国をふくむ古代の都市文明に共通する現象であり、ギリシア文明もその例外でない。ミュケナイ時代までは山は緑におおわれ、平地には肥沃な麦の耕地が広がっていたのであるが、ポリスの繁栄の時代を迎えるとともに、山地は禿《は》げ山と化し、土地は痩《や》せ衰える。メソポタミアと同様、森林は用材や燃料用に、また牧畜のために切り倒された結果であり、また、商品作物であったオリーヴやブドウの連作が土地の劣化に拍車をかけた。

もっとも、比較的短期間のあいだに自然を破壊したギリシア人はその後もしぶとく生きのびた。農耕・牧畜にかわって羊毛や陶器などの加工産業を発達させ、また地中海貿易に進出、食糧は輸入によってまかなう。この商・工業の繁栄のなかでギリシア文明はその華を咲かせた。しかし、森林の破壊による土砂の流出は、ギリシアの商工業の生命でもあった多くの港を土砂で埋めてしまい、ギリシア文明も滅びる。

文明化というのは、自滅への選択だったのである。

焼畑と水稲

森林を焼き払った場所で、焼かれた樹木からえられた灰分と天からの雨水を利用して作物を栽培する焼畑農耕というのは、大河の灌漑による農業と対極的な農業である。しかし、森林を焼き払うというこの農法も灌漑農耕以上に自然にたいして破壊的であるようにみえる。しかも、連作をつづけると作物の成長に不可欠である無機的養分が失われてしまうので数年間で場所を変え、新たな場所で焼畑をくりかえす。

しかし、栽培をやめて土地を自然のままに放置しておくとやがて植生はもとの状態に戻り、地力も回復する。そしてふたたび焼畑が可能となる。だから、長期的にみれば焼畑農耕というのは安定した人間と自然との関係を維持しうる農法であった。

この焼畑の思想を受け継いだ農法が西ヨーロッパで広く採用された「三圃《さんぽ》式農法」といえよう。土地を三つの部分に分け、冬コムギ、夏コムギ、休耕をくりかえす農法で、休耕地には家畜を放牧、その糞尿《ふんにょう》で土地の地力を回復させようというのである。

この「三圃式農法」が安定したヨーロッパ社会を可能にしたのである。もっとも、それは、今日、人類を危機の淵に歩ませた近代ヨーロッパ文明の基となったのでもあるが。

連作による土地の劣化を積極的に防ごうとした農法のひとつがナイル河の洪水を上手に利用した貯溜《ちょりゅう》式灌漑とよばれる農法であった。夏の増水期には水路を使って水を畑にためておき、増水の終わる秋に排水をして種を蒔《ま》く。ナイル河が上流から運んでくれる、養分を含んだ泥土を供給することで地力を維持したのである。

この農法によって、五千年以上も、エジプト人の生活と文明は支えられていたのである。しかし、アスワンダムの建設は、この自然を上手に利用した農法を不可能にし、エジプトの農業を破壊したのである。

そして、日本の水田稲作も自然を安定して維持する農法であった。水田というのは、上流から無機的養分が補給されるので、稲の連作が行なわれても土地が荒廃することがなかった。この点ではナイル河の氾濫《はんらん》を利用して地力を回復させるエジプトの貯溜式灌漑に共通する。

それに、大量の水をたたえることのできる水田、とくに斜面地に造られた水田は、豪雨に見舞われたときにも洪水を抑える機能を有しているのであって、そのため表土の流出を防止する役目を果たしていたのである。

日本人も、縄文・弥生時代から住居の建材や灌漑用の用材に、また燃料用にも樹木を消費してきたし、律令時代には牛馬を飼育するための「牧」も存在していたが、古代文明に見られたような森林の破壊にまでは至らなかった。気候の条件のちがいはあるが、なによりも、「工業化」の程度の差による。「牧」についてもそうであった。それは主に軍用の馬を供給するためのものであって、肉食の習慣がなく、羊毛を利用しなかった日本では大規模な牧畜に発達することがなかった。律令制の解体ののちには、「牧」は荘園化＝耕地化、馬は放牧によってではなく廏《うまや》で飼育されるようになるのである。

自然を保護した日本の水稲

水田は治水に役に立ったが、他方で、稲作のための水の供給地である山は荒らしてはならないとの思想も農民のあいだにゆきわたっていた。水田稲作は山の緑を守るのにも重要な役割を果たしてきたのである。

山には天狗《てんぐ》が住み、山を荒らす人間は天狗の祟《たた》りにあうというような話も全国各地で語り伝えられていた。明治のはじめのころ、栃木県の日光《にっこう》に近い荒沢《あらさわ》というところで杉林を買いとり、それを伐採して大儲《もう》けをした山師が入浴中に風呂桶《ふろおけ》を天狗に高く持ち上げられたという、こわい話を松谷みよ子は紹介している（『河童・天狗・神かくし』)。やはり明治のはじめの話であるが、明治新政府が群馬県の富岡《とみおか》に製糸場をつくるにさいして、妙義山《みょうぎさん》の樹を伐採しようとしたとき、地元の人々は、「妙義山には天狗が住んでいるから、天狗の怒りにふれて神罰は間違いない」と猛反対したという(斎田朋雄『赤煉瓦物語』)。関東平野の周辺の山の多くは天狗のすみかであったが、日光も妙義山も有力な天狗の山であった。

天狗は川に棲む龍・蛇や河童とともに、日本の自然を保護していた。この、古代の大和人が三輪山を水の聖地とみていたのと変わらない山の信仰によって、最近まで日本人は山を大切にしてきたのである。

灌漑と龍と河童

水田というのは人工的な自然である。山の麓《ふもと》の湿地で営まれていたごく初期の段階は別として、給水を自然の流水に依存できない段丘や平野部にまで水田を拡げようとするには人工の河川や池による灌漑を必要とする。第4章でものべたように、すでに登呂のムラには矢板を使った用水路が設けられていたのであり、古墳時代には西日本を中心に溜池《ためいけ》が盛んに造られていた。この数百年にわたる営々とした新田の開発によって、「葦原《あしはら》の国」は「瑞穂《みずほ》の国」に変貌《へんぼう》したのである。『常陸国風土記』で夜刀《やと》神が現われるのは、麻多智《またち》が新田を開こうとしたときであり、また壬生連麿《みぶのむらじまろ》が灌漑用の池のために堤を築こうとしたときであった。空海も、故郷の讃岐《さぬき》に、灌漑用水の確保に苦しんでいた農民のために満濃池を修築したのである。

新田の開発が急速に進んだのは戦国時代から江戸時代にかけてである。その地域もしだいに河川の下流域に拡がり、堤防を利用した治水と用水路の開削によって大規模な水田が開かれる。用水路が引けない場所では機械的な仕掛けも利用された。前にもあげた鎌倉時代の『石山寺縁起』には宇治《うじ》川の水を水田にあげるための揚水用の水車が描かれているし、江戸時代には人力で田に水を引く踏み車による揚水も広く普及した。

にもかかわらず、われわれの祖先も自然の力の大きさと人間の力の限界を認識していたのはいうまでもない。だから、山の神や田の神に豊饒を祈り、旱魃《かんばつ》のときには龍・蛇に雨を乞《こ》い、霖雨《ながあめ》にさいしては止雨を願う。空海の満濃の池が、龍の棲み処《か》であったように、人工の自然のなかにも龍・蛇や河童が棲むと考えられており、揚水用の水車が描かれていた『石山寺縁起』には石山寺の僧歴海が龍王に雨を祈る情景も見られるのである。深山にすむ天狗は山を荒らすものを懲らしめて水源を守護してくれていた。

水田稲作というのは、人間の力と自然の力とが、河童や天狗を含む自然の神々を介して調和された人工的な生態系である。危ういバランスともみえるが、実際には日本の風土にかなった、安定した人間と自然の関係だったのであり、だからこそ二千年以上もつづいた文明であり文化だったのである。

2　科学技術文明と龍

新種の龍＝科学技術の襲来

ところが今日、この人間と自然との関係が崩壊の危機にある。祖先たちの汗がにじむ水田は潰《つぶ》されて、そこには工場が立ち、長く守りつづけられてきた森の樹木は切り倒されてゴルフ場に変わる。自動車などの工業製品を輸出して、食糧は輸入すればよい！　開発をのがれた森林も荒廃する。木材は外国の原生林の樹木を買い取ればよいというのだ！　現代の日本はメソポタミア文明が数千年かけて衰退の道を歩んだのを、わずか数十年で追随しようとしているかのようである。龍を退治しようとしたメソポタミアの文明は、みずからの文明を滅ぼしたのであるが、自然から龍・蛇を追いやる日本にはどんな未来があるのか。

弥生時代いらい日本には大陸の龍が続々と渡来、寺院や神社の天井から地上を睥睨《へいげい》し、国家的な請雨呪術《じゅじゅつ》では主役を演じてきた。それでも、縄文時代にさかのぼれる日本の龍・蛇も自然のなかで民衆とともにしぶとく生きのびてきたのである。

しかし、この日本の龍・蛇もギリシアに源流、近代ヨーロッパにおいて肥大化した新種の龍――近代科学という古代の文明にはみられなかった新しい自然の認識法を駆使した工業技術の前には姿を消さねばならなかったのである。メソポタミアの龍にもさかのぼれる、この現代の龍が、しぶとく生きつづけてきた日本の龍・蛇を駆逐したのである。

科学技術がときには荒ぶる自然をてなずける強力無比な武器であっただけでない。科学技術は、おなじく近代ヨーロッパの生んだ資本主義と結合、また国家権力にも保護された巨龍となって地上を跋扈《ばっこ》、自然と伝統の文化を呑《の》み込もうとしているのである。

現代のドラゴン＝自動車

この現代の巨龍を象徴するのが、日本の高度成長の牽引《けんいん》役をになってきた自動車産業である。戦前には、軍用を主目的に国家的な保護のもとに一九三五年、日産自動車とトヨタ自動車は本格的な生産を開始、戦後には、外国資本参入の規制、大衆車の国産化を促すための国民車構想、自動車部品工場の育成を目的とする機械振興臨時措置法などによって自動車産業は保護・育成される。そして、自動車産業の急成長を促進させたのが、国家プロジェクトとして取り組まれた自動車道路の整備であった。一九五四年いらい更新されつづけた道路整備五ヶ年計画によって、自動車用の道路は改善され、拡張された。一九六〇年には四六万台あまりであった自動車の年間生産台数は、七〇年には約五〇〇万台、一〇倍以上に増え、八〇年には一一〇〇万台に伸び、アメリカを追い越す。世界の自動車の三分の一は日本で生産されているのである。

いま日本列島を約六千万台、地球全体では約六億台もの自動車が走り回る。地上のあらゆる場所に拡張する高速道路を暴走、もともとは歩行者の道であった道路にも我が物顔で侵入、排気ガスと騒音を撒《ま》きちらし、歩行者を犠牲とする。リビアのシレナで毒気を吐いては住民を苦しめ、生贄《いけにえ》を求める聖ゲオルギウス伝説の龍の現代版といえよう。あるいは、中生代、地上に君臨した恐龍にも喩《たと》えられよう。道の隅に追いやられた歩行者のように、われわれの祖先である哺乳《ほにゅう》類も徘徊《はいかい》する恐龍から身を潜めて生きねばならなかったのである。現代も龍の時代なのである。

古代の恐龍は、円谷英二《つぶらやえいじ》・本多《ほんだ》猪四郎《いしろう》監督の『ゴジラ』やスティーブン・スピルバーグ監督の『ジュラシック・パーク』によって現代にもよみがえった。太平洋の海底に潜んでいたゴジラは、アメリカの水爆実験で長い眠りから覚め、高度成長にむかう日本のシンボルであった東京のビル街を襲う。『ジュラシック・パーク』の恐龍は、恐龍の血を吸っていた蚊の化石からとりだした恐龍のDNAをもとにうみだされた。しかし、現代を生きるわれわれにとってほんとうに恐怖であるのは自動車に象徴される科学技術文明なのである。そして、『ゴジラ』にしても『ジュラシック・パーク』にしても熱核兵器や遺伝子工学やスーパー・コンピュータに代表される現代の科学技術文明を批判する作品だったのである。

聖ゲオルギウスはいるのか

明治いらい日本は「文明開化」＝工業化の道をまっしぐらに歩む。中央集権的な官僚制の整備と公教育の拡大を基礎にして、欧米の工業技術を積極的に導入、資本主義を根づかせて、アジアでいち早く産業革命をなしとげる。「瑞穂の国」は「工場の国」に変わり、鎖国の国がアジアの侵略者ともなった。

やがて太平洋戦争までに拡大、欧米の技術と軍事力に敗北するが、敗戦を転機に、より巨大な龍となって世界のあらゆる場所に進出する。教育も効率と利潤を目的とする人間生産の工場と化し、普遍的な価値の追求と現実の批判という使命を担うべき大学までもが工場の生産ラインに直結、「役に立つ」人材と研究の量産に邁進《まいしん》するのである。教養はいらない。必要なのは、生産と流通と情報のための「計算」である。

そして今日、アジアの諸国は、第二、第三の日本化への道を急ぎ足で歩む。エズラ・F・ヴォーゲルは一九九一年、日本につづいて工業化を達成した台湾、韓国、香港、シンガポールを四匹の小龍と呼んだ（『アジア四小龍』渡辺利夫訳）。しかし、すでに、龍とナーガの国である中国とインドが巨大な龍として動き出し、自動車の生産にも力を入れはじめた。科学技術というのは、思想や宗教などとはちがって模倣が比較的容易な文化なのである。欧米諸国はイギリスに学びみずからの産業革命を達成したのであるが、日本はその「学び方」をも学ぶことができた。そしていまやアジア諸国はその日本を学べるというより有利な立場にある。このままつづけば、地球は「工場の惑星」となり、自動車によって埋め尽くされる日も遠くない。

工場の煤煙《ばいえん》と自動車の排気ガスを考えても、それは地球の温暖化をさらに促進させ、地球的規模での森林破壊と砂漠化をさらに深刻なものにするであろう。一方では、商品の大量生産と自動車の普及によって生まれたスーパーマーケットのような大型店は消費者の身近にあった小売店を駆逐するとともに、大量消費を促進し、それは大量の廃棄物を産みだしているのである。

古代文明の場合には、新たな地に文明の拠点を移しえたが、全地球が「工場の惑星」となり「砂漠とゴミの惑星」になるとき、現代の文明は新たな地をどこに求めるのであろうか。肥大と繁栄ののちに滅び去った恐龍のように、現代の龍も終焉《しゅうえん》のときを迎えるのであろうか。あるいは、現代の聖ゲオルギウスが出現、新たな文明の創造を可能としてくれるのであろうか。

3　小川芋銭《うせん》の河童

河童も姿を消した

むかし義家に退治された龍の棲んでいた私の故郷の渡瀬《わたらせ》川は河童の棲息《せいそく》地でもあった。私が遊び仲間から教えられた河童の棲み処は用水用の堰《せき》によってできた淀《よど》み、そこには大きな石があった。私たちはその石の上から川のなかに飛び込んだのだが、その深みのなかに河童が棲み、ときどき飛び込んだ人間の足をひっぱる、という話を聞かされていた。私は足を引かれた経験はないのだが、河童の存在を信じているほうの口だった。

いま訪ねてみるとそこにあった大石も昔のまま、付近の風景も以前とあまり変わっていない。少し浅くなったようだが、かつての清水《せいすい》もそれほど変わらないようにみえた。しかし、そこで遊ぶ子どもの姿はない。見た眼にはわからないが、水は汚れているのである。悪戯好きの河童は、そこに近寄る子どもがいなければ姿を見せることはないし、河童も水が汚染しては棲むことができない。

福井県・九頭龍《くずりゅう》川の河童もそうである。あるとき九頭龍川に棲む河童が、悲しい声で「川の水をかえしてくれ、水がおとろしい」と村人に訴えかけた。この話を聞いた学生が九頭龍川の水を検査に持ち込み、それでカドミウムの汚染が発見されたとのことであるが、そのことを知った村人が河童を訪ねて謝ると、河童は「百年経ったら帰るさかい、水をきれいにしといてくれ」と答えたという（前掲、『河童・天狗・神かくし』）。

小川芋銭と河童図

龍と同様、河童も日本の村々から姿を消した。それでも、水戸市にある茨城県近代美術館や牛久《うしく》市の小川芋銭記念館に足を運べば、河童を見ることができる。小川芋銭の河童である。茨城県近代美術館には芋銭の作品が収蔵されており、河童の絵も多数ふくまれている。「小川芋銭記念館」は芋銭のアトリエであった雲魚亭《うんぎょてい》を公開しているものである。そこにも、常時、芋銭の河童図が展示されている。

水戸や牛久に行けないのであれば、芋銭の『河童百図《かっぱひゃくず》』を見てもよい。この河童の画集は芋銭が五五歳から七〇歳で世を去るまでに描いた河童図をおさめたもの。死の十ヶ月ほど前に、俳書堂から刊行されたが、その後、龍星閣《りゅうせいかく》と綜合美術社から復刻もされている。

芋銭は、牛久沼の畔《ほと》りで河童を描きつづけた画家である。一九一七年、四九歳のとき、漫画家・挿絵画家であった芋銭は、横山大観の推挙で日本美術院の同人に迎えられて画壇にデビューするが、それでも、牛久を離れず、河童を描くことも止めなかった。大観をはじめ多くの日本画家が伝統的な画題である龍をとりあげたが、芋銭は龍にはあまり関心を示さなかった。

河童というのは日本の自然に古くから生きつづけた龍・蛇の人間化であると私はのべたが、芋銭の河童は、その点でそれまでに描かれたどの河童よりも河童らしい。江戸時代の浮世絵師の手になる戯画化された河童もそれはそれで人間的な河童ではある。しかし芋銭の河童の特徴は、自然のなかに棲み農民の心のなかに生きた河童ほんらいの性格をとりもどしたところにある。それは、芋銭が幼年時代に牛久で聞かされた伝説の河童であり、一〇歳で上京、二五歳のとき帰郷して牛久沼のほとりで農民とともに暮らした芋銭の人生観と自然観のこめられた河童でもあった。

芋銭の河童に話が及んだのは、河童が龍の末裔であるというからだけではない。科学技術の支配するこの危機と不安の時代にあって、われわれが立ち帰らねばならないのは河童の精神、芋銭の河童であると考えるからである。

万物斉同と無為自然

芋銭は自らの人生観と自然観をたとえば『河童百図』の「海若《かいじゃく》と河童」や「海坊主と河童の問答」で語る（図82）。主題を、黄河の神・河伯《かはく》と北海（渤海《ぼっかい》）の神・海若との問答からなる『荘子』の名篇・秋水篇によったものである。黄河の神として得意がっていた河伯が、黄河をくだり、大海の北海を前にして、自己の小知小見を思い知らされ、大海の海若からは、万物斉同《せいどう》——「道をもって測れば、物に貴賤《きせん》無し」つまりすべての存在には価値の絶対的な優劣はなく、差別するのは無意味な人為なのであるということ、そして無為自然——人為を捨てて自然に身をまかせて生きることの大切さを諭されるというのがその主旨。芋銭の図では、河伯を河童とみなし、海若を「海若と河童」では鯨とおぼしき巨大な海の神で表現、「海坊主と河童の問答」では海の妖怪《ようかい》である海坊主として描いていた。

図82　小川芋銭『河童百図』の河童。上▶「海若と河童」、下▶「海坊主と河童の問答」(小川芋銭『河童百図』龍星閣)

　荘子の哲学を理解するための鍵《かぎ》となる「自然」をこれまでわれわれが使ってきた環境としての自然、客体としての自然とただちに同一視することはできない。荘子の「自然」というのは人為に対する自然、あるがままのものとしての自然である。ギリシア語のピュシスや英語のネイチャーの原義、つまり本性の意味でつかわれる「自然」に近く、荘子は、老子を継承して、自然であることの大切さを強調、さかしらな人知を捨て去り、自然に順応すべきであると説く。『荘子』応帝王篇では「物の自然に順《したが》いて私を容《い》るる無く（私人を挟まず）」といい、同斉物論篇では「天地と我とは並《とも》に生じて、万物と我とは一たり」とのべる。自然の本性と人間の本性の一体化を理想としていたのである。

老子も荘子も、彼らの生きた戦国時代の混乱と退廃の因《もと》を反自然＝人為にあるとし、政治や技術といった人為的な営みを否定する。しかし、ありのままの環境としての自然というのは、本来もっとも人為に侵されない世界である。だから、中国・六朝時代の詩人である陶淵明《とうえんめい》（三六五－四二七年）は自然のなかでの生活を選んだのだし、それは、陶淵明が桃源境を詠《うた》う「桃花源記《とうかげんき》」をもとにして「桃花源」を描いた芋銭の理想でもあった。

河童であることの自覚

自然への回帰。人間の本性にもどり、世俗的な世界を離れて本来の自然のなかで生活することへの願望は、ルソーにつづくヨーロッパのロマン主義の主張であり、西行《さいぎょう》や芭蕉《ばしょう》をあげるまでもなく日本の伝統的な精神であった。反技術、反文明、反進歩というのは、どこでも、いつの時代にも存在したのである。しかし、それが世界の主潮となることはなかった。近代のヨーロッパをリードし、世界を制覇したのは、人間の経験と理性が自然を支配しうるとするベーコン、デカルトにさかのぼれる知の哲学と啓蒙《けいもう》の思想、人間を神と悪魔から解放し、人間を世界の中心に据えようとする思想である。蒙《くらき》を啓《ひら》こうという、闇から光への進歩の思想である。

その到達点が科学を技術の道具として取り込んだ科学技術であり、その科学技術は資本主義と一体化、地上のあらゆる場所を襲う洪水となって、自然との共存のもとに暮らしていた民族をも呑《の》み込み、その文化を葬ってしまう。疑似的ではあっても自然との共存が可能であるのは、別荘をもてるような資本の支配者とその周辺にいる人間だけである。

それに、全人類を破滅させてしまうダモクレスの龍・熱核兵器はなおわれわれの頭上に吊《つ》り下がったまま、全地球的に広まる工場の煤煙と自動車の排気ガスと無秩序な熱帯雨林の伐採によって、回帰すべき自然は急速に消失しつつある。自然の支配者である人間の理性も人間の生の基盤である自然を破壊しようとする科学技術の暴走を阻止できないのである。科学と技術は、細分化と専門化（学部化、学会化）によって、自然の理解と生産の効率化には有効な力を発揮したのだが、人間と自然の全体的な救済には無力なのである。また人間の知も、その支配者となった人間の精神の深部にまでは及ばない。現代の科学の時代にわれわれが学んだ重要な教訓であるといえる。

もちろん、現代の科学はこの大地はもとより宇宙さえもが早晩消滅するであろうことも明らかにしてくれた。神話の宇宙論もかたっていたように、現代の宇宙論も、やがて全宇宙が混沌《こんとん》の終末を迎えるであろうと予言する。じつは、それより早く、四、五〇億年たつと、赤色巨星となって膨張をつづけた太陽は、水星、金星、そして地球をも呑み込み、地球は燃え尽きる、と天体の進化についての研究はみている。あるいは、もっと早く、彗星《すいせい》や小惑星が地球に衝突、人類を滅ぼすかもしれない。六五〇〇万年前に恐龍が絶滅したのも、天体の衝突によって地球の気候が激変したためであるとの有力な説も唱えられている。人間も自然もこの宇宙論的な運命をのがれることができない。しかし、なにも早すぎる死を選ぶ理由はない。

結局のところわれわれの知ったもっとも確かであることは、人間は、生物としても知的な生き物としても、小さな存在であるということである。人間というのは北海に出た河伯＝河童のような存在なのである。といってわれわれはその知性をたよりに生きねばならない。しかしその知性の限界も認識せねばならないのである。

かつて、自然を支配し尽くせないことを認識したわれわれの祖先は、蛇や龍に雨を乞い求め、天の神に雨を祈った。現代のわれわれがいま求めるべきものはなにか。そのためには、ふたたび芋銭の河童に登場してもらわねばならない。しかしその河童は芋銭の若い時代に描かれた漫画の河童である。

芋銭が河童を描きはじめたのは三〇歳代であるが、その三〇歳代の後半には、幸徳《こうとく》秋水《しゅうすい》や堺利彦《さかいとしひこ》によって日露《にちろ》戦争前年の一九〇三年発刊された週刊『平民新聞』、継続紙であった『直言』、月刊『光』、日刊『平民新聞』などに、貧しくても逞《たくま》しく生きる農民の生活を写し、反戦・反権力の立場から社会と政治を鋭く風刺する漫画の作品を掲載していた。たとえば、日露戦争に突入して間もなくの一九〇四年五月一日付けの週刊『平民新聞』二五号には、日露戦争で出征した夫を案じる農村の婦人を描いた「野のゆめ」と「渡辺崋山《わたなべかざん》閉門中のホーム」と題する漫画を載せる。後のほうは、対露戦争遂行のための増税に反対する社説「嗚呼《ああ》増税」を執筆した堺利彦を新聞条例で捕えた明治政府を批判するものであった。週刊『平民新聞』は翌年一月に発刊禁止、翌月からは継続紙として『直言』が発行されるが、そこに芋銭の河童が登場する。第二二号

図83　小川芋銭「夏の月」(『アサヒグラフ別冊・小川芋銭』朝日新聞社)

の「夏の月」は、夏の夜、踏み車を回しつづけ、水不足に苦しむ農民を助ける河童であり、同号には、豪雨で湖の水嵩《かさ》があがるのを心配する農民を気づかう河童を描く「湖の水」も載る。

この時代の芋銭の河童は、貧しい農民の生活に心を痛め、その農民に全力をあげて加勢する河童である。

資本主義経済の支配がすすみ、近代産業が自立しはじめた日本社会を支えながらその矛盾の中に生きねばならなかった農民に暖かい眼を注ぎ、幸徳や堺の社会主義運動に共鳴、助力を惜まなかった芋銭。一銭の稿料も手にすることなく、官憲に弾圧されつづけた新聞に漫画を牛久から送っていたのである。

幸徳秋水や堺利彦にとって社会主義はいわば現代の聖ゲオルギウスであったといえよう。前衛の労働者は資本主義の悪龍を退治し、そして科学の発達は自由と平等の王国を約束してくれる。そこでは、人間の搾取も自然の破壊もないであろう。

しかし、こんにちわれわれは、社会主義国家が歩んだ現実から目を避けるわけにはいかない。感想的なことをいえば、皮肉にも、社会主義は資本主義社会にむかうためのひとつの道程であったかのようである。啓蒙思想のゆきついた、この現代の歴史思想に人類の未来を託せるほど、生身の人間からなる現実の社会の真の革命は簡単ではなかったのである。

科学技術と資本主義は物の豊かさを実現させたが、「南」と「北」の格差を悲劇的に拡大する。地球の半分の地域の人びとは飢えに苦しみ、死の恐怖に戦《おのの》かねばならない。科学と技術の発達は、自然の恐怖から人間を解放、世界の支配者の位置につける光の世界を実現させると考えられたこともあったが、闇の地獄にくるしまねばならない人々も生みだしているのである。人間疎外といったことばなど、この現実の前にはむなしく響く。

「北」の国々でも、なかでもこの日本では、農・林・漁業は破壊され、水と空気は汚染し、緑は失われる。大量生産された商品を手にできたかわりに、すべての人間の共有財産であった自然環境を奪われた。その結果、龍と河童は姿を消し、多くの生物の種が絶滅しようとしている。祭りも廃れ、民話も語られなくなった。共同体が何百・何千年をかけて守り育ててきた共有の文化も絶滅しようとしているのである。

こんにち、「社会主義とはなにか」についてはきびしい反省がもとめられよう。それでも、なおわれわれは社会主義が志向したその原点——平等の社会を追求しつづけねばならないこともまたたしかだ。それは、マルクスの出発点でもあったし、日本の近代化の「人為」を心底からの批判、すべての他者を、わけても虐げられた人びととともに生きようとした芋銭の河童の精神でもあった。荘子の「万物斉同」を人間社会で現実のものとしようとする思想である。

くりかえそう。われわれの時代が明らかにしてくれたのは、自然の理法にたつ科学技術が自然の破壊をまねき、人間の不平等という不自然さの拡大に重要な役割を担っているということである。そして、自然も人間もか弱い存在であること、なによりも人間の理性には限界のあることを認識させられたということである。理性の傲慢《ごうまん》の悲劇と空しさを学ぶことになったのである。

この理性の傲慢の悲劇と空しさを正しくみていたのが、中国の戦国時代に生きた荘子の「無為自然」と「万物斉同」であり、明治の最初の年に生まれ、日本の「近代化」の時代を生きた芋銭の河童であったといえよう。幸徳や堺の活動に協力していた芋銭も芋銭の河童も、社会の改革については、荘子の「至言は言を去る」のことばどおり、寡黙であった。しかし、芋銭も芋銭の河童も、人間と自然の深部から人間と自然の未来に確かな眼をむけていたのである。

＊　＊

東西の龍の調査にはじまった龍の探求から、私が最後に学ぶのは河童の生き方であった。われわれは、古代の都市文明の生んだ龍だけでなく、龍の祖先である蛇からも教えられたことは少なくない。蛇から龍への歴史は人間の歴史の鏡像でもあったのである。しかし、人間の未来について教えを乞わねばならないのは、日本の自然と日本人の心のなかに生きつづけた龍の末裔、河童からなのである。わけても小川芋銭によって描きつづけられた河童からであった。

結論がそうであるのならば、私は饒舌《じょうぜつ》すぎたかもしれない。「河童の起源」を書き、「河童とはなにか」を私は語るべきであったのかもしれない。その饒舌に意味があったのかどうかについては、読者諸氏の判断にゆだねるしかないのであるが、私としては人間の未来についても歴史から学ばねばならないと考えているのである。しかしいずれにしても、「至言は言を去る」という荘子にしても、饒舌の哲学者であったのだから、寛容を願えるとおもう。

あとがき

龍《りゅう》の調査のための「航海」とそれをもとにした研究の報告は以上のとおりである。報告は宇宙や現代文明にまでおよんだが、所期の目的は、むろん「龍の起源」と「龍とはなにか」をさぐることにあった。私としては「航海」で見聞きしたことはできるかぎり書き留めようと心がけたし、そこからの議論も、できるかぎり丁寧にすすめたつもりである。しかしはたして、龍の正体をどれだけ明らかにできたであろうか。あるいは、本書でのべた見方にはさまざまな批判がきかれるかもしれない。またそこにいたるまでの調査法や推論の仕方についてもそうである。

もちろん、調査と推論とはいっても、生物学者が「種の起源」を探求するのとは別の方法を採らねばならない。龍という生物はどこにも存在しないし、龍の化石を手にすることもできない。人間の書き残した文書や図像といった「観念の化石」から、起源と進化の跡をたどらねばならないのである。実在する生物の起源と進化を探るのも容易ではないのだが、空想の動物である龍には生物学にはない困難さがともなう。

しかし一方では、私も人間である。人間が書き残した「観念の化石」を解釈するのであるから、そのかぎりでは生物学の研究の場合よりも有利であったとはいえよう。「龍の起源」の研究は、人間の観念の進化を説き明かそうという歴史学の仕事なのである。とはいえ、科学の歴史を学んできた私であるが、龍の歴史はこれまででもっともあつかいの難しい問題であった。

その難しさは、龍から河童への変容についてもいえる。正直なところ、この点については不安をのこしたままの脱稿であった。そして、最初の校正を出版社にもどしたあと、河童の研究をされておられる中村禎里さんから刷りあがったばかりの『河童の日本史』が贈られてきたのである。「河童の起源」がどう書かれているのか、私はこわごわ本を開かねばならなかったのだが、河童には、ワニ、スッポン、サル、タヌキ、山人《やまびと》、キリシタンなど、さまざまな動物と人間の要素が混入しているものの、龍・蛇が河童の祖先であるとの見解に胸をなでおろすことができた。本文に加筆できなかったので、ここに記しておきたい。

宇宙論の章は蛇足であるとの意見もあろう。しかし、この章はどうしても欠かせなかった。「序」でものべたように、私の「龍の起源」の探求は宇宙の龍にはじまったのである。宇宙を語らねば、私の龍論は完結しない。蛇に足がついて龍になるように、宇宙論という「蛇の足」は龍の議論には省くことはできなかったのである。

私は、宇宙論の歴史に長くたずさわってきたのであり、じつのところ、宇宙論の歴史をまとめることが、以前からの計画だったのである。そこでは、日本の自然、環境の問題を考え、河童にもふれる予定であった。そして、とくに古代の宇宙論の議論では龍の役割に言及するつもりでいた。ところが、関係は逆転、龍の歴史のなかに宇宙論がおかれることになった。あらゆるもののなかで最大のものである宇宙を呑み込む──それほどに龍は巨大だったのである。

＊

龍をこのような体裁の本にしあげることになったのは、四年前に『学士会会報』に寄せた「龍と花」と題するエッセイが紀伊國屋書店出版部の水野寛さんの目にとまったのがそもそものきっかけであった。私が龍に関心を抱くようになった事情と教養教育の問題、それに火野葦平《ひのあしへい》の小説『花と龍』をとりあげた三題噺《ばなし》のようなものであるが、それを読んだ水野さんの、「僕は辰《たつ》年生まれ、龍が大好きだ。なんとか龍の本がつくれないか」との誘いに乗って、龍に正面から取り組むことになったのである。ひとまわり上であるが、私も、おなじ辰年生まれということもあって、意気投合してしまったようだ。

私の勤務する静岡大学で、昨年九月まで教育と研究の仲間であった教養部の人たちや付属図書館の方々の助けをかりながら、あらためて龍の生態と起源の探索にのりだした。わけても、先輩の辰年生まれで、長く龍の議論につきあっていただけた江川龍起さん、語学のことでは杉山融さんにたいへんお世話になった。昨年に病魔で不帰の人となられた玉置繁一さんにもたいへんお世話になった。二年前、郷里の和歌山に帰られたさいには、私のために「道成寺縁起」についての資料を求めてきてくれたのである。学外の方にもお世話になった。蛇の生態や分布については、日本蛇族学術研究所の森口一さん、蛇の縄文式土器については、東京国立博物館の井上洋一さんから貴重な教示をえた。義家の龍退治の伝説については塙町立図書館の天野橙一さんに教えをうけた。小川芋銭の河童図については、茨城県つくば美術館の北畠健さん、人間・芋銭については、芋銭の長男に嫁がれ、小川家と雲魚亭を守っておられる小川春子さんから話をうかがうことができた。ここを借りてお礼を申しあげたい。教養ゼミ「科学史」の学生諸君はゼミを離れたあとでも私の龍の研究を手助けしてくれた。多くの著書・論文に助けられたのはいうまでもない。原典の翻訳も利用させていただいた。おなじくお礼を申しあげたい。

それでも、龍の問題は大きく複雑で、それを仕留めるのは私の力量をこえると思われた。それに、私が十年以上もつとめた教養部の改組の問題は山場を迎えていた。教養教育を担ってきた教養部を廃止しようという、もう一匹の龍と戦わねばならなかったのである。結果は、教養教育にたいする十分な反省もなく教養部は解体され、「生き残り」のためと情報化の時代との掛け声から情報学部が新設されて、私は人文学部に移ることとなった。とくに、一昨年度は、教職員組合の仕事が重なり、宇宙の龍とは休戦を余儀なくされたのである。そのようなことで、つぎの辰年に間に合えばとの気持ちにもなりがちだった。

それがとにかく、辰年をまつことなく、ここまで漕《こ》ぎ着けたのは、編集を担当してくれた辻田尚代さんのおかげである。辻田さんの「魔法の水」で、イオルコスの王子のイアソンと同様、私も龍をなんとか眠らせ、このような形にまとめあげることができたのである。最後になったが、心から感謝の意を表したい。

著　者

一九九六年三月

文庫版あとがき

『龍の起源』が世に出てから二四年もたった。想い起こされるのは、執筆にあたって静岡大学の同僚や学外の研究者からさまざまな教えをうけたこと、そうして龍とつきあっているうちに私は龍の大ファンになっていたことである。図書の利用では大学の図書館にたいへん世話になったが、司書のかたには荒川さんが龍に見えるともいわれた。

この時期、科学史の教師の私は龍の教師になったようだった。学生にも龍の話をする。それを聞いたある学生は龍をあつかった新聞記事の切り抜きを長期間にわたり集めてくれた。実家にあった龍の置物をプレゼントしてくれた留学生もいた。いまも私の書庫に飾られている。東南アジアを訪ねた学生は悪龍を退治するというガルダの仮面を土産に買ってきてくれたが、これも魔除《まよ》けに書庫の壁に掛けられた。

出版後の私といえば、龍の講演や執筆に追われる。四国・肱川《ひじかわ》（大洲《おおず》市）のドラゴン・フェステバルにでかけた。蛇から龍への「進化」の話をしたとおもう。放送大学のラジオ番組では龍の講義を担当した。科学雑誌の『ニュートン』には龍とドラゴンの違いを書いた。週刊誌や美術雑誌からも執筆の依頼があった。京都の国際日本文化研究センターでの龍の研究会にもよばれた。

龍とのつきあいが一段落すると、『龍の起源』でもとりあげた宇宙論の歴史の研究に専念、本書をつくってくれた紀伊國屋書店の水野寛さんのすすめで、『日本人の宇宙観』と『東と西の宇宙観』（東洋篇、西洋篇）を上梓した。そんなことで龍の研究からは離れていたが、それでも、辰年には龍の動きは活発になる。

二〇一二年の辰年になると、NHK・FMの番組『トーキング ウィズ 松尾堂』の「～2012年・辰年　龍を探り尽くす～」に龍好きの作家・村山由佳さんと一緒に出演した。松尾貴史さんの軽妙な司会ですすめられ龍談義の二時間だったが、話は原子力問題にひろがった。

その前年の三月の東日本大震災では私の地元福島県は地震と津波に加え、東京電力福島第一原子力発電所のメルトダウンの事故で十六万人もの住民が故郷を追われていた。そこで私は強烈な毒素を放つ原子力発電所は現代の巨大な悪龍だ、といわせていただいた。出演者による推薦書にも龍の本ではなく、一九七六年に刊行された武谷三男編『原子力発電』（岩波新書）をあげさせてもらった。三五年も前に原発のメルトダウンの事故の可能性とその被害の甚大さを指摘していた書である。

私の故郷は福島県中通りの南部、距離と風向きの関係で避難は免れたが、事故で放出された放射性物質のセシウムが大地に降り注いだ。『龍の起源』を読んでいた九州・大牟田《おおむた》で人形問屋を営む沖牟田龍雄さんはそれを知って、無放射能、無農薬の野菜を送ってくれた。いまでも送られてくる。

当地の畑で収穫される野菜は安全になったが、山中にとどまっているセシウム一三七のため九年もたったのに、イノシシ、キジ、ヤマドリをはじめ、野生のキノコ、山菜のコシアブラなどは出荷できない。セシウム一三七の線量が半分になる半減期は三〇年、名物のマツタケの香りを味わえるのはいつなのだろうか。

いうまでもなく、はるかに難儀な日々を送らねばならなかったのは原発が立地していた周辺の人々である。いまも双葉《ふたば》町の居住者はゼロ、大熊《おおくま》町は二七五人、その周辺の人々を含めて約三万七〇〇〇人（二〇二〇年一〇月）が帰還できないでいる。最近では東電福島第一原発の事故で発生した放射性物質を含有する大量の汚染水が海洋に投棄されようとしている。事故後必死に福島県の漁業再建に努力してきた漁民の悲痛な声が聞こえる。それに、事故の解明がなされていないのに、西日本の原発は一部再稼働され、東日本でも再稼働が急がれている。

そんな悪龍についての問題を真剣に考えねばならないとき、『龍の起源』が角川ソフィア文庫版に姿を変えて世に送ってもらえる。とてもうれしい。

編集担当の竹内祐子さんはじつに丁寧に読み直し、いくつもの間違いを訂正してくれた。多くの漢字にルビを付して、若い人々に読みやすい本にもしてくれた。心からお礼をのべたい。

荒川　紘